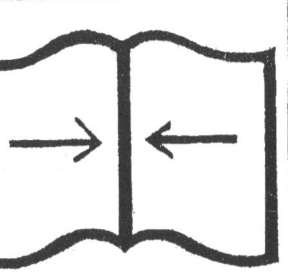

RELIURE SERREE
Absence de marges intérieures

Illisibilité partielle

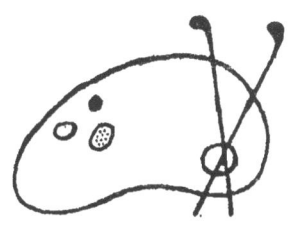

Début d'une série de documents en couleur

VALABLE POUR TOUT OU PARTIE DU DOCUMENT REPRODUIT

GEORGES DARIEN

# BIRIBI

Discipline militaire

PARIS
NOUVELLE LIBRAIRIE PARISIENNE
ALBERT SAVINE, ÉDITEUR
12, Rue des Pyramides, 12

Tous droits réservés

# MÊME LIBRAIRIE

Envoi franco contre mandat ou timbres-poste

| | |
|---|---|
| J. Barbey d'Aurevilly | |
| Polémiques d'hier, 2ᵉ édition ..fr. | 3 50 |
| Les 40 médaillons de l'Académie, 2ᵉ édition | 2 » |
| Georges Barral | |
| Histoire des Sciences, 2ᵉ édition | 3 50 |
| Pierre Bertrand | |
| Toute la Vie, 2ᵉ édition | 3 50 |
| Louis Barron | |
| Sous le Drapeau rouge, 2ᵉ édition | 3 50 |
| Léon Bloy | |
| Le Désespéré | 3 50 |
| Un Brelan d'excommuniés, 2ᵉ édit. | 2 » |
| François Bournand | |
| Le Clergé sous la 3ᵉ République | 3 50 |
| Commandant *** | |
| La prise de Cherbourg, 2ᵉ édition | 3 50 |
| Auguste Callet | |
| Les Origines de la 3ᵉ République, 2ᵉ édition | 3 50 |
| Charles Chincholle | |
| Le général Boulanger, 4ᵉ édition | 3 50 |
| Théodore Cahu (Théo-Critt) | |
| L'Europe en armes en 1889, 2ᵉ éd. | 3 50 |
| Pierre de Corvin (Nevsky) | |
| Le Théâtre en Russie, 3ᵉ édition | 3 50 |
| H. Canu et G. Buisson | |
| M. Paul Déroulède & sa Ligue des Patriotes, 2ᵉ édition | 2 » |
| Georges Darien | |
| Bas les Cœurs ! 1870-1871, 2ᵉ édit. | 3 50 |
| Biribi, discipline militaire, 2ᵉ édit. | 3 50 |
| Armand Dubarry | |
| Service des Mœurs, 2ᵉ édition | 3 50 |
| Henri Desportes | |
| Le Mystère du sang chez les Juifs de tous les temps, 2ᵉ édition | 3 50 |
| Léon Delbos | |
| Les 2 Rivales (Angleterre et France), 2ᵉ édition | 3 50 |
| Philippe Desplas | |
| Le Tremplin, 4ᵉ édition | 3 50 |
| Pauline Drouard | |
| En Pays envahi, 2ᵉ édition | 3 50 |
| Léon Duvauchel | |
| Le Tourbier, 2ᵉ édition | 3 50 |
| Foucault de Mondion | |
| La vérité sur le Tonkin, 2ᵉ édition | 2 » |
| Quand j'étais Mandarin, 2ᵉ édition | 3 50 |
| Un Gentilhomme russe | |
| Russie & Liberté, 2ᵉ édition | 3 50 |
| Denis Guibert | |
| Le nouvel aspect de la Question romaine, 2ᵉ édition | 3 » |
| A. Hamon et Georges Bachot | |
| L'Agonie d'une Société, 2ᵉ édition | 3 50 |
| Van Huffel | |
| Guerre aux frais de justice, 2ᵉ éd. | 3 |
| J. Raou· de Juglart | |
| Les événements d'Angoulême, 2ᵉ éd. | 3 |
| Kimon | |
| La politique israélite, 2ᵉ édition | 3 |
| Marcel Luguet | |
| Élève-Martyr, 2ᵉ édition | 3 |
| Paul Lheureux | |
| Latapie commis-voyageur, 2ᵉ édit. | 3 |
| Auguste Lepage | |
| Une déclassée, 2ᵉ édition | 3 |
| Christophe Marlowe | |
| Théâtre, 2ᵉ édition, 2 vol. | 7 |
| Docteur Martinez | |
| Le Juif, voilà l'ennemi ! 2ᵉ édition | 3 |
| J.-H. Menos | |
| Lettres de Benjamin Constant, 2ᵉ éd. | 5 |
| L. Nemours Godré | |
| Les Cyniques, 2ᵉ édition | 3 |
| O'Connel, 2ᵉ édition | 3 |
| Lucien Pemjean | |
| Cent ans après (1789-1889), 2ᵉ édit. | 2 |
| Honoré Pontois | |
| Les odeurs de Tunis, 4ᵉ édition | 3 |
| A.-F. Pisemsky | |
| Théâtre, 2ᵉ édition | 3 |
| Georges Price | |
| Péché de Jeunesse, 2ᵉ édition | 3 |
| Auguste Rohling | |
| Le Juif selon le Talmud, 2ᵉ édition | 3 |
| Pierre Richard | |
| Le Procès de la Ligue des patriotes, 2ᵉ édition | 3 |
| J.-H. Rosny | |
| Le Termite, 4ᵉ édition | 3 |
| Adrien Remacle | |
| L'Absente, 2ᵉ édition | 3 |
| Albert Savine | |
| Mes Procès, 2ᵉ édition | 3 |
| Vladimir Soloviev | |
| La Russie & l'Église universelle, 2ᵉ édition | 3 |
| Léo Taxil | |
| La Ménagerie politique, illust., 3ᵉ éd. | 3 |
| Léo Taxil et Paul Verdun | |
| Les Assassinats Maçonniques, 4ᵉ éd. | 3 |
| Sir Richard Temple | |
| L'Inde britannique, 2ᵉ édition | 5 |
| Comte Léon Tolstoï | |
| Les Décembristes, 2ᵉ édition | 3 |
| Le Progrès et l'Instruction publique en Russie, 2ᵉ édition | 3 |
| La Triple alliance de demain, 2ᵉ éd. | 3 |
| Jacinto Verdaguer | |
| Le Canigou, 2ᵉ édition | 3 |

4/19/13

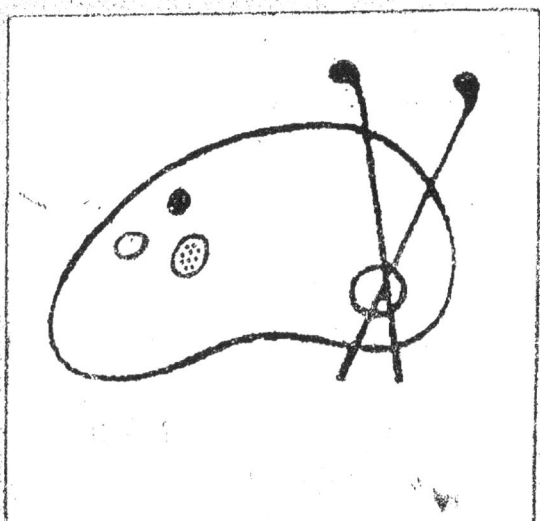

Fin d'une série de documents en couleur

MÊME LIBRAIRIE

Envoi *franco* contre mandat ou timbres-poste.

---

## LES ALLIÉS NATURELS DE LA FRANCE

## LA TRIPLE ALLIANCE DE DEMAIN

### LA NEUTRALITÉ SUISSE

Un volume in-18 jésus, broché, 2ᵉ édition.   3 fr, 50

# BIRIBI

### EN VENTE A LA MÊME LIBRAIRIE

Envoi franco au reçu de 3 fr. 50 (timbres ou mandat)

---

DU MÊME AUTEUR

Bas les Cœurs, 1870-1871. 1 vol.

---

*SOUS PRESSE :*

L'Etal.
L'Épaulette.

---

*EN PRÉPARATION :*

L'Ogre.
La Camisole de Force.

GEORGES DARIEN

# BIRIBI

DISCIPLINE MILITAIRE

PARIS
ALBERT SAVINE, ÉDITEUR
12, RUE DES PYRAMIDES, 12

1890

# PRÉFACE

Ce livre est un livre vrai. *Biribi* a été vécu.

Il n'a point été composé avec des lambeaux de souvenirs, des haillons de documents, les loques pailletées des récits suspects. Ce n'est pas un habit d'Arlequin, c'est une casaque de forçat — sans doublure.

Mon *héros* l'a endossée, cette casaque, et elle s'est collée à sa peau. Elle est devenue sa peau même.

J'aurais mieux fait, on me l'a dit, de la jeter — avec art — sur les épaules en bois d'un mannequin.

Pourquoi?

Parce que j'aurais pu, ainsi, mettre une sourdine

aux cris rageurs de mes personnages, délayer leur fiel dans de l'eau sucrée, matelasser les murs du cachot où ils écorchent leurs poings crispés, idyliser leurs fureurs bestiales, servir enfin au public, au lieu d'un tord-boyau infâme, un mêlé-cassis très bourgeois, — avec beaucoup de cassis.

J'aurais pu, aussi, parler d'un tas de choses dont je n'ai point parlé, ne pas dédaigner la partie descriptive, tirer sur le caoutchouc des sensations possibles, et ne point laisser de côté, comme je l'ai fait,—volontairement,—des sentiments nécessaires : la pitié, par exemple.

J'aurais pu, surtout, m'en tenir aux généralités, rester dans le vague, faire patte de velours, — en laissant voir, adroitement, que je suis seul et unique en mon genre pour les pattes de velours, — et me montrer enfin très digne, très auguste, très solennel, — presque nuptial, — très haut sur faux-col.

Aux personnes qui me donnaient ces conseils, j'avais tout d'abord envie de répondre, en employant, pour parler leur langue, des expressions qui me répugnent, que j'avais voulu faire de la psychologie, l'analyse d'un état d'âme, la dissection d'une conscience, le découpage d'un caractère.

Mais, comme elles m'auraient ri au nez, je leur ai répondu, tout simplement, que j'avais voulu faire de *la Vie*.

Et elles ont ri derrière mon dos.

Ce n'est pourtant pas si drôle que ça. J'ai mis en scène un homme, un soldat, expulsé, après quelques mois de séjour dans différents régiments, des rangs de l'armée régulière, et envoyé, — sans jugement, — aux Compagnies de Discipline. Sans jugement, car le Conseil de corps devant lequel il comparaît se contente de faire le total de ses punitions plus ou moins nombreuses, et le général, qui décide de son envoi à Biribi, suit l'avis du Conseil de corps. Il est incorporé aux Compagnies de Discipline comme *forte tête*, indiscipliné, brebis galeuse, individu intraitable donnant *le mauvais exemple*. Aucun tribunal, civil ou militaire, ne l'a flétri ; les folios de punitions de son livret matricule sont noirs, mais son casier judiciaire est blanc. Pas un malfaiteur, un irrégulier. Cet homme passe trois ans aux Compagnies de Discipline ; et comment il a usé ces trois années, j'ai essayé de le montrer. J'ai voulu qu'il vécût comme il a vécu, qu'il pensât comme il a pensé, qu'il parlât comme il a parlé. Je l'ai laissé libre, même, de pousser ces cris affreux qui crèvent le silence des bagnes et qui n'avaient point trouvé d'écho, jusqu'ici. J'ai voulu qu'il fût lui, — un paria, un désolé, un malheureux qui, pendant trois ans, renfermé, aigri, replié, n'a regardé qu'en lui-même, n'a pas lu une ligne, n'a respiré que l'air de son cachot, — un cachot ouvert, le pire de tous. J'ai voulu, surtout, qu'il fût ce douloureux, fort et jeune, qui pendant longtemps ne peut pas aimer et qui finit par haïr.

J'ai voulu qu'il souffrît, par devant témoins, ce qu'il a souffert isolé.

Maintenant, a-t-on bien fait de l'envoyer là-bas ? A-t-on eu tort de le faire souffrir ? Peut-être. Mais ce sont des questions auxquelles je ne veux pas répondre. Mon livre n'est pas là. Il est tout entier dans l'étude de l'homme, il n'est point dans l'étude des milieux. Je constate les effets, je ne recherche pas les causes. *Biribi* n'est pas un roman à thèse, c'est l'étude sincère d'un morceau de vie, d'un lambeau saignant d'existence. Ce n'est pas non plus,—et ce serait commettre une grossière erreur que de le croire, — un roman militaire.

Où voit-on l'armée dans ce livre, l'armée telle que

nous la connaissons, l'armée telle que nous la rencontrons tous les jours, l'armée régulière, enfin? Est-ce l'armée, cette poignée d'indisciplinés revêtus de la capote grise et soumis à des règlements inconnus dans les régiments? Est-ce l'armée, ce bas-fonds où croupissent les relégués militaires? C'est l'armée comme le bagne est la société.

L'armée! Mais si j'eusse voulu parler d'elle, je n'aurais point été la chercher là. J'aurais été la chercher où elle est. Et, dans un roman prochain, *l'Épaulette*, je me réserve le droit de dire ce que j'en pense et de convaincre de mauvaise foi ceux qui m'auront mal jugé.

Ah! je le sais bien, le malheureux que je mets en scène, aigri par la souffrance, aveuglé par la haine, s'emporte violemment, parfois, contre le système militaire tout entier. Il le charge de tous ses crimes, lui fait porter le poids de toutes ses défaillances, l'accuse de toutes ses mauvaises passions... Mais c'était nécessaire, cela! C'était nécessaire, cette exagération même des diatribes, cette outrance maladive de la colère et des imprécations! La souffrance déclame. Seulement, cette déclamation-là, souvent, ce n'est pas un cri de révolte : c'est un bâillement.

« La haine est immortelle », dit mon *héros* dans un des chapitres de ce livre.

Non, elle finit par s'éteindre ; elle est tellement lourde à porter ! Si grandes qu'aient été sa misère et ses douleurs, si justes que puissent être ses ressentiments, l'homme, sortant du milieu où il a souffert, ne demande qu'à oublier. Il oubliera, lui aussi. Ou alors, il faudrait qu'il ne trouvât, dans la société où il est rentré, que la déception qui brise après l'humiliation qui ronge, que le désespoir morne après la souffrance rageuse. Mais cela n'est pas possible...

Et il ne restera, de son existence sombre de paria, que ces confessions poignantes qu'il a arrachées brutalement, telles quelles, de son cœur encore endolori, et que je transcris ici, en ce livre incomplet sans doute, mais qui aura, du moins, le mérite d'être sincère.

Paris, janvier 1890.

GEORGES DARIEN.

# BIRIBI

## DISCIPLINE MILITAIRE

### I

— *Alea jacta est!...* Je viens de passer le Rubicon... Le Rubicon, c'est le ruisseau de la rue Saint-Dominique, en face du bureau de recrutement. Je rejoins mon père qui m'attend sur le trottoir.
— Eh bien ! ça y est ?
— Oui, p'pa.
Je dis : Oui, p'pa, d'un ton mal assuré, un peu honteux, presque pleurnichard, comme si j'avais encore huit ans, comme si mon père me demandait si j'ai terminé un pensum que je n'ai pas commencé, si j'ai ressenti les effets d'une purge que je n'ai pas voulu prendre.
Pourtant, je n'ai plus huit ans : j'en ai presque dix-neuf ; je ne suis plus un enfant, je suis un homme — et un homme bien conformé. C'est la loi qui l'assure, qui vient de me l'affirmer par l'organe d'un médecin militaire dont les lunettes bleues ont le

privilège d'inspecter tous les jours deux ou trois cents corps d'hommes tout nus.

— Marche bien, c't homme-là!... Bon pour le service!...

Je répète cette phrase à mon père, qui m'écoute en écarquillant les yeux, la bouche entr'ouverte, l'air stupéfait. Toutes les deux minutes il m'interrompt pour me demander :

— Tu as signé? Alors ça y est?... Ils t'ont donné ta feuille de route? Alors, ça y est?...

Et, toutes les deux minutes un quart, je réponds :

— Oui, p'pa.

Je ne me borne pas, d'ailleurs, à cette affirmation — flanquée d'une constatation de paternité en raccourci. Je parle, je parle, comme si je tenais à bien faire voir que le médecin aux lunettes bleues ne m'a pas arraché la langue, comme si le coup de toise que j'ai reçu tout à l'heure sur la tête avait fait jaillir de ma cervelle des mondes d'idées. Tristes idées cependant que celles que j'exprime en gesticulant, au risque de faire envoler des arbres de l'Esplanade des Invalides que nous traversons tous les pierrots gouailleurs qui font là nique aux passants. Considérations banales sur l'état militaire, espoirs bêtes d'avancement rapide, lieux communs héroïquement stupides, expression surchauffée d'un patriotisme sentimental de café-concert; tout cela compliqué du rabâchage obligé d'anecdotes d'une trivialité écœurante. Mon père paraît s'intéresser prodigieusement à ce que je lui raconte; il incline la tête en signe d'approbation; il murmure :

— Certainement... évidemment... rien de plus vrai...

Et, tout d'un coup, me regardant bien en face :

— Alors, décidément ça y est?... c'est fini?

Il a l'air de sortir d'un rêve, de revenir de très loin. Il n'a pas entendu un mot de tout ce que j'ai dit, c'est clair. Mon flux de paroles a seulement bercé ses pensées tristes que je devinais et que je voulais chasser, comme elles ont laissé froid mon cerveau que j'essayais de griser.

Je me tais subitement, secoué d'un grand frisson, envahi soudain par une colère noire, un dégoût énorme, qui me porteraient à me donner des coups de pied à moi-même ou à me tirer les oreilles, si je n'avais peur de passer pour un aliéné.

La chose que je viens de faire, je le sais, était une chose forcée ; mais je sens que c'est aussi une chose bête, triste, et, qui plus est, irréparable. Et nous marchons côte à côte, sans plus rien dire, traversant sur le pont désert des Invalides la Seine jaunâtre ridée par un vent froid, moi, le fils qui ai voulu mettre un terme à une situation douloureuse, et lui, le père désolé d'avoir été obligé de me laisser faire. Nous semblons deux étrangers. Et je me tais, aussi, parce que je sens que, si je recommençais à parler, je n'aurais plus dans la bouche les paroles bêtes et endormantes de tout à l'heure et que je ne pourrais plus trouver que des phrases amères et des mots méchants.

Je m'étais pourtant bien promis de rester calme, depuis le moment où j'avais résolu de m'engager ; j'étais pourtant bien décidé encore, il y a cinq minutes à peine, à refouler les colères sourdes que je sentais gronder en moi. J'avais fait de grands gestes pour ne pas mettre la main dans ma poche où je sentais ma feuille de route, j'avais crié pour ne pas grincer des dents, j'avais ri parce que les contorsions douloureuses de mon visage et mon rictus de rageur disparaissaient sous la grimace du rire; j'avais imité ces conscrits imbéciles qui chantent pour s'étourdir et qui épinglent à leur chapeau, chez le mastroquet, en hurlant des chansons patriotiques, le numéro qu'ils viennent de tirer en tremblant, la larme à l'œil, d'une urne placée entre deux gendarmes. Et, brusquement, j'ai senti que j'étais à bout d'efforts, moi qui n'ai pas bu d'alcool, et que je ne pouvais plus continuer cette comédie qui m'écœure et qu'on n'a pas prise au sérieux.

Car mon père n'a pas été ma dupe. Il ne me le dit pas mais je le sens bien. Je le vois, marchant à six pas de moi, sur la contre-allée du Cours-la-Reine que nous descendons, la tête baissée, morne, affaissée. Il ouvre son parapluie et s'approche de moi.

— Mets-toi à l'abri; il pleut.

En effet, quelques gouttes d'eau piquent de points bruns la poussière grise.

— Oh! bah! ce n'est rien.

— Mais tu n'as pas de parapluie. Ton chapeau va s'abimer...

— Qu'est-ce que ça fait? Je ne le porterai plus demain.

Mon père a tourné la tête à gauche, comme pour regarder quelque chose du côté des Champs-Elysées, mais pas assez vite pour que je n'aie eu le temps de voir une larme trembler au bord de ses cils.

Cette larme-là me remue.

Ah çà! est-ce que je vais continuer à garder cet air d'enterrement, cette mine de pleureur aux pompes funèbres? A quoi ça me sert-il, au bout du compte, de froncer les sourcils et de me payer une tête de bourreau de mélodrame? Ce qui est fait est fait, n'en parlons plus. L'heure des récriminations est passée. Et, bravement, je demande à mon père ce qu'il regarde par là, à gauche.

— Moi? Rien, rien...

— Ah! à propos, figure-toi qu'au bureau de recrutement...

Je lui raconte des histoires quelconques ; je lui parle d'un individu qui ne voulait pas ôter sa chemise pour passer la visite et d'un autre qui avait oublié de retirer ses bottes. Je trouve vraiment ces petits incidents très drôles. J'en ris aux éclats, je m'en tiens les côtes. Mon père se contente de sourire ; un sourire jaune. Il faut pourtant être gai, que diable! Il faut arriver à lui faire croire que je ne suis pas trop mécontent de mon sort, que je pars de bon cœur, que la nouvelle vie que je vais mener ne m'inspire pas la moindre répulsion. Je me bats les flancs pour le dérider ; je ridiculise les passants ; je me moque d'un marchand de coco qui agite sa crécelle malgré la saison, et d'un monsieur qui, sur une impériale d'omnibus, bat la semelle avec rage.

Rien n'y fait. Mes éclats de rire et mes explosions de gaîté ratent comme des fusées mouillées dont la baguette retombe piteusement à terre ; et, quand je quitte mon père, au bureau des tramways, il me serre les doigts un peu fort dans sa main moite et me dit : « A demain », avec une voix mouillée. Je le regarde s'éloigner, voûté, appuyé sur sa canne, triste et las...

— Courcelles! En voiture!

Je grimpe sur l'omnibus. Je vais au parc Monceau. A côté du parc Monceau, tout au moins, où habite mon oncle, avec sa femme et sa fille.

Mon oncle, c'est une pompe à morale. Une pompe

à morale vieux jeu, avec un cylindre apostolique, un piston prud'hommesque, une soupape système Guizot et une soupape système Berquin.

Ma tante, elle, ne moralise pas pour son compte. Mais, lorsque son mari dogmatise, elle approuve. Et ma cousine ratifie.

Que trouvez-vous à redire à ça? — Absolument rien, n'est-ce pas?

Mais moi qui suis en proie à une irritation croissante, moi dont les nerfs agacés frémissent et se contractent, comme les muscles mis à nu d'un animal sous l'influence d'un courant électrique, à toutes les paroles de consolation et d'encouragement bêtes qu'on me prodigue depuis deux jours, moi qui sens bouillonner dans mon cerveau une colère dont je ne m'explique pas la cause mais dont je serais bien aise de me décharger sur quelqu'un, j'y trouve quelque chose à redire. Et je suis décidé, absolument décidé, à ne pas me laisser faire de morale et à jeter plutôt par-dessus bord, comme un chargement inutile, tous les sentiments affectueux — tous ! — qui m'unissent à cette branche respectable de ma famille.

Je brusque les choses. J'entre chez mon oncle en criant :

— Je viens de m'engager !

J'épie en même temps sur sa physionomie les signes de la stupéfaction, les marques de l'étonnement ; et, comme il va assurément tomber à la renverse, je me reproche de ne pas m'être assuré, avant de pousser mon exclamation, s'il avait un fauteuil derrière lui.

Mais il ne tombe pas. Il me répond très tranquillement :

— Ah ! tu viens de t'engager.

Il répète ma phrase, tout simplement, en y ajoutant une interjection, une toute petite interjection.

Est-ce que ça ne le surprendrait pas, par hasard?

Pas le moins du monde, car il ajoute :

— Ça ne m'étonne pas de toi.

Il me fait signe de m'asseoir, s'assied lui-même, croise les jambes et continue en se frottant les mains :

— Ça ne m'étonne pas de toi, car je t'ai toujours regardé comme relativement intelligent. Relativement, bien entendu, car, à notre époque, il y a tant d'hommes de talent! Tu as eu assez d'esprit pour comprendre que l'existence que tu mènes depuis ta sortie du collège ne pouvait pas toujours durer. Qu'avais-tu derrière toi depuis deux ans? Une vie de fainéant, honteuse et indigne. Qu'avais-tu devant toi? Mazas. Parfaitement, Mazas. Tu as beau hocher la tête, les enfants qui désobéissent à leurs parents, ne suivent pas les bons exemples et n'écoutent pas les bons conseils finissent toujours à Mazas. Si tu avais cinq ans de moins, je dirais la Roquette, mais tu as dix-neuf ans. Je ne veux pas récriminer, te faire des reproches que tu as pourtant bien mérités ; je ne te parlerai pas de ton ingratitude envers nous que tu ne venais pas voir une fois tous les six mois, de ton indifférence à l'égard de ta tante à qui tu ne daignais même pas envoyer un bouquet pour sa fête. Nous qui avons toujours été si bons pour toi! qui t'avons toujours donné de si bons avis, absolument comme si tu avais été notre fils! nous qui te donnions tous les jours notre exemple! nous qui... Tiens, je vais profiter de ce que nous sommes seuls pour te le dire : la semaine dernière, ta cousine a fait dire une messe à ton intention ,.. pour que vous tourniez bien, Monsieur...

Il se lève, se promène de long en large et s'écrie en roulant au plafond des yeux de poisson frit :

— Dieu, qui voit le fond des cœurs, l'a sans doute exaucée !

C'est bien possible, mais je ne serais pas fâché de placer un mot.

— Mon oncle...

— Mais, malheureux ! tu as donc oublié jusqu'aux lois fondamentales de la politesse ? Tu ne sais donc plus qu'il est inconvenant de couper la parole aux personnes qui... qui... Tu verras, quand tu seras soldat, si tu interrompras impunément tes chefs ! Ah ! tu en as besoin, vois-tu, de manger de la vache enragée !

Ma tante, qui vient d'entrer avec ma cousine, a surpris ces dernières paroles. Elle s'approche de moi.

— Tu t'es engagé ? Tu vas être soldat ? Eh bien ! entre nous, mon ami, ça ne te fera pas de mal de manger de la vache enragée.

— Ça lui fera même beaucoup de bien, appuie ma cousine, avec un petit air convaincu.

J'esquisse un geste de dénégation, mais mon oncle me jette un regard furieux. Cette fois, c'est bien entendu, j'ai besoin de manger de la vache enragée. Je n'ai plus qu'à me figurer que c'est un traitement à suivre, voilà tout. D'ailleurs, ça doit me faire beaucoup de bien.

— Tu as toujours eu un caractère exécrable, continue mon oncle. Dès l'âge le plus tendre, tu faisais tourner le lait de ta nourrice...

— C'est une horreur, dit ma tante.

— Une abomination ! dit ma cousine.

Mais sa mère lui lance un coup d'œil de travers.

Une jeune fille ne doit pas faire semblant de savoir que les nourrices ont du lait. C'est très inconvenant.

Mon oncle veut clore l'incident.

— Tes instincts pervers, s'écrie-t-il, se sont développés avec l'âge !...

Et il énumère les queues de lapins que j'ai tirées, les hannetons que j'ai fait rôtir, les mouches que j'ai écartelées. Ah! ça ne l'étonne pas, que je me sois, plus tard, si mal conduit à l'égard de mes parents! Quand on prend, si jeune, l'habitude de faire du mal aux bêtes...

Ma tante intervient :

— Mon ami, mon ami !...

— C'est vrai, fait mon oncle qui s'aperçoit que la passion l'égare. C'est vrai! Ce petit malheureux allait me faire dire des choses !... Je suis réellement bouleversé... Une conduite aussi déplorable !...

— Ce n'est pas tout à fait sa faute, mon ami ; tu sais bien que sa religion...

— En effet, ajoute ma cousine, tu sais bien, papa, que les protestants...

Je m'y attendais. C'est l'excuse hypocrite dont ils affectent de couvrir ce qu'ils appellent mes fautes, excuse qui n'est en réalité, pour eux, qu'un outrage avec lequel ils me soufflètent. Sa religion ! Protestant ! Me les ont-ils assez jetés au nez, ces deux mots, tout en les susurrant d'une voix doucereuse et benoîte de cagot mielleux qui ne demande qu'à disculper et qui fait la part des choses ! Ont-ils jamais manqué une occasion de me les coller sur le visage, ainsi qu'un stigmate, dévotement, onctueusement, comme ils se collent à eux-mêmes de la cendre sur le front, le lendemain du mardi gras ? Et j'étais assez bête pour en rougir, assez mou pour avoir honte, assez lâche pour

1.

ne pas la défendre, cette religion dont les dogmes
pourtant me font rire et dont je ferais bon marché
si je ne sentais pas, derrière son rituel vieilli et ses
doctrines surannées, deux grandes choses pour le
triomphe desquelles elle a su trouver des confesseurs
qui ont été des précurseurs et des martyrs qui ont
été des héros : la vérité et la liberté.

Est-ce que cette fois encore ?... Hélas ! oui, cette
fois encore, je me contente de baisser la tête.

Et la morale montait toujours !... Mon oncle a glissé
légèrement sur mon enfance : il s'est appesanti sur
mon adolescence et m'a reproché de n'avoir jamais
eu de prix de thème grec. Il en est maintenant à ma
jeunesse. Il ne comprend décidément pas que je n'aie
pu arriver à m'entendre avec mes parents et que j'aie
déserté le toit paternel. Il veut bien avouer que je n'ai
peut-être pas eu tous les torts, au début...

— Mais enfin, que les parents fassent ceci ou cela,
les enfants n'ont pas à s'en plaindre...

Pourquoi pas ?

— Les enfants ne doivent jamais s'occuper des
affaires des parents...

Même quand elles les regardent directement ?

— Tu devais tout supporter en silence. Les enfants
sont faits pour ça. D'ailleurs, lorsqu'il se passait chez
toi des choses qui ne te plaisaient point, il y avait un
moyen bien simple de ne pas s'en apercevoir. C'était
de faire l'aveugle.

L'aveugle ?... Je ne sais pas jouer de la clarinette.

J'ai laissé échapper ça — tout haut. — Mon oncle
se lève, furieux.

— Comment, malheureux ! tu plaisantes ! tu oses
plaisanter avec les choses sérieuses ! Mais tu n'as
donc de respect pour rien ? Tu te moques donc de

tout? Tu n'as donc plus ni âme, ni cœur, ni conscience, ni... rien?... Ah! cette manie de dénigrement! Le mal du siècle! Cette manie de raisonner envers et contre tout!... Ah! elle te coûtera cher, cette manie-là!... Quand tu seras soldat, je te conseille, mon ami, de continuer à discuter avec ton insolence habituelle. Sais-tu ce qu'on te fera, si tu raisonnes, si tu es insolent? hein? le sais-tu?

— Non, mon oncle.
— On te passera par les armes.
— On t'exécutera, dit ma tante.
— On te fusillera, dit ma cousine.

J'en ai la chair de poule; et mon oncle, qui a produit son effet, continue son réquisitoire.

— Depuis, qu'as-tu fait? Tu as passé, je crois, deux mois dans un bureau. Au bout de ces deux mois, tu as jugé à propos de gifler un sous-chef et l'on t'a flanqué dehors. Continue à appliquer ce petit système-là dans l'armée, et ce ne sera pas dehors qu'on te mettra, ce sera dedans.

Ma tante et ma cousine éclatent de rire. Je ris aussi, en me forçant un peu — je me chatouille la paume de la main avec le petit doigt. Que voulez-vous? Mon oncle a soixante ans; son répertoire de jeux de mots est bien vieux, c'est vrai; mais on ne peut vraiment pas lui demander d'apprendre par cœur, à son âge, le nouveau recueil des coq-à-l'âne et des calembours, augmenté d'une préface en vers. Je me mets à sa place. Je sais très bien que, lorsque j'aurai soixante ans et que je dirai, par exemple : « Ce qui est plus fort qu'un Turc, c'est deux Turcs, » j'éprouverai un grand plaisir à voir s'esclaffer mes auditeurs.

Mon rire a déridé mon oncle. Il fait un geste vague de commisération indulgente.

—Depuis ce temps, comment as-tu vécu? Je l'ignore et ne veux pas le savoir. A quoi t'es-tu occupé? A écrire. Des bêtises. Tu as fait des vers — on me les a montrés. Des vers abominables, dans lesquels tu appelles môssieur Thiers « Géronte assassin » et Gambetta « Cromwell de carton » et « diminutif de Mirabeau. » Sais-tu pourquoi, seulement?

Je fais signe que non. Je ne sais pas pourquoi.

Mon oncle hausse les épaules.

— Je m'en doutais !

— J'en étais sûre, fait ma tante.

— Convaincue ! appuie ma cousine.

— Tu es parti de chez ton père. Tu as dû mener une vie misérable, manger dans d'ignobles gargotes, coucher dans des repaires infâmes...

Ma cousine se bouche les yeux.

— D'ailleurs, tes vêtements en disent long...

— A propos, fait ma tante, nous te retiendrions bien à dîner, mais, tu sais, c'est aujourd'hui vendredi; nous faisons maigre et, comme tu es protestant...

Je suis protestant, en effet, mais je crois que, pour le moment, ce sont mes habits qui protestent.

—En effet, dit mon oncle, il faut respecter toutes les convictions. Ç'a toujours été mon avis. Eh bien ! mon ami, puisque tu vas entrer dans une nouvelle carrière, prends la ferme résolution de t'y bien conduire ; sois respectueux et obéissant à l'égard de tes chefs ; le régiment est une grande famille dont le père est le colonel et dont la mère est la France. Quels que soient les ordres qu'on te donne, ne les examine pas, ne les critique jamais; exécute-les les yeux fermés...

Ça ne doit pas toujours être commode.

— Le plus bel avenir s'ouvre devant toi. Tu peux te

...ire en peu de temps une position magnifique... Tout soldat, a dit Napoléon, porte...

— Oui, la giberne... le bâton de maréchal...

— C'est ça ! c'est ça ! Moque-toi un peu des paroles d'un grand homme !... D'ailleurs, mon ami, tout ce que je t'ai dit, c'est dans ton intérêt. Tourne bien, tourne mal, ça ne peut rien nous faire, au fond. Nous déshonorer, ça, tu ne le peux pas : nous ne portons pas le même nom que toi. La charité chrétienne nous ordonne de faire des vœux pour toi et de te donner de bons préceptes ; quant au reste, ça nous est égal...

C'est curieux, je m'en doutais presque.

— Tâche de monter vite de grade en grade. C'est le meilleur moyen d'avoir un avancement rapide. Surtout, évite les mauvaises compagnies ; il y a partout des gens avec lesquels il ne faut se lier à aucun prix. Si tu es disposé à te bien conduire, à faire la joie de ta famille et l'honneur de ton pays, tu ne les fréquenteras point, tu les laisseras de côté. Du reste, vous ne pourriez pas vous accorder longtemps ; le vice n'a jamais fait bon ménage avec la vertu.

Ça doit être vrai, mais ça ne me semble pas neuf. Je pense avoir lu autrefois, dans Lhomond, cet exemple étonnant : « La vertu et le vice sont contraires, » *virtus et vitium sunt contraria*.

Tout le monde vient de se lever. Je crois la petite séance terminée et je me lève comme les autres. Ma tante me promet, en me quittant, de me faire cadeau de mon premier uniforme, quand je serai nommé officier. Ma cousine m'offrira un sabre, — un beau sabre.

Décidément, elles n'ont pas l'air de croire outre mesure à mon avenir.

Mon oncle ne me promet rien, mais, en me reconduisant jusqu'à la porte, il me donne quelque chose... En conseil, un dernier conseil.

— Quand tu auras des galons, mon ami... Souviens-toi bien de ce que je vais te dire, grave-le dans ta mémoire.

— Oui, mon oncle.

— Quand tu auras des galons, — sois sévère, mais juste.

Il ferme la porte.

Je descends l'escalier furieux. Furieux surtout contre moi. Quoi ! j'étais décidé, en entrant dans cette maison, à ne pas me laisser débiter trois mots de cette sempiternelle théorie de la vertu et des mœurs qui me dégoûte et m'assomme ! J'étais résolu à interrompre brutalement la coulée de cette avalanche moralisatrice qui vous engloutit sous ses phrases glacées ! J'étais déterminé à rompre avec éclat, avec insolence même — une insolence qui aurait été de la franchise — plutôt que de permettre à mon oncle de me tenir encore une fois ce langage qui n'est pas son langage à lui seul, mais qui est celui de tous les gens qui pensent comme lui, qui voient comme lui, qui pensent faux et qui voient faux — des gens que je méprise déjà et que, je le sens bien, je finirai par haïr. Et je n'ai pas trouvé une phrase pour lui répondre, pas un mot pour l'arrêter ! Est-ce que j'ai manqué de courage ? Est-ce que, encore cette fois-ci, j'ai capitulé devant sa morale bête ? Est-ce que je suis un imbécile ? Non. La vérité, c'est que je ne savais quoi lui répondre. Je ne savais pas. Je ne suis pas un imbécile, je suis un ignorant. Je sentais qu'il y avait bien des répliques à lui faire cependant, bien des objections à lui opposer, mais je ne trouvais rien, rien.

Rien, à part peut-être des railleries sur la forme grotesque de leurs théories, sur la sottise dans laquelle ils délayent leurs pauvres vieilles idées, arlequins centenaires cuits toujours à la même sauce; rien à part des moqueries sur la figure extérieure, gothique et maniérée, de leurs préceptes faux qu'ils étalent dogmatiquement. Et, si j'avais ri de la couche de ridicule dont ils badigeonnent leur férocité égoïste, si j'avais raillé la forme absurde qui s'enroule autour de leur vanité venimeuse comme les capsules molles et sans saveur autour de l'amertume des médicaments, ils m'auraient traité — pour de bon — de mauvais plaisant, de sans-cœur, de farceur qui ne respecte rien, qui n'a pas de considération pour les choses sérieuses.

Ils auraient eu raison. Ce qu'il faut, ce ne sont pas les coups d'épingle de la moquerie, les coups de canif de la blague, dans ce voile de bêtise qu'ils ont tendu — peut-être exprès — devant leur méchanceté doucereuse. C'est le coup de couteau brutal qui crèverait la cotte de mailles faite de tous les lieux communs et de toutes les banalités cousus pièce à pièce dont ils couvrent leur morale étroite et hypocrite, et qui la mettrait à nu.

Ce coup de couteau-là, je ne peux pas le donner — pas encore.

Quand je fais des réflexions, je mets les mains dans mes poches. C'est, chez moi, une habitude prise. Je ne peux pas réfléchir les mains ballantes; il n'y a pas à s'y tromper, quand j'ai les mains ballantes, je ne réfléchis pas. Je vis alors une vie sans pensée, la vie d'un être inconscient, la vie du fakir qui contemple son nombril, la vie du chien errant qui trôle dans les rues en compissant les devantures.

Mais, pour le moment, comme je fais des réflexions graves, j'enfonce les mains très avant dans mes poches et, fort étonné, je sens rouler sous mes doigts des choses rondes. Ces choses rondes, ce sont des pièces de monnaie. Mon Dieu! oui. Avant mon départ, on a fait une petite quête. Tout le monde a apporté son obole, tout le monde, jusqu'à la femme de chambre de ma tante, une vieille fille ridée et jaunâtre, au corsage plat, aux yeux glacés, et qui semble vouloir absolument mourir d'un pucelage rentré. Je compte les espèces. Je trouve dix-sept francs cinquante centimes. Maintenant, comme il faut être juste avec tout le monde, je dois avouer que ma poche est décousue et que j'ai entendu, tout à l'heure, quelque chose tomber à terre. C'était sans doute un sou. Il devait y avoir dix-sept francs cinquante-cinq. Pourtant, je n'en suis pas sûr. Je n'en mettrais pas ma main au feu.

Dix-sept francs cinquante, c'est mince! Il n'y a pas de quoi faire la noce, assurément. Mais la sagesse antique et moderne ne nous apprennent-elles pas à nous contenter de peu? D'ailleurs, ma cousine m'a promis d'appeler sur ma tête les bénédictions du ciel. En attendant, je pourrai toujours, ce soir, ajouter un petit extra à mon ordinaire assez maigre. Je mangerai un plat de plus, un dessert — pas des pruneaux, par exemple! Ah! non; après la morale avunculaire, ils feraient double emploi!... *Non bis in idem!*.....

. . . . . . . . . . . . . . .

Le lendemain soir, mon père m'a conduit à la gare. Nous avons parlé — de choses quelconques — en nous promenant. Il a attendu le dernier appel des voyageurs pour me laisser partir, et alors, me jetant les bras autour du cou, il a laissé échapper deux grosses larmes et je l'ai entendu qui me disait tout bas : « Tu sais, mon enfant, je t'ai toujours bien aimé ! »

Ça m'a ému. Je ne le cache pas, ça m'a ému. Seulement, maintenant, je veux raisonner mes émotions, arriver à me les expliquer.

J'y ai réfléchi toute la nuit, en chemin de fer... Je ne crois pas que ça suffise à un père, d'aimer ses enfants.

Pourquoi ? — Je ne sais pas.

J'y réfléchirai encore. J'arriverai peut-être à le savoir.

II

Voilà six mois que je suis à Nantes, canonnier de deuxième classe au 41ᵉ d'artillerie. Six mois ôtés de soixante, restent cinquante-quatre.

— Ça commence à se tirer, dit mon camarade de lit, un Bordelais qui s'est engagé aussi, un cochon vendu comme moi.

— C'est égal, c'est encore rudement long.

— De quoi ? de quoi ? s'écrie un conducteur de la classe 76, un gros garçon qui va être libéré du service dans quelques jours et qui hurle : La classe ! toute la journée. — De quoi ? On trouve le temps long ? on s'embête ? Est-ce qu'on a été te chercher, dis donc, pour t'amener au régiment ? Est-ce que tu n'y es pas venu tout seul ? Il faut avoir un sacré toupet pour se plaindre de ce qu'on a demandé ! Pourquoi t'es-tu engagé, alors ? Pourquoi n'es-tu pas resté chez toi ?

Alors, dans la chambrée, des rires éclatent, des ricanements grincent.

— La planche à pain était tombée.

— Le four était démoli.

— Il avait mis sa soupière au Mont-de-Piété.

Ah ! je les connais par cœur, ces vieilles railleries régimentaires, ces plaisanteries toujours les mêmes, qui me froissaient si fort, qui me faisaient si mal au cœur, les premiers jours. Maintenant encore, peut-être, elles me chatouillent désagréablement, mais elles ne me font plus monter le rouge au visage et ne me donnent plus l'envie de me jeter sur les blagueurs et de leur fermer la bouche à coups de poings, au risque de me rendre ridicule et d'ameuter contre moi la haine et le mépris. Je comprends qu'ils ont le droit de me regarder de haut, eux qui n'ont rejoint le régiment qu'au moment où les Pandores leur ont apporté leurs feuilles de route, eux qui sont arrivés au corps en rechignant, comme des chiens qu'on fouette, malgré les rubans de leurs chapeaux et leurs chansons mouillées d'eau-de-vie. Je ne leur en veux plus, quand ils me font sentir, même un peu lourdement, leur mépris de paysans ou d'ouvriers obligés de quitter la charrue ou le marteau pour empoigner un fusil, quand ils me jettent au nez leur commisération dédaigneuse — que je commence à trouver légitime — pour les propres-à-rien incapables de faire œuvre de leurs dix doigts et réduits, aussitôt qu'ils s'aperçoivent que leurs pères ne sont pas nés avant eux, à piquer une tête dans l'armée.

Je ne leur en veux plus, mais je persiste à trouver le temps très long.

Comment les ai-je passés ces six mois qui forment la dixième partie du temps que je me suis engagé à consacrer, avec fidélité et honneur, au service de mon pays ? Je serais bien embarrassé de le dire au juste. Je les ai passés, voilà tout,

J'ai appris à monter à cheval, à faire l'exercice d[u] sabre, du revolver et du mousqueton. J'ai désappr[is] la manière de marcher d'une façon convenable, d[e] porter les mains autrement que Dumanet et d'avo[ir] l'air d'autre chose que d'un individu ficelé dans u[n] uniforme terminé en bas par des bottes de porte[urs] d'eau et en haut par un shako qui ressemble à un p[ot] à cirage. Je sais réciter la théorie, mais je ne sai[s] plus raisonner. J'ai appris à panser les chevaux, à l[es] étriller et à leur laver la queue à grande eau. J'a[i] perdu l'habitude de me débarbouiller tous les jour[s] et de me laver les pieds de temps en temps. Je n[e] porte plus de faux-cols, mais une belle cravate bleu[e] dans laquelle il faut cracher très longtemps pour l[a] contraindre à conserver les huit plis réglementaires. Je porte des bottes à éperons, mais je ne porte pa[s] de chaussettes. Je sais que je dois le respect à me[s] supérieurs, mais je ne sais plus que je dois me respecter moi-même. Pour sortir en ville, je mets u[n] dolman, et ça me fait plaisir, parce qu'il descend u[n] peu plus bas que ma veste et qu'on ne peut pas voir, quand je me baisse ou quand je m'assieds, combie[n] ma chemise est sale ; je mets aussi des gants blancs et ça m'ennuie, parce que je suis obligé de les retire[r] pour me moucher — avec le mouchoir du pèr[e] Adam.

Je m'astique, régulièrement quatre heures pa[r] jour, les fesses sur une selle. Je manœuvre d'un[e] façon passable. Quand je suis de garde et de faction, j'ai l'air tout aussi bête qu'un factionnaire quelconque. Je tiens ma place assez convenablement au[x] revues, même aux revues à cheval. Ces jours-là, j[e] l'avoue, je me pique d'honneur. Je ne voudrais pa[s] ternir l'éclat de ces cérémonies guerrières dans leselles on voit défiler un matériel tout battant neuf, s chevaux aux crinières bien peignées et aux sabots ircis, portant des harnachements astiqués au sang bœuf — du sang qu'on va chercher dans des seaux, 'abattoir, — des hommes fourbis, dorés, brillants r toutes les coutures et dont pas un, sur cent, n'a linge propre.

Ce ne sont pas les travaux engageants, les occupa-ns intéressantes, les spectacles attrayants qui man-ent ici, au contraire. Eh bien! malgré tout, je ennuie.

Je m'ennuie en me levant, à quatre heures du ma-, pour la corvée d'écurie. Je m'ennuie au pansage, m'ennuie à la manœuvre. Je m'ennuie en montant garde; je m'ennuie quand je sors en ville, la main ntée, tenant le sabre, à l'ordonnance, les yeux urnés à droite et à gauche pour chercher un supé-eur à saluer. Je m'ennuie en pénétrant dans la isine, en me frottant aux cuisiniers raides de aisse, vêtus de pantalons immondes, de bourgerons fects. Je m'ennuie de ne jamais trouver dans ma melle que de la viande qui est de la carne, du uillon, qui est de l'eau chaude, et des légumes 'on a cueillis sur les tas d'ordures d'un marché au u de les récolter dans les champs. Je m'ennuie core en la posant, cette gamelle, pour ne pas salir a couverture, sur mon époussette, un magnifique rré de drap jaune — qui empeste la sueur de che-l.

Et je m'ennuie surtout le soir, lorsque, étendu ns mon lit où les puces et les punaises ne me issent pas fermer l'œil, je pense à la fatigante tris-sse de la journée qui vient de finir.

Je m'embête furieusement, mais je fais les plus

grands efforts pour ne pas le laisser voir. J'espère que ça finira par se passer. Je prends mon courage à deux mains et tâche de faire preuve de bonne volonté. J'y mets du mien, tant que je peux.

Je n'en mets pas assez, cependant. Il y a différentes choses... la théorie, notamment... Je la récite à peu près; pas trop mal — pas trop bien non plus — mais toujours d'un ton gnan-gnan, indifférent, sans conviction. Ça paraît me laisser froid, ne rien me dire. Je n'ai pas l'air de me figurer que l'avenir de la France est là-dedans.

— Aucune de ces phrases : « Au commandement, Haut pistolet ! — La baguette en avant — Les rênes passées sur l'encolure » ne font bondir votre cœur dans votre poitrine, m'a dit l'autre jour le capitaine-instructeur.

C'est juste; il est peu rebondissant, mon cœur. Si jamais on me dissèque, je crois que les carabins auront bien du mal à jouer à la raquette avec.

Il y a encore une autre chose qui achève de me mettre mal dans les papiers de mes chefs. J'astique d'une façon déplorable ; et, malheureusement, on est assez porté, dans l'armée, à juger de l'intelligence d'un homme d'après le degré de luisant et de poli qu'il est capable de donner à un bout de fer ou à un morceau de cuir. « Faites-vous astiquer ! » me répète le capitaine, qui maintenant me fourre dedans, régulièrement, à chaque revue. Je n'ai pas le sou. Je ne peux pas me faire astiquer.

— Alors, vous n'arriverez à rien.

Ça ne m'étonnerait pas.

— Vous devriez demander à vous faire rayer du peloton des élèves-brigadiers, me dit le mar'chef, un assez bon garçon. Vous feriez votre service tranquille-

ent et personne ne vous punirait. Réfléchissez à ça.
J'y réfléchirai. En attendant, je couche en permanence à la salle de police.

Un soir, on vient m'y chercher. Il paraît qu'il y a du nouveau.. On mobilise une batterie pour l'envoyer en Tunisie. On a dressé une liste des hommes qui la composent et je suis inscrit un des premiers.
— Quand part-on?
— Dans deux jours. Vous emmenez vos chevaux — sans harnachement, sans rien — et vous allez vous faire armer à Vincennes.
A Vincennes? Pour aller en Tunisie? Pourquoi pas Dunkerque?
Quelle drôle d'idée! Enfin, tant mieux! Je reverrai peut-être Paris, en passant.

III

J'ai revu Paris.
Beaucoup trop, malheureusement. Au moment [où]
nous étions prêts à nous embarquer pour le pays [des]
Kroumirs, un contre-ordre est arrivé. On nous [a]
démobilisés et l'on nous a versés dans les différen[tes]
batteries d'un des régiments casernés dans la pla[ce.]
Je suis resté presque un an à Vincennes.
A Nantes, l'impression qu'avait produite sur moi [le]
métier militaire était une impression d'ennui [bien]
caractérisé, de fatigue physique et intellectuelle, [de]
pesanteur cérébrale. J'avais d'abord été étonn[é,]
secoué comme on l'est toujours quand on pén[ètre]
dans un milieu inconnu, et, étourdi, ébloui, je n'av[ais]
vu que la surface des choses, je n'avais pu ju[ger]
que leur ombre. Puis, sous l'influence de l'atm[os]-
phère alourdissante dans laquelle je vivais, me livr[ant]
chaque jour au même trantran monotone, je m'ét[ais]
laissé aller peu à peu à l'observation animale [des]
règlements, à l'accoutumance irréfléchie des pr[es]-
criptions, à l'acceptation d'une vie toute machinale[.]

bête de somme qui prend tous les matins le même collier pour le même travail et dont l'existence misérable est réglée d'avance, jour par jour et heure par heure, par la méchanceté ou l'idiotie d'un maitre impitoyable. Un mois de plus, et ma personnalité sombrait dans le gouffre où s'en sont englouties tant d'autres. Je ne pensais plus. J'étais presque une chose. J'étais sur le point de faire un soldat.

Un soldat — un bon soldat peut-être — mais rien de plus. Je n'avais pas perdu assez tôt mon caractère particulier, ce qui fait que, dans la vie civile, on est soi et non un autre, pour espérer arriver jamais à monter en grade. Je n'avais pas assez vite pris ma part de ce caractère général qui assimile si bien un troupier à un autre troupier, et qui ne les différencie quelque peu que par le degré de respect que la discipline leur inspire et par la somme de terreur qu'elle fait peser sur eux. — On avait eu le temps de s'apercevoir que je n'avais pas la foi. Je ne pouvais plus guère me sauver, même par les œuvres. Un ambitieux a tout à gagner, dans l'armée, à se laisser déprimer le cerveau, dès les premiers jours, par le coup de pouce des règlements. D'ailleurs, à moins de circonstances assez rares, d'évènements qui rompent la monotonie d'une existence abêtissante, vous permettent de remettre la main sur votre personnalité, il faut toujours en venir là, tôt ou tard. Mais alors, on ne vous tient pas plus compte de votre soumission, de votre dressage — c'est le mot consacré — qu'on ne tient compte à un cheval vicieux de s'être laissé dompter par la fatigue.

Je ne l'avais pas adopté assez vite, cet état d'esprit que les adjudicataires d'habillements militaires fournissent à trois cent mille hommes, en même temps

que leurs vêtements en mauvais drap et leurs chaussures en cuir factice. Mais il n'est jamais trop tard
pour bien faire. Un mois de plus, je le répète, j'étais
dressé, et je faisais un soldat.

Mon séjour à Vincennes a tout changé.
Je ne suis pas un soldat.
— Vous n'êtes pas un soldat! Vous êtes un malheureux!
C'est le colonel, entouré de tous les officiers du
régiment, qui vient de me dire ça en passant une
revue de chambres.

J'avais cru jusqu'ici que les deux termes : soldat
et malheureux, étaient synonymes. Il paraît que non,
car il a ajouté :
— Les soldats, on les honore. Les malheureux
comme vous, on les fait passer par des chemins où il
n'y a pas de pierres.

Là-dessus, tous les officiers m'ont fait de gros yeux
terribles. Je m'y attendais : le colonel avait l'air
furieux. S'il avait eu l'air gai, ces messieurs auraient
fait leur bouche en cul de poule.

J'ai toujours désiré avoir un colonel qui eût l'habitude de priser. Je suis convaincu que, chaque fois qu'il
aurait sorti sa tabatière, les officiers auraient éternué.

En attendant, je dois passer incessamment par un
chemin où il n'y a pas de pierres. Quel est ce chemin?
Je l'ignore, mais je sais très bien qu'il ne me conduira
pas à Rome, quoi qu'en dise le proverbe. Les différents
chemins que je suis depuis onze mois me mènent
toujours au même endroit : la prison.

Je n'en sors plus, de la prison; ou, quand j'en sors,
c'est pour attraper bien vite une nouvelle punition
qui m'y réintègre pour un laps de temps déterminé.

ar le bon plaisir de qui de droit. Mon domicile habi-
el se compose d'une salle oblongue, privée de jour
dont l'atmosphère est continuellement viciée par
s émanations qui s'échappent d'une espèce d'ar-
oire mal fermée. Cette armoire est l'antre de Jules,
les, l'inséparable compagnon des prisonniers, l'urne
crymatoire des affligés. On le blague bien, ce pauvre
les, mais comme, au bout du compte, il est indis-
nsable, on ne lui en veut pas de faire sentir trop
tocratiquement sa présence; et c'est tout au plus
on lui tire un peu brutalement les oreilles, le ma-
, pour le punir d'avoir, pendant la nuit, abusé de
permission à lui accordée de repousser du goulot.
n lit se compose de quelques planches inclinées et
n couvre-pieds troué que le brigadier de garde me
sse tous les soirs, couvre-pieds sur lequel les puces
rent aux punaises des batailles acharnées.
On me fait sortir plusieurs fois par jour, ainsi que
s camarades, pour nous permettre de nous livrer à
s exercices variés et intelligents. Nous commençons
r la corvée des latrines; après quoi nous nettoyons
abreuvoirs. Puis, nous passons au balayage. Le
ayage est notre occupation dominante; nous ba-
ons partout, nous n'oublions rien; nous nous mon-
ns impitoyables; le moindre fétu de paille ne
uve pas grâce devant nous; et si, par hasard, un
ttin apparaît, nous nous précipitons dessus comme
 dévots sur un morceau de la vraie croix. Aussi,
st certainement impossible de trouver une cour
s propre que la cour de notre quartier. Une seule
se m'étonne : c'est que nous ne l'ayons pas encore
e.
ne existence pareille est bien indigne, bien vile,
 abrutissante, n'est-ce pas? Eh bien ! je la préfère

à la vie que mènent les bons soldats, — ceux qu'on honore, — à la vie qu'on mène dans ces trois grands corps de bâtiment à cinq étages, vie d'abrutissement malpropre, de misère monotone. Non, maintenant, je ne pourrai plus faire « mes cinq ans » comme les autres, courbant la tête sous les règlements, respectant les consignes, m'habituant à l'épouvantable banalité des tableaux de service. Je ne pourrai plus exécuter, sans les examiner — les yeux fermés — les ordres absurdes de brigadiers ou de sous-officiers stupidifiés par le métier imbécile. Je ne pourrai plus supporter sans murmurer l'ironie lourde ou la grossièreté bête du langage des officiers, triste langage qu'ils se transmettent les uns aux autres, au mess ou au cercle, comme les cabotines de café-concert de bas étage se repassent, dans la coulisse, leurs gants fanés et leurs bijoux en strass.

La sensation que me fait éprouver l'état militaire n'est plus une sensation d'ennui, c'est une sensation de dégoût. Dégoût terrible, continuel, et d'autant plus invincible que je me suis efforcé de le vaincre.

Oui, j'ai essayé d'en avoir raison tout d'abord, en revenant d'une permission de quatre jours, que j'avais passée à Paris, peu de temps après mon arrivée à Vincennes. J'avais quitté, chez un camarade, mon pantalon basané et mon shako en cuir bouilli pour reprendre des vêtements de civil. Et, tout d'un coup, je m'étais senti plus léger, plus dispos, délivré d'une gêne énorme, les épaules dégagées du manteau de plomb des règlements, — libre. — Je m'étais trouvé tout étonné de pouvoir agir à ma guise, sans nulle contrainte, me demandant presque si c'était bien vrai, me secouant et regardant en dessous, comme le chien longtemps enchaîné à qui l'on vient de retirer sa collier. Chose étrange ! en dépouillant mon uniforme, j'avais dépouillé les tristes idées que j'avais acquises depuis mon entrée au service et j'avais retrouvé la faculté de penser. Pour la première fois depuis plusieurs mois, pendant ces quatre jours, j'ai pensé, j'ai réfléchi, j'ai raisonné ; je me suis aperçu que j'ai joué cinq ans de ma vie à pile ou face et que le profil qui reste à découvert me fait une vilaine grimace.

Ah ! je l'avais bien prévu dès le premier jour, le jour où j'avais signé de si mauvais cœur ma feuille d'engagement, je l'avais bien prévu, que je ne ferais pas à l'armée, comme me le demandait mon oncle, l'honneur de mon pays et la gloire de ma famille. Mais, au moins, j'avais espéré que je pourrais y passer bêtement, mais tranquillement, les cinq années que je ne pouvais passer ailleurs. Et maintenant, j'en suis à me demander s'il n'aurait pas mieux valu faire le soldat imbécile, le numéro matricule que j'aurais fait si j'étais resté à Nantes, que de venir à Paris chercher l'aversion de *ma profession*, la haine de mon esclavage. Car, maintenant, c'est fait. Les résolutions de soumission et d'obéissance que j'ai abandonnées, je n'ai plus pu les reprendre. Je les ai laissées où elles étaient tombées, comme ces loques par trop sordides qu'un chiffonnier expulse avec dédain de son cachemire d'osier, qu'il remue quelque temps du bout du crochet et qu'il se décide à lâcher.

Depuis, je suis retourné bien des fois à Paris. Seulement, comme je n'avais pas complété ma masse, en debet, et que mon capitaine me refusait systématiquement toute espèce de permission, je m'abstenais de lui réclamer ses petits carrés de papier et je partais « en bordée ». Je passais cinq ou six jours à Paris, seul ou presque seul, ne fréquentant que quelques camarades qui n'avaient pas toujours le temps de s'occuper de moi. Ma famille, je ne la voyais pas, naturellement. Quant au reste, je n'avais jamais connu que deux ou trois gamines, belles de la beauté du diable et bêtes comme des enseignes de modistes, qui s'étaient envolées je ne savais où. Pendant des journées, j'allais par les rues, flânant, me laissant guider par ma fantaisie, buvant avidement l'air libre. Là seulement je me sentais vivre, et bien des fois, en pensant aux années de servitude qui m'attendaient encore, l'envie m'est montée au cœur de terminer une de ces bordées par le suicide. Je revenais pourtant, ne voulant pas être puni comme déserteur, furieux contre moi au moment de rentrer au quartier. Je me reprochais le triste courage qui me portait à franchir la grille. J'aurais remercié avec effusion un passant qui, d'une poussée brutale, m'aurait jeté à l'intérieur.

Immédiatement, j'étais mis en prison; l'absence illégale, voilà le principal motif de mes punitions. J'en ai encore quelques-unes pour ivresse. Mon Dieu, oui ! Je me suis piqué le nez quelquefois...

On me punit aussi assez souvent pour réponses inconvenantes. Je suis inconvenant, c'est vrai, mais ce n'est pas tout à fait de ma faute. C'est une mauvaise habitude qui m'est venue tout d'un coup, à la suite d'avanies faites de gaîté de cœur, de vexations idiotes, d'affronts de toutes sortes que longtemps j'avais avalés sans rien dire. Un beau jour, j'ai découvert que ce parti pris d'injures m'avait gonflé le cœur, aigri le caractère, comme ces gouttes d'eau qui, tombant une à une, commencent par glisser sur la pierre et finissent par la creuser.

Mon horreur, ou plutôt mon dégoût de l'état mili-

aire est maintenant si grand que je m'estime fort
heureux de ne plus partager l'existence de ces hommes, mes camarades, que je vois aller et venir par la
chambre, depuis que le colonel est sorti, marchant
sur la pointe du pied, parlant bas, n'osant pas se
montrer aux fenêtres, le grand chef se promenant
encore dans la cour du quartier.

Toute la semaine, ils ont vécu ainsi, courbaturés
par la répétition inutile des mêmes manœuvres et
des mêmes exercices, terrorisés par les dogmes de la
religion soldatesque, pliés en deux sous le respect et
la peur que leur inspire la doctrine de l'obéissance
passive. Véritables bêtes de somme pour la plupart, 
pupeurs pour le reste, mal nourris, mal logés, blanchis le long des murs, dépouillés de toute espèce
d'idée, les mêmes expressions et les mêmes locutions
revenant sans cesse dans leur langage imbécile, ils
n'ont plus que deux préoccupations, il n'éprouvent
plus que deux besoins : manger et dormir. Et, aujour-
d'hui, dimanche, comme ils ont la permission de sortir, ils vont aller traîner leurs sabres dans les rues,
bêtement, deux par deux ou trois par trois, s'entrete-
nant encore — exclusivement — pendant ces quelques heures de pseudo-liberté, des détails du service,
des commandements, des consignes — esclaves si
bien faits à leur servitude qu'ils ne savent plus, au
moment du repos, parler d'autre chose que des coups
de fouet qu'ils ont reçus ou de la solidité de leur ma-
taille. — Puis, ils s'en iront dans les cabarets louches,
dans les ruelles où l'on vend de l'eau-de-vie qui râpe
la gorge et du vin qui violacé les comptoirs. Ils s'at-
tableront là, cinq ou six devant un litre, chantant à
tue-tête :

C'est à boire qu'il nous faut !...

en attendant que la nuit tombe et qu'ils puissent all[er]
s'engouffrer, gueulant bien fort et se tenant par [le]
bras, dans ces bouges où il faut faire la queue, qu[el]
quefois, comme au théâtre, devant la porte des p[u]
tains.

O bétail aveugle et sans pensée, chair à canon [et]
viande à cravache, troupeau fidèle et hébété de cet[te]
église : la caserne et de sa chapelle : le lupanar ! Ah[!]
oui, je rejoindrai tout à l'heure, avec plaisir, la « boîte »
dont je suis sorti hier et où je dois rentrer bientôt, [le]
rapport me portant ce matin huit jours de prison po[ur]
réponse insolente. Plutôt la prison que le spectac[le]
de cet avachissement stupide, de l'écœurante bana[]
lité de cette vie misérable ! Plutôt la désertion — [le]
seul vrai remède peut-être — plutôt tout que de jou[er]
un rôle, puisque j'ai conscience de son indignité, dan[s]
cette comédie ignoble, dans cette parade où Mang[in]
s'impose aux spectateurs et arrive, à force de donne[r]
des coups de pied dans le derrière de Vert-de-Gris,
à se faire prendre au sérieux — même par sa victim[e.]

J'entends sonner onze heures. Onze heures ! Et l'o[n]
n'est pas encore venu me chercher pour me condui[re]
à la « Malle ! » Est-ce qu'ils ne penseraient plus [à]
moi, par hasard ? Je m'étends sur mon lit, mon l[it]
que je ne fatigue pas beaucoup, d'ordinaire ; ce qu[i,]
d'ailleurs, n'empêche pas le fourrier de m'imput[er]
trimestriellement toutes les dégradations possibles[.]
J'essaye de piquer un roupillon. Je commence à m'en[]
dormir.

— Froissard, au bureau !

J'ouvre à demi l'œil gauche. C'est le mar'chef qu[i]
m'appelle.

Qu'est-ce qu'il y a donc ?

— Il y a qu'il faudrait d'abord vous lever quand on vous appelle et prendre la position militaire pour parler à vos supérieurs. Hum !... Réunissez tous vos effets et portez-les au magasin d'habillement. Vous êtes désigné pour faire partie d'un détachement de cinquante hommes qui va relever une partie de la 3e batterie *bis*, au Kef, en Tunisie. Vous partez demain.

Comment! on va en Afrique aussi simplement que cela, maintenant? Autrefois, c'était plus compliqué : il fallait faire cinq ou six fois le tour de la France pour se faire armer et équiper. Il est vrai que ça n'en allait peut-être pas mieux pour ça.

— Avez-vous fini vos réflexions? On vous dit que vous partez demain soir et que dans trois jours vous prenez le bateau.

— Est-ce qu'il va sur l'eau, au moins, ce bateau-là ?

# IV

Le Kef, ville principale de la Tunisie. Population
— Commerce : — Industrie : — Je laisse des blancs
tout en donnant aux Cortamberts, qui ne sont jama[is]
embarrassés, la permission de combler ces lacunes [à]
leur fantaisie.

De loin, la ville, bâtie en amphithéâtre sur le pen[-]
chant d'une montagne, vous fait l'effet d'une dégrin[-]
golade de fromage blanc entre des murailles en nou[-]
gat; le tout dominé par une pièce montée sur la[-]
quelle il aurait plu de la crème fouettée. On en man[-]
gerait.

De près, ça change. Ce n'est plus qu'un amas d[e]
maisons misérables, bâties avec des cailloux et d[e]
la boue, aux rares et étroites fenêtres grillées, au[x]
toits en coupole blanchis à la chaux. Çà et là, de[s]
ruelles pavées de pierres pointues percent cette ag[-]
glomération de cahutes et s'en vont, avec des allure[s]
tortueuses de vrilles, aboutir dans des places carrée[s]
où s'ouvre la porte d'une mosquée. C'est dans ce[s]
places que, plusieurs fois par semaine, se tiennent le[s]

rchés. C'est là qu'on amène les petits bœufs secs
rapus, les biques aux longs poils noirs, les bourri-
s aux petites jambes nerveuses, au garrot ensan-
nté, à l'échine meurtrie, les moutons sales et mai-
s, portant toute leur graisse dans une queue
rme qui se balance entre leurs pattes de derrière
mme une grosse sabretache. C'est là que s'étalent,
 terre, sous des lambeaux de toile, sur des tré-
ux, l'or blond des céréales, le brun glacé des dattes,
vert criart et frais des pastèques aux chairs blan-
s et roses, le velours bleuâtre des figues, le violet
 aubergines, l'incarnat des grenades, le jaune des
ouilles, le rouge froid des tomates et le rouge
ud des piments. Et, à côté de ces tas de légumes
t les couleurs vives éclatent sous le ciel clair,
re ces amoncellements de fruits qui sentent bon
ur lesquels le soleil jette de l'or, de hautes per-
s s'élèvent où pendent des lambeaux sanguino-
s, quartiers de chairs que va découper sur un billot,
rands coups de coutelas, un boucher nu jusqu'à la
ture, le torse éclaboussé de giclées sanglantes, les
s empâtés de rouge, la barbe souillée de caillots,
ayant.

t les ruelles montent vers la vieille Kasbah déman-
e et ouverte, descendent vers les remparts crou-
s dont les courtines dentelées laissent passer de
 en loin la gueule antique d'un canon de bronze
ché de travers ou couché sur les talus à côté de
 affût pourri. Elles s'élargissent ici, en face des
tes bardées de fer de magasins devant lesquels des
madaires accroupis balancent, au bout de leurs
gs cous, leurs petites têtes aux yeux mi-clos. Là,
s se rétrécissent et le marchand d'eau qui revient
a fontaine avec ses ânons chargés d'outres frappe

à grands coups de bâton, en poussant des cris sauva[ges]
son troupeau indocile qui se bouscule pour passer. P[uis]
elles s'enfoncent sous les longs arceaux d'une vo[ûte]
sombre où s'ouvrent les boutiques de toudis qui v[en]-
dent des étoffes, des armes ou des poteries, l'écho[ppe]
des savetiers arabes, l'antre d'un marchand [de]
cacaouët ou de beignets à l'huile — une huile in[fecte]
dont l'âcre parfum vous poursuit. Elles passent [de]-
vant des cafés maures où des Arabes accroupis [sur]
des nattes, silencieux, vident à petits coups une ta[sse]
minuscule en jouant aux cartes ou en égren[ant]
leur chapelet, pendant que le cafetier, impassi[ble,]
entretient le feu de son fourneau en agitant d[oue]-
cement un petit écran d'alfa. Elles longent [des]
cimetières où des taupinières étroites et pr[es]-
sées, couvertes de cailloux, indiquent les tomb[es,]
d'étroites terrasses où les dévots, le soir, font l[eur]
prière ; des porches larges et bas sous lesquels vi[en]-
nent s'asseoir parfois, les jambes croisées, des m[en]-
diants chanteurs. Ignobles, pouilleux, le capuc[he]
d'un burnous en loques rabattu sur leur face sim[ies]-
que, frappant de leurs longs doigts décharnés la p[eau]
jaunie d'un tambourin, ils commencent par lai[sser]
échapper des sons rauques de leurs gosiers se[cs,]
puis, peu à peu, s'animant eux-mêmes, sans s'o[ccu]-
per de leur auditoire, qu'une foule les entoure [ou]
qu'ils n'aient devant eux que des chiens errants,
se mettent à chanter un long poème, passant su[bite]-
ment des tons les plus sourds aux modulations [les]
plus douces, des notes les plus attendrissantes [aux]
cris les plus stridents, aux vociférations les plus [dé]-
chirantes. On dirait qu'un souffle égare leur espri[t,]
les exalte, qu'un grand frisson les parcourt tout [en]-
tiers, qu'une fièvre les embrase, qu'un enthousia[sme]

furieux les transporte. Alors, ils se transfigurent : ils deviennent très grands, ces frénétiques ; très beaux, ces exaltés rageurs ; magnifiques, ces visionnaires ; presque sublimes, ces inspirés ! Avatar de mendigos vermineux en Homères imperturbables.

J'éprouve un grand plaisir, vraiment, depuis que j'ai quitté la France, depuis que j'ai abandonné l'horrible existence de la caserne pour la vie plus supportable des camps, à aller et venir à droite et à gauche. Je me reprends peu à peu. Et, pendant mes heures de liberté, assez fréquentes, je ne manque pas un des spectacles, toujours attrayants pour un nouveau venu, que peut offrir une ville africaine.

Je ne me promène pas, du reste, que dans les quartiers arabes, je vais aussi dans le quartier européen.

Il me plaît moins.

Je serais bien embarrassé de dire pourquoi, par exemple. Il n'y manque absolument rien, non pas de ce qu'on pourrait souhaiter, mais de ce qu'on trouve le plus communément en France : des cartes et des billards, des cafés et des caboulots. De grandes pancartes indiquent à chaque pas les prix — très raisonnables — des différentes boissons que des dames de nationalités variées, en jupons courts et en corsages échancrés, sont toujours prêtes à vous servir.

Les femmes, le jeu, l'alcool, voilà les trois produits de notre civilisation avec lesquels nous faisons honte aux indigènes de leurs mœurs grossières et sauvages. Ah ! le progrès doit leur apparaître sous les plus riantes couleurs, à ces braves Arabes ; ils se le représentent sous la forme des tonneaux de liqueurs que nous traînons derrière nos convois et à la queue de nos colonnes ; ils l'incarnent dans la personne d'un gouverneur militaire, d'un régime soldatesque qui fait peser sur eux son joug imbécile et lourd, et qui a pour complément indispensable la tourbe des juifs et des mercantis.

De jolis cocos, ceux-là ! Les commerçants de nos colonies, les hardis pionniers de la civilisation ! L'écume de tous les peuples, bandits de toutes les nations, usuriers et voleurs, les épaules tuméfiées par l'application de ces vésicatoires qui sont des articles du Code, ayant tous une canne à polir — et quelle canne !

Pas très nombreux, mais bien brillant, l'élément européen. La plupart de ces gens-là ne font pas de fort belles affaires. Leur fonds acheté à crédit, ils se hâtent, avant l'échéance, d'en boire une partie et de manger l'autre. Ils finissent généralement par la faillite, si c'est faire faillite que de mettre un beau soir la clef sous la porte et de cingler pendant la nuit vers de nouveaux rivages.

Quelques-uns cependant — des gens mariés (!) le plus souvent — se maintiennent à flot. Ce sont des ambitieux qui entretiennent des idées folles, qui caressent des chimères. Ils espèrent qu'après avoir, pendant un certain temps, servi des pompiers et des perroquets dans une salle d'où madame s'échappe quelquefois pour aller visiter l'arrière-boutique en compagnie d'habitués, ils pourront un jour se retirer dans quelque bon fromage où ils mangeront à leur faim, sans nul souci, en travaillant le moins possible. Leur rêve, c'est de lui coller un gros numéro, à ce fromage-là.

Pourquoi pas, après tout ? S'il n'y a de sots métiers que ceux qui ne rapportent rien, celui-ci est assurément l'un des plus intelligents qu'on puisse exercer en Afrique. D'ailleurs, ils ont devant les yeux l'exemple de certains de leurs confrères d'Algérie, d'anciens honnêtes gens qui sont redevenus de très braves gens depuis qu'ils ont les poches pleines, que les gendarmes saluent très bas, qui arrivent à se faire nommer maires d'un village ou d'une bourgade et qui marient facilement leurs filles — grosse dot, petite tache de famille — à des conseillers de préfecture.

On ne peut sérieusement, n'est-ce pas? désespérer du redressement moral d'un peuple quand des apôtres comme ceux-là ont entrepris sa conversion. Le fait est que, si les prédicateurs enseignent consciencieusement la foi nouvelle, il se trouve des gentils qui, de leur côté, y mettent du leur. Je ne parle pas, bien entendu, de ces vieilles bêtes affaissées dans les ornières de la routine, encroûtées au possible, qui ne comprennent pas quelle utilité il peut y avoir à tuer le ver tous les matins et à faire précéder chaque repas d'un ou de plusieurs verres d'extrait de vert-de-gris. Raisonner avec des animaux pareils, c'est perdre son temps. Je parle d'une partie de la jeune génération qui commence à se laisser dessiller les yeux, à rejeter des doctrines surannées, à vouloir sérieusement rattraper le temps perdu. Ils n'y vont pas de main morte, ceux-là ! Ils chantent à plein gosier les louanges de l'alcoolisme ! Il y a de ces gaillards qui n'ont pas leurs pareils pour couper la verte et qui distinguent à l'œil — oui, à l'œil — le vrai Pernod de l'imitation. Au billard, ils vous en rendent dix de trente et gagnent à tous les coups.

Quant aux enfants — aux mouchachous — ils donnent les plus belles espérances. Ils vous disent : « Et

ta sœur ! » — en français — et vous taillent des
basanes — en français. — On en trouve même qui
commencent par parler argot; qui ne savent pas dire :
pain — mais qui disent : du gringle ; — qui ignorent
la viande, mais qui connaissent la bidoche ; — voire
même la barbaque.

Oh ! ils apprennent très facilement. Il paraît même
qu'ils retiennent bien. Que voulez-vous de plus ?

— Ce que je voudrais, ce serait que le gouvernement fût un peu moins bête et un peu moins rosse.

Je me retourne. Celui qui interrompt les réflexions
que j'ai fini par me faire à haute voix est un colon
dont j'ai fait la connaissance, il y a quelque temps.
Ses concessions sont établies à une bonne journée de
marche du Kef, non loin de la ligne de chemin de fer
qui doit finir par relier l'Algérie à Tunis.

— Oui, continue-t-il en me frappant sur l'épaule,
voilà ce que je demande. Qu'est-ce que vous pensez,
vous, de gens qui veulent à toute force avoir des
colonies et qui, une fois qu'ils les ont, font tout ce
qu'ils peuvent pour les empêcher de leur être utiles
à quelque chose ?

Je fais un geste vague.

— Je vous ai, je crois, déjà raconté mon histoire ?

— Oui, elle est édifiante.

— Vous savez que, lorsque je suis arrivé en
Tunisie, lorsque j'ai commencé à exploiter une con-
cession qu'on m'a fait payer à beaux deniers comptant, je croyais pouvoir espérer l'appui, au moins
moral, de l'administration...

— Vous auriez aussi bien fait de compter sur les
bénédictions de ce marabout qui chante son can-
tique là-haut.

— J'ai essayé de passer plusieurs marchés pour la fourniture des grains et des fourrages militaires...
— Ils étaient trop secs, vos fourrages.
— Voyant qu'il n'y avait rien à faire de ce côté, j'ai essayé de tirer parti de mes produits en les envoyant sur les souks. J'ai donc entrepris de tracer une route directe et commode entre mes terrains et la gare la plus proche, à travers des terres en jachère. Aussitôt les papiers timbrés ont plu chez moi.
— Ah bah!
— J'ai appris ainsi que ces vastes terrains incultes qui s'étendent à perte de vue appartiennent, sauf quelques parcelles concédées à des malheureux comme moi, à une Société anonyme dont le siège est à Paris. Cette Société, qui prétend avoir acheté ces terres, et qui les a peut-être achetées à un prix dérisoire qu'elle n'a probablement pas payé, ne veut en céder la moindre partie que contre des sommes exorbitantes. De sorte que si, plus tard, le gouvernement français — ou celui du bey, comme vous voudrez — prend la bonne résolution d'accorder des concessions gratuites à de nouveaux colons, il se verra obligé de racheter un franc le mètre au moins ce qu'il a donné pour rien. Voyez-vous d'ici ce que gagnera la Compagnie?
— Vingt sous du franc, exactement.
— Tous les débouchés m'étant fermés, ou à peu près, j'ai végété quelque temps, tirant le diable par la queue à la lui arracher. L'autre jour, j'ai tenté une dernière chance. J'ai écrit au ministère pour lui demander le prêt d'une somme peu considérable, garantie d'ailleurs, et que je me faisais fort de rembourser en peu de temps. J'aurais pu marcher, avec ça... Au bout d'un mois, on m'a renvoyé ma demande

en me disant qu'il fallait, avant tout, la faire passer par la voie hiérarchique. Aujourd'hui, je suis venu ici chercher la réponse qui vient d'arriver...

— Toujours par voie hiérarchique ?
— De plus en plus.
— Et... est-elle satisfaisante, la réponse ?
— Est-ce que vous vous foutez de moi ? Satisfaisante ! Tenez, lisez-moi ça : « Le ministre porte à la connaissance de l'intéressé que le gouvernement, quel que soit son désir de venir en aide aux colons, se voit dans l'obligation de ne leur accorder aucun secours, pécuniaire ou autre. Etc., etc. » Hein ! qu'est-ce que vous en dites ?
— Dame ! s'ils n'ont pas le sou...
— Quand on n'a pas le sou, on reste chez soi ! quand on n'a pas le sou, on ne cherche pas à conquérir des colonies pour en faire les cimetières des imbéciles assez bêtes pour s'y établir !... Ah ! je sais bien ce que vous allez me dire : « Il ne fallait pas y venir ; tu l'as voulu, c'est bien fait » — Je sais bien, je n'aurais pas dû avoir confiance ; mais, qu'est-ce que vous voulez ? A l'époque de mon départ je n'aurais jamais pu me figurer que c'était tout simplement pour permettre à une séquelle de bandits de spéculer sur des morceaux de papier achetés au poids aux palefreniers du Bardo, qu'on avait versé le sang et dépensé les millions de la France. Ce que c'est que d'être naïf !... Mes terres sont bonnes pourtant ; on pourrait faire deux récoltes par an... Quand je pense à tous ces beaux terrains que l'imbécillité de nos gouvernants laisse en friche, je me demande réellement comment il peut se trouver des gens assez simples pour ne pas éclater de rire en entendant prononcer ces deux mots : Colonies françaises. Moi,

maintenant, je ne sais pas si je ne ferais pas mieux de m'acheter une corde pour me pendre que de continuer l'existence que je mène. A qui m'adresser, pour me faire avancer les sommes dont j'ai besoin et avec lesquelles je serais certain d'arriver, en peu de temps, à un beau résultat? A qui? A des établissements de crédit? Allez-y voir! D'ailleurs, vous savez aussi bien que moi que toutes ces boites-là prêtent au capital, mais non au travail... Alors, quoi? Finir de manger mes quatre sous et piquer une tête dans la Medjerdah? Ce serait peut-être le plus simple... Tenez, tout ça, voulez-vous que je vous dise? c'est de la fouterie...

Il m'a pris par les bras.

— Venez donc boire quelque chose... A quoi ça sert-il, après tout, de se faire de la bile? Quand je m'en fourrerais les quatre doigts et le pouce dans l'œil... Nous allons dîner ensemble, n'est-ce pas?

— Je ne demanderais pas mieux, mais il est déjà tard, et comme je dois être rentré au camp pour l'appel...

— Bah! l'appel! je parie qu'ils ne le font pas une fois tous les quinze jours. Venez donc; si vous rentrez une demi-heure ou une heure en retard, personne ne s'en apercevra...

On s'en est aperçu. Le capitaine commandant la batterie vient de m'infliger huit jours de prison.

Ce n'est pourtant pas un mauvais diable, ce capitaine, gros bonhomme toujours essoufflé, tapotant sans cesse avec son mouchoir son front qui ruisselle constamment de sueur.

Du reste, il a eu soin de me faire prévenir par le fourrier qui m'a annoncé ma punition : « Dites-lui bien que ce n'est pas moi qui le punis, c'est le règlement. Le général m'a recommandé d'être très sévère et, ma foi, vous comprenez... c'est leur faute aussi, s'ils se font punir, ces gredins-là ; ils ne veulent rien entendre. »

Si nous n'entendons rien, en effet, c'est bien que nous ne voulons rien entendre. Nous devons nous fourrer du coton dans les oreilles au moins une fois par semaine. Tous les samedis, régulièrement, le gros capiston vient assister à la lecture du rapport qu'il écoute tout en nouant la cravate de l'un et en boutonnant la veste de l'autre ; après quoi il nous fait un petit discours portant sur la nécessité de nous bien conduire et d'éviter les punitions, le tout entremêlé de recommandations morales et de prescriptions hygiéniques. L'exorde et le fond de la harangue varient un peu, suivant les circonstances, mais la péroraison est toujours la même : « Je ne saurais trop vous recommander d'être très propres. Ainsi, quand vous allez aux cabinets, n'oubliez jamais... (Il fait un geste) vous comprenez ? C'est très nécessaire dans ces pays-ci. Moi, je porte toujours dans ma poche une petite éponge destinée à cet usage-là. Tenez, la voilà. (Il sort de sa poche une chose ronde enveloppée d'un fragment de journal). Oui, je la mets dans du papier, à cause de l'humidité. Ah ! et puis, quand vous allez voir les femmes... oui, je comprends ça... les femmes... on n'est pas de bois... eh ! bien... beaucoup de précautions. Vous m'entendez ? L'eau ne coûte pas cher, n'est-ce pas ? Sans ça, quand vous serez rentrés en France, que vous serez mariés, vous aurez des enfants... des petits enfants... ça sera comme des petits lapins. »

On m'a relégué, avec deux ou trois autres mauvais sujets, dans le marabout des hommes punis — une grande tente conique dressée devant le gourbi qui sert de corps de garde, à côté de la guérite en feuillage dans laquelle s'assied sans façon le factionnaire vêtu de toile blanche, son képi d'artilleur recouvert d'un couvre-nuque, son mousqueton posé dans un coin. Je regarde, à travers la portière relevée, derrière la corde à laquelle sont attachés nos chevaux et nos mulets, maigres et galeux, la route poudreuse et grisâtre, au sol rayé par les roues des arabas et moucheté par les pieds des bêtes de somme, qui se déroule comme un long ruban pour disparaître, tout là-bas, après l'âpre montée d'une côte rude, derrière le col de Gardimaou. Elle est bordée de l'autre côté, cette route, par des figuiers de Barbarie, aux larges feuilles épineuses d'un vert bleuâtre, dont les troncs rugueux s'enfoncent dans un amoncellement de feuilles mortes qui, tombées, ont l'air de grands écrans fauves. Derrière, tout en bas, on aperçoit la plaine, immense comme une mer, qui conduit en Algérie, et dont les aspérités et les déclivités disparaissent dans l'uniformité confuse des sables blonds. Le soir commence à descendre ; de longues ombres cendrées s'étendent rapidement et chassent les derniers rayons du soleil qui s'éparpillent en millions d'étincelles et s'enfuient à gauche, du côté de la trouée de Souk-Harras, qu'elles incendient, en tourbillons de poussière d'or, tandis qu'à droite, s'assombrissant de plus en plus, toute une suite d'éminences aux formes étranges, de montagnes aux bizarres découpures, la dégringolade des derniers contre-forts de l'Atlas, s'estompe en bleu sur les horizons sanglants du soir.

3.

— Le capitaine !

J'entends un bruit de grosses bottes, un cliquetis d'éperons. C'est lui. Il entre.

— Froissard, vous êtes là ?... Ah ! oui... Eh bien ! j'ai une triste nouvelle à vous apprendre. Le général, sachant que vous avez déjà encouru beaucoup de punitions, m'a fait demander votre livret. Je crois qu'il a l'intention de vous faire passer devant un Conseil de corps. Voilà, voilà... je vous l'avais bien dit... Si vous aviez voulu m'écouter... mais non... on veut en faire à sa tête...

Et patati et patata.

Son petit laïus ne m'avance pas à grand'chose, évidemment ; mais c'est égal, ça me fait presque plaisir de l'entendre me bougonner, ce gros poussah qui, malgré tout, porte de l'intérêt à ses hommes et ne les regarde pas tout à fait comme des animaux. Il n'a pas l'air de se figurer qu'il est pétri d'une autre pâte qu'eux ; il a certainement le cœur moins racorni que tous ceux que j'ai rencontrés jusqu'ici, automates graissés de morgue tudesque et remontés tous les matins par la clef de l'orgueil idiot. C'est encore un homme, au bout du compte, ce vieux maboul que j'entends ronchonner en s'en allant :

— Rien écouter... faire la noce... rentré en France... p'tits enfants... p'tits lapins.....

## V

Je viens d'être conduit à la Kasbah entre quatre hommes, baïonnette au canon, commandés par un brigadier, sabre au poing. J'attends dans la cour, un rectangle chauffé à blanc par le soleil qui tombe à pic, qu'on veuille bien m'introduire dans la salle où s'est réuni le Conseil de corps.

De quoi est-il composé, ce Conseil? Un planton, qui promène les chevaux, me renseigne à ce sujet.

— Il y a le lieutenant et le sous-lieutenant de ta batterie, un lieutenant et un capitaine d'infanterie et un commandant des chasseurs d'Afrique. Ton capitaine a fait dire qu'il était malade.

Il n'est pas régulièrement formé, mon Conseil de corps. Pourtant, étant donné le petit nombre d'officiers de mon régiment présents au Kef, je ne peux pas réclamer. Les règlements exigent bien, il est vrai, que ce tribunal ne renferme que des officiers du corps auquel appartient l'inculpé — puisque inculpé il y a. — Ces règlements ont évidemment leur raison d'être. Il est clair que, si l'homme qui a donné des preuves de son insubordination, qui a démontré qu'il était sous l'influence de ce que ces messieurs appellent un mauvais esprit, comparait devant ceux mêmes qui lui ont infligé les punitions qui l'amènent devant eux, il y a au moins quatre-vingt-dix-neuf chances sur cent pour que ces accusateurs transformés subitement en juges reconnaissent qu'il y a lieu d'expédier le délinquant aux compagnies de discipline. Ça simplifie énormément les choses. Ça évite une perte de temps toujours désagréable. Pas de défense possible de la part de l'inculpé ; une accusation basée simplement sur les punitions plus ou moins nombreuses, et plus ou moins méritées portées par les juges eux-mêmes qui ne tiennent pas, naturellement, à se donner des démentis. La sentence n'a plus besoin que d'être ratifiée par le général commandant le corps d'armée, ce qui n'est qu'une question de jours. La justice reçoit un croc-en-jambe, ce qui est déjà une bonne chose, mais elle le reçoit en très peu de temps, ce qui est une chose excellente.

Moi, j'ai une chance énorme. Je vais passer devant un conseil composé en majorité d'officiers qui ne me connaissent pas et qui, par conséquent, ne doivent pas tenir outre mesure à faire preuve à mon égard de la plus grande sévérité. Il y a bien le sous-lieutenant et le lieutenant de ma batterie, deux pince-sans-rire, mauvaise piquette de la Pi-po, fanatiques de la discipline à la prussienne ; mais, comme ils ne joueront en somme qu'un rôle assez effacé...

— Faites entrer !

J'entre. La porte se referme.

— Asseyez-vous, me dit le commandant.

Je m'assieds sur un banc en face de ces messieurs, alignés en rang d'oignons, derrière une table recouverte du tapis vert traditionnel. Le commandant me regarde — d'un air assez bienveillant. Ma tête a l'air de lui revenir, décidément ; et c'est en hochant douloureusement le front qu'il continue :

— Canonnier Froissard, vous avez eu, depuis votre entrée au service, une conduite déplorable. Vous avez encouru un grand nombre de punitions. Nous sommes réunis, vous le savez, pour décider de votre envoi aux Compagnies de discipline. Qu'avez-vous à dire pour votre défense ?

— Deux choses : 1° Que ma conduite n'a pas été mauvaise depuis mon entrée au service ; elle n'a commencé à l'être que du jour où les taquineries et les vexations de toute nature m'ayant poussé à bout, je suis devenu une de ces têtes de Turc sur lesquelles frappe à tour de bras l'aveugle cohue des galonnés ; que, d'ailleurs, dans l'armée, quand un homme a commencé à mettre le pied dans le bourbier des punitions, on n'essaye pas de le retirer, on l'enfonce. 2° Que, si j'ai commis des fautes — et, je le fais remarquer en passant, toutes fautes contre la discipline — je les ai expiées et que je ne crois pas qu'on puisse, raisonnablement, châtier deux fois, pour le même délit, un individu, si malintentionné qu'il soit. Que, par conséquent, j'ai beaucoup de peine à comprendre pourquoi l'on veut, aujourd'hui, m'infliger une peine énorme précisément parce que j'en ai déjà subi un nombre considérable.

J'examine l'attitude de mes juges. Les deux officiers de ma batterie sont devenus tout verts, le petit pète-sec de sous-lieutenant principalement, qui pince ses lèvres blanches, qu'il vient de mordre. Le capitaine et le lieutenant d'infanterie n'ont pas bronché ; ils ont l'air de s'amuser comme deux croûtes de pain derrière une malle. Quant au commandant, il a ouvert de grands yeux ; il semble très étonné, ne s'étant jamais imaginé, probablement, qu'on pût envisager la question à un point de vue pareil. Il ne paraît pas furieux, tout au contraire ; on dirait même qu'il n'est pas fâché, mais pas fâché du tout, en vieux soldat d'Afrique qu'il est, de voir mettre à jour l'ineptie des règlements dont l'étroitesse et la dureté lui ont toujours semblé quelque peu ridicules. Seulement, il ne sait plus quoi dire et ce n'est qu'au bout de deux ou trois minutes qu'il se rappelle subitement qu'il a encore à accomplir une petite formalité.

— Je vais vous lire vos punitions.

Et il commence.

Il commence, mais il n'a pas fini. Ah ! non. Les deux pages du livret sont pleines et l'on a été obligé d'ajouter plusieurs *rallonges*. Et des motifs d'une longueur ! Quand il n'y en a plus, il y en a encore. C'est comme la galette du père Coupe-Toujours, au Gymnase.

Le commandant n'en peut plus. Il est tout rouge. Il a beau écourter en diable des motifs par trop chargés et sauter à pieds joints par dessus des punitions tout entières, il manque de salive, il est à bout de forces. Il va attraper une extinction de voix. Il pousse un long soupir et s'arrête.

— Tenez, lieutenant, je vous en prie, lisez donc la suite. C'est si mal écrit, tout ça... Ouf!...

Il passe le livret au petit sous-lieutenant qui esquisse un sourire méchant. Il ne passe rien, celui-là ; il appuie sur les mots, comme s'il voulait les forcer à entrer bon gré mal gré dans l'oreille de ses auditeurs ; il lit les motifs d'une voix indignée de procureur général qui énumère les méfaits de l'accusé, et traîne sur le texte des réponses inconvenantes, qu'il épelle presque, d'un ton strident et venimeux. Il dénombre les récidives. « C'est la dixième fois, messieurs. — Remarquez bien, messieurs, que c'est la onzième fois. » Je crois qu'il va demander ma tête.

Il ne demande pas ma tête, mais il demande, aussitôt qu'il a refermé le livret, s'il ne pourrait pas présenter quelques observations personnelles. Il m'a étudié, il me connaît à fond ; il ne serait peut-être pas inutile...

— Complètement inutile, fait le commandant qui a repris haleine, mais qui reste profondément vexé d'avoir été obligé de s'interrompre au plus beau moment et de céder son rôle à un sous-lieutenant ; le conseil est fixé.

Et, se tournant vers moi :

— Vous avez entendu la lecture de vos punitions. Les trouvez-vous méritées ?

— Je n'ai à les trouver ni méritées ni imméritées. On me les a infligées à la suite de fautes que j'ai commises ; je crois donc avoir expié ces fautes. Je n'ai qu'à répéter ce que j'ai déjà dit tout à l'heure...

— Tout à l'heure, vous disiez des choses qui n'ont pas le sens commun. Ne les répétez pas ! s'écrie le commandant en frappant la table avec mon livret, ce livret dont les quatre ou cinq pages de rallonges lui restent sur le cœur. Quand on a un pareil nombre de punitions, on ne mérite aucune pitié. D'ailleurs, on vous ferait grâce, que vous recommenceriez demain. Demandez plutôt à vos officiers.

— C'est certain, siffle le petit sous-lieutenant. Il n'y a pas à en douter.

— Qu'en savez-vous, mon lieutenant ?

Second sifflement :

— J'en suis sûr. Pas un mot de plus.

Le commandant est pressé d'en finir. Il vient de jeter un coup d'œil sur le capitaine et le lieutenant d'infanterie qui se sont assoupis, la tête dans la main, et qui menacent de s'endormir tout à fait. Il m'expédie avec une dernière phrase.

— Le conseil sait à quoi s'en tenir sur votre compte. Je vous le répète, un soldat qui s'est fait punir aussi souvent que vous mérite d'être puni sérieusement. Du reste, on vous l'a dit, nous vous ferions grâce que vous recommenceriez demain. Et puis, vous donnez le mauvais exemple...

Ah! voilà, je m'y attendais! Le mauvais exemple! Et je m'écrie, d'une voix qui réveille les deux dormeurs et qui fait sauter le sous-lieutenant sur sa chaise :

— Alors, c'est pour cela que vous m'envoyez au bagne,—car c'est le bagne, ces compagnies de discipline?— C'est pour cela que vous me prenez trois ans de ma vie,—car j'ai encore trois ans à faire, vous le savez! Pour cela! parce que j'ai déjà souffert beaucoup de la méchanceté acharnée de mes supérieurs, parce que vous savez qu'ils ne me lâcheront pas, parce que vous savez que je serai puni demain, comme je l'ai été hier, comme je le suis aujourd'hui, parce que vous pensez que je donne le mauvais exemple! De quoi m'accusez-vous, dites donc? D'avoir été votre victime! Pourquoi me jugez-vous? pour des tendances! Sur quoi me condamnez-vous? sur des présomptions!

— Sortez! sortez!

On m'a poussé dehors et l'on a refermé la porte...

— Qu'est-ce qu'ils t'ont dit? me demandent les

hommes de garde qui me reconduisent au camp entre leurs baïonnettes.

J'allais répondre : « Des infamies ! » Mais j'ai réfléchi.

— Ils m'ont dit des bêtises...

J'ai attendu pendant près d'un mois la décision du général. Je savais très bien que je pouvais compter sur un ordre d'envoi bien et dûment signé et paraphé, mais je trouvais le temps long. J'aurais préféré être fixé tout de suite. J'aurais voulu pouvoir avancer le cours du temps pour bannir toute incertitude, et j'aurais voulu en même temps le retarder, car on m'avait donné sur les compagnies de discipline, — Biribi, — des renseignements qui, franchement, me faisaient peur.

Un matin, le maréchal des logis chef est venu me lire le rapport : « Par décision de M. le général commandant la division Nord de la Tunisie, le nommé Froissard (Jean), canonnier de 2º classe à la 13º batterie *bis* détachée au Kef, passera à la 5º Compagnie de Fusiliers de Discipline. »

— Je dois vous prévenir, a-t-il ajouté, que le convoi qui va à Zous-el-Souk, où se trouve le dépôt de la compagnie, part après-demain. On vous désarmera demain.

Le lendemain soir, en effet, on m'appelle au bureau. Je rends mes armes, mes effets de grand équipement et je ne conserve que mon linge et mes chaussures.

— Vous passerez la nuit au corps de garde, me dit le capitaine, qui entre comme j'allais sortir. Comme ça, vous aurez une couverture. Ah ! sacré farceur ! Quelle rage aviez-vous donc de vous faire fourrer dedans tout le temps?... Enfin, vous avouerez que, moi, je n'y ai pas mis de méchanceté. Je n'ai même pas voulu aller dire ce que j'aurais été forcé de raconter; je ne pouvais pas jurer que vous êtes un ange, n'est-ce pas?... Et puis, cette idée d'aller engueuler ces messieurs, là-haut, à la Kasbah! Sacrédié! Il faut avoir diablement envie de casser des cailloux à un sou le mètre, avec un maillet en bois!... Donnez-moi une poignée de main tout de même, allez! mauvaise tête...

Je me suis retiré dans le gourbi du corps de garde où, jusqu'à dix heures, les camarades sont venus, par groupes ou isolément, me faire leurs adieux et me remonter le moral. Ils ont une façon à eux, par exemple, de vous remonter le moral; ils vous remontent ça à tour de bras, et allez donc! Ils n'ont pas peur de casser le ressort.

— Il faut bien te figurer une chose, c'est qu'aussitôt arrivé là-bas, tu vas voir tout le monde te tomber sur le dos. On va te commander des choses impossibles, te faire faire des corvées abominables; tiens, j'ai entendu dire qu'ils distribuaient aux nouveaux arrivés des manches à balais, — tu entends, des manches à balais, — et qu'ils les forçaient à balayer le camp avec ça. Aussitôt que l'un d'eux se permettait de dire au chaouch: « Mais je ne peux pas balayer avec un morceau de bois, » le chaouch le mettait en prison.

— Oui, ajoute un autre, rien de plus vrai. Ou bien, on les oblige à compter les cailloux du camp ou à arroser des poteaux jusqu'à ce qu'il y pousse des feuilles. A la moindre réflexion, au bloc. Tout ça, c'est pour s'assurer du caractère des individus qu'on leur envoie. Si vous avez le malheur de renauder le premier jour, vous êtes classés parmi les mauvaises têtes, et il y a bien des chances pour que vous finissiez mal. Le mieux, c'est de supporter tout sans rien dire ; de faire l'imbécile, en un mot. Il ne faut pas jouer au malin, là-dedans. Tu sais, on y laisse sa peau facilement.

— Pour sûr ! s'écrie un troisième. J'ai vu le cimetière des Disciplinaires en passant, en allant à Aïn-Meleg. Il y a plus de petites croix qu'il n'y a de brins d'herbe.

— Allons, allons ! reprend un brigadier qui trouve qu'on pousse les choses un peu trop au noir, il ne faut pas non plus charger le tableau de gaîté de cœur. On n'est pas bien à Biribi, c'est clair, mais on n'y claque pas toujours. Et puis, en se conduisant bien, on peut en sortir...

— Ah ! bah ! avant la fin de son congé ?

— Certainement. Au bout d'un an, de six mois même. Ça dépend.

— Enfin, ce n'est qu'un mauvais quart d'heure à passer ; du moment que ça compte sur le congé, c'est le principal, me dit en me serrant la main un de mes compagnons de prison qui vient de s'échapper du marabout des hommes punis. Moi aussi, j'ai pas mal de punitions, et il n'y aurait rien d'impossible... ma foi, oui, je pourrais bien aller te rejoindre d'ici quelque temps.

— C'est ça, viens me retrouver. Je te réserverai une pioche et je te ferai matriculer une brouette...

Tout le monde est parti. J'essaye de dormir, mais je ne peux y arriver.

En me retournant, j'aperçois quelque chose dans un coin. Qu'est-ce que c'est ?

C'est un recueil de ces feuilletons que publie le

*Petit Journal* et que découpent quotidiennement de religieux ciseaux de concierges. Comment sont-ils venus ici, ces deux cents morceaux de papier reliés d'un morceau de carton gris et collés avec de la sauce blanche? Mystère. Le feuilleton est idiot, c'est évident, mais je me mets à le lire avec conviction, à la lueur vacillante d'un lampion. Je tourne les pages, sans comprendre grand'chose, ne cherchant même pas à comprendre, tellement l'histoire m'intéresse, mais m'évertuant à dénicher le sommeil que le feuilletonniste a certainement dissimulé adroitement,— comme on cache la baguette à cache-tampon,—entre les lignes vides de sens et les phrases creuses. J'ai beau faire, je ne puis le trouver, le sommeil. J'en suis furieux. Est-ce que je manque d'adresse, ou est-ce qu'il y a réellement tromperie sur la qualité de la marchandise ?...

Que faire pour tuer le temps, pour chasser les pensées tristes, les idées noires qui m'assiègent, qui tourbillonnent autour de moi comme ces insectes de nuit qui vous harcèlent et qu'on ne peut écraser? Les hommes de garde couchés à côté de moi ronflent à poings fermés. Je sors pour essayer de causer avec le factionnaire ; c'est justement un croquant, un Limousin pâteux qui n'est pas fichu d'expectorer deux mots en trois heures. De rage, je rentre et je reprends mon feuilleton. Cette fois-ci, quand le diable y serait, il me donnera le sommeil moral, puisqu'il n'a pas voulu m'accorder le sommeil physique; et je me mets à le dévorer au grand galop, lisant à demi-voix pour m'étourdir, bredouillant comme un prêtre qui rabâche son bréviaire, me fourrant les doigts dans les oreilles comme un gosse qui s'aperçoit, à la dernière minute, qu'il ne sait pas un mot de sa leçon.

C'est peut-être la dernière chose que je lis, pour longtemps, après tout, ce roman sans queue ni tête, cette élucubration inepte. Pendant trois ans, probablement, il me faudra vivre d'une véritable vie de brute, sans autre distraction intellectuelle que la lecture du Code pénal collé, comme une menace, à la fin de mon livret.

Le jour commence à paraître. J'entends les conducteurs qui appellent les chevaux et qui traînent les harnachements. L'artillerie ne fournira que trois prolonges pour le convoi. Elles sont attelées ; elles sont prêtes à partir. Un maréchal des logis vient me chercher. La nuit m'a semblé bien longue, mais je ne puis m'empêcher de dire :

— Déjà !

Oui, déjà. Il faut grimper à la Kasbah pour prendre les chargements et se joindre aux arabas de l'Administration et aux mulets de bât des tringlots.

— Croyez-vous qu'on va me laisser libre jusqu'à Zous-el-Souk ?

— Je ne sais pas, mais je crains bien que non, me répond le sous-officier en montant la rampe qui mène à la vieille forteresse. On m'a donné l'ordre de vous conduire à la gendarmerie.

A la gendarmerie ? Pourquoi faire ?

Pourquoi faire ? Je vais le savoir, car on vient de m'introduire dans une salle dont la porte s'ouvre sur l'une des nombreuses cours intérieures de la Kasbah.

Des lits sont rangés contre le mur, à la tête desquels sont accrochés des pantalons bleus à bandes noires, des képis bleus à tresse et à grenade blanches, et ces espèces de gibecières en cuir fauve qu'on est habitué à voir rebondir gracieusement sur les flancs élastiques des hirondelles de potence.

— Ah ! ah ! voilà l'homme ! s'écrie le brigadier qui, devant une petite table, donne des instructions à un de ses satellites debout à côté de lui. Asseyez-vous là, une minute ; nous allons nous occuper de vous.

J'attends un bon quart d'heure. Le brigadier a fini de faire des recommandations à son subordonné ; il a griffonné pendant cinq minutes et s'est mis ensuite à fouiller dans un tas de ferrailles, derrière la porte. Il ne semble pas s'occuper énormément de moi ; pourtant, il ne m'oublie pas tout à fait, car il me demande en souriant finement — tout est relatif bien entendu et nous sommes dans la boîte de Pandore :

— Avez-vous l'habitude de dire votre chapelet, quelquefois ?

— Mon chapelet ?...

Le brigadier éclate de rire ; les gendarmes encore couchés se tordent dans leurs couvertures et celui qui est déjà levé se tient littéralement les côtes.

Je ne comprends pas très bien, mais ce doit être drôle. Je ne veux pas avoir l'air de faire bande à part, de ne pas trouver de sel à une plaisanterie qui peut être bonne, en définitive ; et je me mets à rire comme les autres.

— Ah ! vous riez ? Eh bien ! approchez ici ; donnez-moi vos mains.

— Mes mains !... Les menottes !... Est-ce que vous me prenez pour un filou, par hasard ?...

— Donnez-moi vos mains, que je vous dis ! et dépêchez-vous.

— Jamais de la vie !

Je saute en arrière, je m'accule dans un coin ; je n'en sortirai que quand on m'en arrachera. Est-ce que je suis un voleur, pour qu'on m'attache les poignets ? Est-ce que je suis un malfaiteur, pour qu'on m'enchaîne ? Est-ce que j'ai commis aucun des crimes ou des délits justiciables d'un tribunal, même des tribunaux militaires ?

Ils n'y regardent pourtant pas à deux fois, ceux-là ! Est-ce qu'on peut me reprocher aucun acte contraire à l'honnêteté, aucun acte tombant sous le coup des répressions de la loi ? Moi, présenter les mains aux menottes, tranquillement, de bonne volonté, comme l'escarpe pris en flagrant délit ou le pégriot poissé sur le tas ! Plutôt me faire briser les membres !...

— Alors, on vous les brisera.

Ils se sont précipités sur moi, trois ou quatre, m'ont amené les bras en avant et m'ont serré les poignets dans la chaîne infâme.

— Encore un cran ! n'ayez pas peur de tirer dessus ça lui apprendra à rouspéter.

Ça ne m'apprendra rien du tout. Ce que ça pourrait m'apprendre, je le sais depuis longtemps : c'est que le jour où j'ai jeté bas mes effets de civil pour endosser l'habit militaire, j'ai dépouillé en même temps ma qualité de citoyen et que, étant soldat, je suis un peu plus qu'une chose, puisque j'ai des devoirs, mais beaucoup moins qu'un homme, puisque je n'ai plus de droits.

Le gendarme qui doit m'escorter m'a conduit à l'entrée de la cour, devant la route qui traverse la casbah et m'a fait asseoir sur une grosse pierre.

— Attendez-moi là.

J'attends. On doit me prendre pour une bête fauve exhibée à la porte d'une ménagerie pour attirer les curieux. Des individus viennent me regarder, les uns avec pitié, les autres avec dédain. Le fournisseur des fourrages, un voleur retour du bagne, condamné jadis à vingt ans de travaux forcés pour viol et incendie, passe à cheval et me lance un regard méprisant. Je n'en veux pas à cette canaille. Il est bien forcé, ce fagot, pour frayer avec les honnêtes gens, de prendre leurs façons ignobles et leurs manières écœurantes. Ceux qu'il fréquente depuis sa sortie du bagne ont déteint sur lui, ça se voit.

Ils passent justement aussi, ceux-là : trois officiers d'administration, fringants, la cravache à la main, qui, en m'apercevant, prennent un air narquois qui s'accentue chez le premier et qui se change, chez les deux autres, en une grimace de dégoût. Ils laissent tomber sur mes menottes un coup d'œil dédaigneux et détournent vivement la tête. Ils ont l'estomac délicat; ils n'en peuvent supporter davantage. Ah ! je les connais pourtant...

Ils ne semblent pas se douter, les dégoûtés, que le prisonnier assis sur la borne, au bord du chemin, ne changerait pas sa conscience contre la leur et qu'il ne voudrait, pour rien au monde, troquer ses mains enchaînées contre leurs mains gantées de blanc, mais graissées, en dessous, par les pattes crochues des riz-pain-sel.

Le gendarme — mon gendarme — arrive au trot.

— Vous marcherez à côté de mon cheval, et tâchez de ne pas vous écarter.

Le convoi s'ébranle, traverse la ville...

Il est encore de bonne heure, heureusement. Pas grand monde pour nous regarder : quelques Arabes seulement et des mouchachous qui ont bien vite vu ma chaîne et se sont mis à crier : « Chapard ! chapard ! »

La première étape n'est pas longue : dix-huit kilomètres, à peu près; mais c'est très gênant pour la marche, d'avoir les mains attachées. Je demande au Pandore de me permettre de monter dans une prolonge.

— Tout à l'heure; nous sommes trop près de la ville.

Il m'a laissé faire dix kilomètres à pied, le rossard.

— Vous savez, m'a-t-il dit en arrivant à l'étape — un plateau absolument nu au bas duquel coule un ruisseau — ce n'est pas que j'aie peur que vous vous échappiez, mais je veux que vous restiez à côté de moi. Comme je suis responsable de vous, vous comprenez... Ainsi, maintenant, en attendant que la cuisine soit faite, j'ai envie de faire la sieste; eh bien, vous allez la faire en même temps que moi... tenez, à l'ombre de cet olivier.

— Mais je n'ai pas envie de dormir.

— Ça ne fait rien.

Elle n'est pas mauvaise! Ils ont des idées à eux, ces gendarmes. Vouloir forcer les gens à dormir! Et si je ne peux pas, moi?

Si je ne peux pas, je ne suis pas le seul : mon garde du corps non plus ne paraît pas trouver facilement le sommeil. Il se tourne et se retourne comme saint Laurent sur son gril.

— Ah! ça y est. Je ne dormirai pas! sacré nom de nom!

Il se met sur son séant.

— Vous non plus, vous ne dormez pas?

— Non.

— Vraiment! Ah! à propos, vous ne m'avez pas raconté pourquoi l'on vous envoie à Biribi. Dites-moi donc ça; cela fera passer le temps.

Je lui donne des raisons quelconques : beaucoup de punitions pour différents motifs...

Il cligne de l'œil.

— Différents motifs... oui, je connais ça. Il y a une femme là-dessous.

Une femme ?.. à propos de quoi ?.. Après tout, s'il y tient :

— Oui... une femme... une femme...

— Je parie que lorsque vous avez fait vos bêtises, vous étiez en garnison dans les environs de Paris; car vous êtes de Paris, n'est-ce pas ?.. Quand on est si près de chez soi, ça finit toujours mal.

— Oui, j'étais tout à côté de Paris.

— J'en étais sûr! Tenez, je devine, vous deviez être à Versailles.

Je ne veux pas le détromper, ça le mettrait de mauvaise humeur; je lui déclare que j'étais à Versailles. Comme ça il va peut-être me laisser la paix.

— Ah! ah! ce sacré Versailles. Ça me rappelle de fameux souvenirs. J'y ai tenu garnison, moi aussi. Il y a déjà quelques temps, par exemple. J'étais dans la garde mobile. Vous savez, la garde mobile ?... Nous faisions le service de la Chambre des députés... Nous avions des shakos avec des plaques et des V blancs, argentés...

— Ah! oui.

— Ce vieux Versailles! J'y avais une bonne amie... je peux bien dire ça maintenant... une charcutière... la fille d'un charcutier... au coin de l'avenue de Paris et de la rue des Chantiers. Vous connaissez peut-être? Vous l'avez sans doute vue, en passant? Elle est toujours dans la boutique.

Quel raseur! Est-ce qu'il a l'intention de continuer

longtemps ? Le meilleur moyen de le faire taire est peut-être encore d'abonder dans son sens.

— Oui, en effet; il me semble me rappeler... Une bien jolie fille...

— Ah ! pour ça ! — Il fait claquer ses lèvres sur ses doigts. — Ce que je m'en suis payé, des parties ! Quelles noces ! J'ai sauté plus de quatre fois par dessus le mur, allez !... Ce que c'est que la vie, tout de même ! Dire que, si je m'étais fait pincer, j'aurais peut-être été envoyé à Biribi comme vous !... Mais, dame ! on ne s'est pas fait prendre et on est gendarme !

Il se frappe la poitrine avec enthousiasme.

— Oui, on est gendarme !

— Ça se voit.

— N'est-ce pas que ça se voit ? L'uniforme me va bien, c'est une justice à me rendre... Tenez, je vais enfreindre les règlements en votre faveur : je vais vous ôter les menottes. Je ne devrais pas, mais enfin... par exemple, il ne faut pas essayer de vous sauver... Là, ça y est. Vous pouvez aller passer la journée avec vos camarades. Seulement, vous savez, demain, pour arriver, je vous rattacherai. Vous comprenez, ça c'est forcé.

— Tiens ! il s'est décidé à te lâcher, me disent les hommes du convoi. Ce n'est vraiment pas malheureux. Nous allons pouvoir passer la soirée ensemble, au moins.

La cuisine est faite. On se met à manger et l'on descend, à la nuit tombante, chez le mercanti dont la baraque s'élève seule, dans l'étranglement de la vallée, le long d'un ruisseau. On a bu à ma bonne chance, à l'écoulement rapide du temps. Et je me suis senti le cœur serré, des larmes me sont venues aux paupières en recevant les consolations, banales peut-être, mais bien cordiales, de ces braves gens avec lesquels je trinquais pour la dernière fois.

L'étape du lendemain est longue. Nous traversons de longues vallées stériles, nous longeons des précipices, nous gravissons des montagnes abruptes. Et, tout d'un coup, après la descente d'une dernière côte rude, de l'autre côté d'une rivière qu'on traverse à gué, on voit se dérouler une longue plaine au milieu de laquelle, à dix kilomètres au moins, s'élèvent des bâtiments blancs dont les toits de tuiles rouges éclatent au soleil. C'est Zous-el-Souk.

Dans une heure et demie nous y serons.

Nous y sommes. Le Pandore m'a remis les menottes et vient de confier son cheval à un tringlot.

— Venez avec moi.

Je le suis, traversant à grandes enjambées, sans mot dire, la voie du chemin de fer et longeant l'espèce de rue aux deux côtés de laquelle s'élèvent quelques maisons à l'européenne, auberges et cantines. Brusquement, devant nous, apparaît le parapet en terre des retranchements qui entourent le camp. Derrière, on aperçoit le sommet des marabouts et les toits de baraquements en briques. C'est là.

Je franchis le parapet. Je suis dans le camp. Et le gendarme, — qui est plus gendarme que méchant, — après m'avoir soufflé à l'oreille :

— Allons, mon garçon, du courage ! crie à un sous-officier qui se promène, les mains derrière le dos :

— V'là un oiseau que j'vous amène !

## VI

— Ah! il n'en manque pas de ce gibier-là! s'écrie le sous-officier en ricanant. Et, s'adressant à moi :
— Allons, ouvrez votre sac.

J'ouvre le sac à distribution que j'ai apporté et j'en tire mes effets de linge et chaussures. Il examine le tout au fur et à mesure, minutieusement.
— Vous n'avez pas d'argent sur vous?
— Non.
— Vous ne pouvez pas dire : Non, sergent? Où avez-vous donc appris la politesse, bougre de cochon? Déshabillez-vous.

Je me déshabille et il palpe mes habits scrupuleusement, froissant le col de la chemise et la ceinture du pantalon, fourrant les mains dans mes souliers. Il me fait ouvrir la bouche et cracher par terre. Il regarde s'il ne tombe pas des pièces de cent sous.
— C'est bon. Si jamais l'on trouve sur vous de l'argent, du tabac ou d'autres choses défendues, gare à vous. — Venez avec moi.

Je le suis, en chemise, mes effets sous le bras. Il me fait entrer dans une baraque dont la porte est surmontée d'un écriteau portant ces mots : « Magasin d'habillement ». Tout le long des murs courent des rayons chargés d'uniformes, de linge, de gros paquets enveloppés de papier gris ; au plafond sont suspendus des sacs, des ceinturons, des ustensiles de campement.

— Encore un ! hurle un sous-officier qui, tout au fond, écrit sur un gros registre. On n'en finit jamais avec ces salauds-là. Flanquez-moi vos affaires dans un coin. Ça a l'air encore joliment propre, tout ça ! Plein de poux, au moins... Arrivez ici, nom de Dieu !

Il me jette à la figure un pantalon, une veste et une capote.

— Essayez-moi ça.

J'enfile le pantalon. Un pantalon de prisonnier, en drap gris, tout uni. J'endosse la capote, grise aussi, avec des boutons de cuivre sans grenade, sans numéro; au collet éclate un gros 5 en drap rouge. Il n'y a pas de glace dans la baraque et je le regrette. Je voudrais bien pouvoir me regarder un peu. Je dois ressembler à un pensionnaire de Centrale. Il ne me manque plus que le bonnet.

— Attrappez ça.

Je reçois en pleine poitrine une chose en drap gris — toujours — dont je ne m'explique pas bien la nature. Je finis par m'apercevoir que c'est un képi. Un képi extraordinaire, par exemple. Très haut de forme, sans boutons, sans jugulaire, un 5 rouge simplement collé sur l'étoffe grise, orné d'une visière fantastique. Elle a au moins dix-huit centimètres de long, cette visière; c'est un carré de cuir d'une épaisseur extravagante dans lequel un cordonnier intelligent trouverait moyen de découper une paire de semelles ; avec un peu d'industrie, il pourrait même réserver de quoi fabriquer les talons. Elle m'étonne, cette visière ; je n'en reviens pas. Quel a été le dessein du gouvernement en dotant les compagnies de discipline d'un couvre-chef comportant un accessoire de dimensions aussi exagérées ? A-t-il voulu faire preuve de sa mansuétude, même envers des indignes, en leur donnant le moyen de préserver des coups de soleil leurs nez indisciplinés ? N'a-t-il pas plutôt voulu leur fournir un petit meuble portatif, une tablette toujours utile dans les hasards des campements et qui peut leur servir à déposer la portion retirée de leur gamelle ou à étendre la feuille de papier à lettres qui doit porter de leurs nouvelles à leurs parents ?

— Etes-vous gêné dans votre uniforme ? me demande le sergent d'habillement.

Pas le moins du monde. Je danse dedans. Les jambes du pantalon ressemblent à deux sacs dans lesquels mes tibias se perdent ; je pourrais mettre un locataire dans la capote. Quant au képi, deux fois trop grand, il ne me descend pas tout à fait sur les yeux parce que mes oreilles l'arrêtent en route.

— Ça va bien. Tenez, voilà un fourniment, un fusil, un sac. Et votre veste, vous l'oubliez ?

C'est vrai, j'oubliais ma veste que je n'ai pas essayée et qui est restée par terre. Le sergent paraît furieux de ma négligence.

— La veste, ici, constitue la grande tenue. Vous entendez ? Pour le travail, vous mettrez votre pantalon de treillis et votre blouse. Pour les appels et à partir de la soupe du soir, le pantalon de drap et la capote. Le pantalon de drap et la veste sont réservés pour les circonstances exceptionnelles.

Ça me paraît très logique. En effet, si les soldats de

l'armée régulière revêtent la veste pour faire les corvées les plus dégoûtantes, celle des latrines, par exemple, il est clair qu'on ne peut mieux punir ceux qui se sont mal conduits qu'en les contraignant à endosser le même vêtement pour les revues de général-inspecteur. Il faudrait avoir le caractère bien mal fait, profondément perverti, pour ne pas être sensible à une prescription de ce genre-là.

Cette réflexion me met en gaîté. J'esquisse un sourire léger — oh ! très léger. — Seulement, le sergent l'aperçoit tout de même.

— Vous riez de mes observations, nom de Dieu! Vous serez privé de vin pendant huit jours! Venez, que je vous mène chez le perruquier.

Le perruquier, qui a été averti, probablement, est à la porte avec ses instruments. Il repasse son rasoir sur une vieille semelle de godillot. Que va-t-il me faire? Va-t-il se livrer sur moi à l'une de ces expériences dont on m'a parlé au Kef? Tient-on absolument à connaître le fond de mon caractère? Va-t-il me saigner aux quatre membres pour voir si je supporterai l'opération sans crier? Va-t-il simplement me circoncire?

— Faites-le asseoir sur cette pierre au pied de votre marabout, lui dit le sergent à qui un de ses collègues vient de faire signe et qui est forcé de s'éloigner ; et je vous engage à le soigner.

Ça y est. Je m'asseois plus mort que vif. Je regarde mon bourreau dans les yeux, comme pour implorer sa pitié.

Il n'a pas l'air méchant. Il a plutôt l'air triste. Il porte la tenue de travail — blouse et pantalon blancs — et un képi comme le mien. C'est un disciplinaire aussi, évidemment. J'en serai peut-être quitte pour la peur.

Il abandonne son rasoir et prend une paire de ciseaux.
— Je vais commencer par les cheveux.

Et il se met en devoir de me les tailler, le plus ras possible. Tout en travaillant il cause.

— Tu es arrivé ce matin ?
— Oui.
— Combien as-tu encore de temps à faire?
— Trois ans.
— Trois ans ! — Il ricane — Assieds-toi un peu. Ça va se passer.

Puis, s'apercevant sans doute que ses sarcasmes m'attristent, il reprend, d'une voix basse, de cette voix des prisonniers qui craignent d'être entendus et qui jettent, en parlant, des regards furtifs autour d'eux :

— Tu sais, ce que je t'en dis, c'est pour blaguer. Le temps paraît long, ici ; mais enfin, ça se tire tout de même. Ainsi, moi, j'avais vingt mois à faire quand je suis arrivé et, dans trois mois, je serai libéré.

— Ah !
— Oui. A moins que d'ici là il ne m'arrive quelque anicroche. On n'est jamais sûr du lendemain, ici. C'est à qui essayera de vous faire passer au conseil de guerre. Les congés sont en caoutchouc, on les rallonge facilement. C'est pourtant bien assez de nous faire faire notre temps jour pour jour.

— Ah ! l'on fait ses cinq ans en entier?
— Tout juste. Tu ne savais pas ça? Je parie que tu ne sais seulement pas comment ça se passe, ici?

Et il me donne des détails. Il m'apprend qu'aucun des règlements en vigueur dans l'armée régulière n'est applicable aux Compagnies de Discipline et qu'elles sont entièrement soumises, par le fait, au bon plaisir du capitaine. Il est formellement défendu de communiquer avec les soldats des autres corps ainsi qu'avec les indigènes et les colons; quant aux lettres, il faut les décacheter devant le vaguemestre, qui s'assure qu'elles ne contiennent ni argent ni mandat, et qui retient même les timbres, quand elles en renferment. La nourriture? Elle ne vaut pas cher; l'ordinaire est mis en coupe réglée. Le prêt? On le touche en nature — quand on le touche. On n'est admis au prêt qu'après deux mois au moins de séjour à la compagnie; à la première punition de prison, on est rayé de la liste.

— Alors, où passent les cinq centimes par jour et par homme alloués par l'État?

— Moi non plus. Probablement où passe le vin que les chaouchs suppriment régulièrement à la moitié de l'effectif. Tu sais ce que c'est qu'un chaouch? C'est un pied-de-banc, ou simplement un pied. Et un pied-de-banc, c'est un sergent. — Nous, on nous appelle les Camisards.

— Ah! mais à propos, le sergent d'habillement m'a déclaré tout à l'heure que je serais privé de vin pendant huit jours.

— Eh bien! pendant huit jours il boira à ta santé le quart de vin accordé aux troupes de Tunisie. Tu commences bien, ajoute-t-il en riant. Si tu continues comme ça, avant huit jours tu iras faire un voyage là dedans.

Et il me désigne une petite cour fermée de murs derrière lesquels on entend les pas alourdis d'hommes pesamment chargés, le cliquetis des armes qu'on manœuvre, des commandements longuement espacés.

— Qu'est-ce que c'est que ça?

— C'est la prison. Les prisonniers sont en train de

faire le peloton. Tu ne connais pas la prison, ici? et la cellule? et les fers?

Je fais un signe de tête négatif.

— Non? Eh bien, je te souhaite de ne jamais faire connaissance avec. Et puis, tu peux te vanter d'avoir de la chance : tu arrives juste au moment où les silos sont supprimés. Tiens, tu vois, là-bas, au bout de la cour, ces trois trous à moitié bouchés avec du sable? C'étaient les silos. J'en ai vu descendre, là-dedans, des malheureureux! Ah! là, là!

— Et on les a supprimés, ces silos?

— Oui, il y a un mois environ. On y avait mis un type auquel on avait attaché les mains derrière le dos. Il y est resté près de quinze jours. A midi et le soir on lui jetait, comme d'habitude son bidon d'eau qui se vidait en route et son quart de pain qu'il attrappait comme il pouvait. Je me souviens que, pendant les cinq ou six derniers jours, il criait constamment pour qu'on le fît sortir. Enfin, quand on l'a retiré, il était à moitié mangé par les vers.

— Oui, mangé par les vers, reprend le perruquier qui a fini de me couper les cheveux et remue un vieux blaireau dans un quart de fer blanc. Tu comprends bien qu'ayant les mains attachées derrière le dos, il ne pouvait pas se déculotter. Il était forcé de faire ses besoins dans son pantalon. A force, les excréments ont engendré des vers et les vers se sont mis à lui manger la chair. Il avait le bassin et le bas-ventre à moitié dévorés. On l'a porté à l'hôpital et il est mort huit jours après. Le médecin en chef a fait du pétard et a réclamé au ministère. Alors, on a supprimé les silos. Oh! ça ne fait rien, il y a des choses qui les remplacent avantageusement. Tu verras. Lève le menton, que je te rase. Tu sais, ici, on rase tout, barbe et moustache. Les disciplinaires n'ont pas le droit d'en porter. C'est ce qui les distingue des condamnés aux travaux publics qui, eux, portent la barbe et la moustache, mais ont la tête complètement rasée à l'aide d'un rasoir. C'est pour ça qu'on les appelle les Têtes-de-Veaux.

— Ah! et pourquoi leur rase-t-on le crâne, à eux, et la face à nous?

— C'est ce qu'on se demande, me répond le perruquier.

Sans doute, et c'est à quoi l'on ne peut trouver de réponse, la bêtise s'alliant toujours, et dans une large mesure, à la méchanceté, dans la rédaction des règlements militaires.

Tout d'un coup, le clairon sonne.

— C'est la breloque, me dit le perruquier qui a cessé de me raser, la sonnerie qui annonce la fin du travail. Tu vas voir les hommes revenir des chantiers. Oh! ils ne sont pas beaucoup; une cinquantaine, tout au plus. Le reste est à droite et à gauche, dans des détachements. Seulement, ils vont probablement rentrer tous au Dépôt un de ces jours; on dit que la compagnie va partir prochainement pour le Sud.

— Vraiment?

— Oui. Le capitaine est depuis deux jours à Tunis pour prendre des ordres... Tiens, les voilà.

Ils rentrent en effet, les disciplinaires qui reviennent du travail; quatro par quatre, correctement alignés, leurs outils sur l'épaule, ils pénètrent dans le camp et s'alignent devant la rangée des marabouts. Ils ont un air sinistre, avec leurs figures glabres, bronzées, leurs yeux sans expression sous leurs sourcils froncés, leurs physionomies d'esclaves éreintés et rageurs. Ils entrent l'un après l'autre dans une baraque où ils déposent leurs pelles et leurs pioches, que le sous-officier qui m'a reçu le matin compte au fur et à mesure, et disparaissent dans les tentes. Le sergent a fini de *dénombrer* les pelles et les pioches. Il ferme la porte de la baraque et m'aperçoit.

— Qu'est-ce que vous foutez là? Voulez-vous vous dépêcher d'aller astiquer vos armes et votre fourniment! On ne vous a pas dit que vous comptiez à la 10e section?... Vous comptez à la 10e. Voilà votre marabout, en face. Portez-y vos affaires. Et que je vous y repince, le bec en l'air!...

J'entre dans la tente, traînant derrière moi mes effets entassés dans un couvre-pieds. Sept ou huit hommes, dans cette tente, accroupis sur des nattes, occupés à nettoyer leurs fusils. Je cherche une place. Aucun d'eux ne m'adresse la parole. On dirait qu'ils ont peur de se compromettre.

— Tiens, mets-toi là, me dit à la fin un garçon sec et maigre, de taille assez exiguë, mais à la physionomie franche et ouverte, aux yeux noirs pleins d'énergie. Mets-toi là et nettoie tes affaires. Il y a revue d'armes à une heure.

— A une heure? Bah! alors, j'ai le temps; il est à peine dix heures.

— Ah! tu as le temps, s'écrient en même temps quatre ou cinq de mes nouveaux camarades. Tu vas voir ça tout à l'heure, comme on a le temps de faire quelque chose, ici! Depuis cinq heures du matin nous sommes au travail, et jusqu'à huit heures du soir si tu nous trouves un quart d'heure de liberté, tu seras rudement malin.

Ils ont eu raison. Je n'ai pas été assez malin pour trouver ce quart d'heure-là.

A dix heures, on a sonné la soupe. Il a fallu aller s'aligner, se mettre en rangs et défiler un par un devant la cuisine où chacun prend, en passant, une gamelle à moitié vide. A onze heures, le clairon a sonné de nouveau. Encore un alignement, encore un défilé sous un hangar où l'on nous a rangés en cercle ; il s'agissait, cette fois-ci, d'une théorie de trois quarts d'heure sur le respect dû aux supérieurs. A midi, nouvelle sonnerie, nouvel alignement. On fait l'appel général. De midi et demie à une heure, les pieds-de-banc passent une revue d'armes dans les tentes. A une heure, le clairon appelle au travail. On s'aligne, on double par quatre et l'on part pour les chantiers dont on revient à cinq heures. A cinq heures et demie, clairon, alignement, défilé devant la cuisine. On a une demi-heure pour manger la soupe. A six heures, le clairon se fait encore entendre. On se dirige cette fois-ci — toujours après s'être alignés — vers un grand terrain où s'élèvent des appareils de gymnastique. Une heure et demie de trapèze, de barre fixe et de corde à nœuds ; la dernière demi-heure est consacrée aux sauts de piste. Le clairon sonne, comme la nuit tombe ; c'est la retraite. On rentre au camp, on s'aligne une dernière fois et les chaouchs procèdent à l'appel du soir. On a le droit de dormir jusqu'au lendemain, cinq heures du matin. De dormir, bien entendu ; il est défendu de parler, en effet, après l'appel du soir — ainsi qu'il est interdit de causer sur les chantiers — et les chaouchs veillent, en rôdant comme des chiens autour des tentes, à l'observation des règlements.

Y ai-je assez souffert, mon Dieu! sur ces chantiers, pendant les quatre mortelles heures de travail de l'après-midi! Il s'agit de creuser une rampe conduisant facilement à la Medjerdah qui coule à deux cents mètres du camp. On m'avait muni d'une pioche. Il y avait certainement deux heures que je m'escrimais avec cet instrument, que je n'avais pas encore abattu assez de terre pour cacher le fond de la brouette. C'est qu'elle était dure en diable, cette terre! Il m'en venait des calus aux mains, je suais à grosses gouttes, j'avais les bras rompus et je n'avançais pas. Les chaouchs qui nous gardaient, le revolver au côté, venaient bien, à tour de rôle, me menacer de me fiche dedans et me traiter d'imbécile. Ça m'encourageait un peu, évidemment, mais mon outil persistait à ne faire au sol tunisien que d'insignifiantes blessures. J'étais forcé de m'avouer que je n'étais pas plus adroit de mes mains qu'un cochon de sa queue.

Je devais bénéficier, il est vrai, d'une circonstance atténuante : j'étais gêné, très gêné dans mes efforts. Chaque fois que je portais la tête en avant et que j'étendais les bras pour accompagner le coup de pioche, mon képi me descendait sur les yeux. Je n'y voyais plus clair du tout. A la fin, exaspéré, j'ai pris le parti de mettre mon couvre-chef en arrière, en casseur d'assiettes, la grande visière en l'air, toute droite, menaçant le ciel.

Un caporal est accouru.

— Vous n'en foutez pas un coup! bougre de feignant! Vous avez de la veine que ce soit la première journée! Si vous travaillez comme ça demain, gare à votre peau! Et puis, qu'est-ce que c'est que cette manière de se coiffer à la d'Artagnan, avec un air de se fiche du peuple? Coiffez-vous droit!

— Caporal, mon képi me descend sur les yeux. Il est beaucoup trop grand.

— Mettez de l'herbe dans le fond.

J'ai arraché quatre ou cinq poignées d'herbes et je les ai mises dans le fond. Il m'en pend des brins sur le front et sur les joues. Je dois ressembler à un dieu marin qui voyage incognito, avoir l'air d'un palefrenier distrait qui craint de ne plus penser à la provende de son cheval, d'un herboriste en excursion qui a oublié sa boîte de fer-blanc. Et puis c'est d'un gênant ! Ça vous pique, ça vous chatouille. On ne se figure pas comme c'est gênant, d'avoir des végétaux sur la tête.

Enfin, la journée est finie. Ouf! A propos, j'en ai encore combien, comme celle-là, à passer ?

Trois fois trois cent-soixante-cinq font... Mille quatre-vingt-quinze. Mille quatre-vingt-quinze jours pareils à celui-là ! Mais il y a de quoi devenir fou !

Et, m'étendant sur la natte qui me sert de matelas, je me plonge dans des réflexions lugubres.

Mon voisin, celui qui, le matin, m'a indiqué une place à côté de lui, se tourne de mon côté.

— Tu n'as pas de tabac, au moins ?

— Non.

Il me passe un paquet de tabac et du papier à cigarettes. Puis, il s'enveloppe la tête de son couvre-pieds pour enflammer une allumette qu'il fait craquer, tout en toussant très fort.

— Tu feras comme moi pour allumer et tu cacheras le feu. Il est défendu de fumer après l'appel et il ne faut pas faire voir la lumière. D'ailleurs, tu n'es pas admis au prêt ; tu n'as pas le droit de fumer.

Je suis ses indications et, quand j'ai allumé une cigarette, il reprend :

— Comment t'appelles-tu, déjà ?
— Froissard.
— Ne parle pas si fort ; on pourrait t'entendre et on te flanquerait dedans. On peut causer, mais tout 'bas. Moi, je m'appelle Queslier. Tu es de Paris ?
— Oui.
— Moi aussi. Il y en a pas mal de Parisiens, ici. Eh bien ! puisque nous sommes pays, je vais te donner un bon conseil : c'est de faire l'imbécile tant que tu pourras et de ne jamais répondre aux gradés ouvertement. Tu comprends, nous sommes au dépôt ; ils se sentent forts ; ils sont presque aussi nombreux que nous, et si ne marchions pas droit, ils ont des troupes régulières, à côté d'eux. Ah ! quand on est en détachement, c'est autre chose. Moi j'y étais. J'étais au détachement de Sandouch ; je suis tombé malade et l'on m'a expédié à l'hôpital. De là, on m'a envoyé ici. En détachement, on est beaucoup plus libre ; on est là quarante ou cinquante hommes, au plus, avec trois ou quatre gradés qui, quelquefois, n'en mènent pas large.
— Et tu n'y retourneras pas, à Sandouch ?
— Mais non. J'aime autant ça. Tout le monde y est malade. Sur cent vingt que nous étions, je suis sûr qu'il y en a à peine dix exempts de fièvres et de dysenterie. On nous faisait tracer une route dans des terrains marécageux ; alors, tu comprends... Du reste, la Compagnie ne va pas tarder à partir d'ici.
— Tu crois ? Et où ira-t-on ?
— Je ne sais pas. Dans le Sud. J'ai entendu le capitaine en parler l'autre jour. Il est justement à Tunis pour cette affaire-là. Dans le courant du mois pro-

chain, tu verras rentrer les détachements. Seulement, je ne sais pas comment celui de Sandouch s'y prendra pour revenir, à moins de faire les étapes à quatre pattes.

— Ils sont si malades que cela ? demande un homme couché en face de moi, de l'autre côté de la tente, et que j'ai vu revenir de Tunis, par le chemin de fer, dans la soirée, avec ses armes et son sac.

Queslier ne répond pas ; et, quand on commence à entendre les ronflements de l'individu qui s'est décidé à s'endormir, il se penche vers moi.

— Tu sais, quand tu auras quelque chose à dire, garde-le pour toi, ça vaudra mieux. Ne t'avise pas d'aller faire part de tes impressions au premier venu. Le camp est plein de bourriques.

Et, comme je parais étonné de l'expression :

— Oui, des bourriques, des moutons, des espions, si tu veux. C'en est plein. A part cinq ou six anciens, il n'y a ici que des jeunes, des nouveaux arrivés, un troupeau de vaches qui ne demandent qu'à se mettre bien dans les papiers des pieds-de-banc. Pour ça, vois-tu, ils feraient tout. Ils se dénoncent réciproquement ; ils se cassent du sucre sur le dos les uns des autres. Ils vendraient leur père. Qu'est-ce que je dis? Le vendre? Ils sont bien trop bêtes pour ça : ils le donneraient. Défie-toi d'eux. Si je t'en parle, tu sais, c'est par expérience. Il y a assez longtemps que je suis à la Compagnie pour les connaître.

— Depuis combien de temps y est-tu ?

— Depuis dix mois.

— Et combien en as-tu encore à faire?

— Quarante.

— Quarante ? Mais tu y fais donc ton congé ?

Il me raconte son histoire. Il est mécanicien-ajusteur. Depuis l'âge de dix-huit ans, il faisait partie d'un groupe socialiste dont il avait suivi assidûment les séances jusqu'au moment de la conscription. Après avoir tiré, au sort, un mauvais numéro, ne se sentant aucun goût pour l'état militaire, ne comprenant pas, d'ailleurs, pourquoi le gouvernement lui demandait cinq ans de sa vie, à lui, ouvrier, non-possédant, pour la défense de la propriété, il hésita fort à rejoindre le corps qui devait lui être désigné ultérieurement. Il s'adressa à quelques chefs du parti révolutionnaire qui l'engagèrent à faire son temps, tout au moins s'il était envoyé dans un régiment caserné en France. L'ordre de route arriva. On l'envoyait à Saint-Girons. Il s'y rendit et y passa près de trois mois, très tranquille, ne se livrant à aucune propagande. Un beau jour, le colonel le fit appeler et lui déclara qu'il avait l'intention de l'envoyer en Afrique ; le régiment y avait un bataillon, à Karmouan. Ce bataillon manquait de comptables ; le commandant en réclamait à chaque courrier. Queslier pouvait très bien faire l'affaire ; on avait pensé à lui ; il avait de bonnes notes, paraissait robuste, etc. Bref, il fut conduit à Marseille, embarqué sur un paquebot qui partait pour la Tunisie. Aussitôt qu'il fut arrivé à Karmouan, le commandant le fit demander et lui dit à brûle-pourpoint : « Vous êtes une canaille. Vous avez fait partie d'une société secrète qui s'appelle : *la Dynamite*. Du reste, voilà les notes qu'on m'a transmises à votre sujet. Le colonel n'a pas voulu vous traiter comme vous le méritiez, en France, à cause de ces sales journaux qui fourrent leur nez dans tout ce qui ne les regarde pas. C'est pour cela qu'il vous a envoyé ici. Et moi, je vous déclare ceci : c'est que, si vous ne filez pas droit, je vous montrerai comment je traite les communards. Vous voyez ces quatre galons-là ? Eh bien ! je n'en avais que trois avant la Commune ; le quatrième, on me l'a donné pour en avoir étripé quelques douzaines, de ces salauds !... Allez, crapule ! »

Vingt-quatre heures après, Queslier avait quinze jours de prison pour avoir manqué à l'appel du soir. En réalité, il s'était trouvé en retard de deux minutes à peine. Il écrivit une lettre de réclamation au général commandant le corps d'occupation. Le commandant, ayant eu connaissance du fait, écrivit de son côté au général pour protester contre les calomnies enfermées dans la missive expédiée par un de ses soldats. Le général, édifié par les notes que le commandant avait jointes à sa lettre, considérant en outre que Queslier s'était servi d'encre violette pour correspondre avec lui, lui octroya généreusement soixante jours de prison.

Queslier fit sans murmurer ces soixante jours. Au bout des deux mois, comme il allait sortir, le commandant eut l'idée de visiter les locaux disciplinaires. Il examina minutieusement les murs et finit par découvrir sur l'un d'eux l'inscription qu'il cherchait sans doute. On avait écrit sur la muraille : « Vive la Révolution sociale ! » Queslier protesta de son innocence. Néanmoins, il fut maintenu en prison jusqu'à nouvel ordre, passa au conseil de corps huit jours après et fut presque aussitôt dirigé sur la 5ᵉ compagnie de discipline.

— Hein ? Qu'est-ce que tu en dis ? me demande Queslier. Est-ce assez canaille ? Est-ce assez jésuite ? Tu vois, maintenant, je n'ai pas d'intérêt à dissimuler, n'est-ce pas ? Eh bien ! je te jure que ce n'est pas moi qui avais écrit sur le mur.

— C'est raide tout de même.

— Ecoute donc quelque chose de plus raide encore, si c'est possible. J'avais, dans le groupe dont je faisais partie, à Paris, deux camarades qui ont tiré au sort en même temps que moi. Ils ont eu de bons numéros. Ils n'avaient qu'un an à faire. On les a expédiés dans un régiment en garnison du côté de Bordeaux ; il y ont passé huit jours et, au bout de cette semaine, sans jugement, sans rien, sans les faire passer au conseil de guerre ni au conseil de corps, sans les prévenir, on leur a mis les menottes aux mains et on les a envoyés, entre deux gendarmes, comme deux malfaiteurs, dans un régiment dont j'ai oublié le numéro, mais qui occupe plusieurs points dans le Sud-Oranais.

— Ah ! oui, continue-t-il au bout d'un instant, on voit de drôles de choses. Pourtant, à vrai dire, il n'y a là rien d'étonnant. Avec un gouvernement bourgeois !... Tu as l'air d'avoir reçu de l'éducation, toi ? Tu es bachelier, au moins ?

— Oui.

— T'es-tu occupé quelquefois des questions sociales ?

— Très peu.

— Ah ! Eh bien ! si tu veux, je t'instruirai là-dessus, moi. Tu verras qu'il n'y a pas que du coton dans nos idées, à nous, et qu'il n'y a pas besoin de savoir le latin pour voir clair. C'est curieux comme, généralement, les gens instruits sont bêtes. Tiens, il y a là, au bout de la tente, un grand garçon, bachelier aussi, pas mauvais diable, mais si peu malin ! Il ne se rend même pas compte de sa situation, l'animal, et, quand il sera rentré dans la vie civile, si jamais il y a un coup de chien, je suis sûr qu'il nous canardera avec

5.

plaisir, nous qui ne demanderions qu'à nous faire crever la peau pour mettre un terme à un état de choses dont il a été victime. Parole d'honneur, les illettrés ont l'intelligence plus ouverte ; celui qui est couché à côté de moi, là, il comprend très bien...

— Celui qui a les bras couverts de tatouages ?

— Les bras ? Si tu disais le corps. Il est tatoué des pieds à la tête. Il est tatoué en amiral. Il a le costume complet ; les palmes par devant, les pans de l'habit brodé sur les fesses, les épaulettes sur les épaules, les ornements sur le cou et les bandes du pantalon sur les jambes. On lui a même tatoué une paire de bottes avec des glands, sur les mollets et sur les pieds. Il se nomme Pormelle, mais on l'appelle l'Amiral, à cause de ses tatouages. C'est un très bon garçon. Dans la tente, tu peux te fier à lui et à Barnoux, le bachelier. Barca... Dis donc, voilà au moins une heure que nous causons. Si nous dormions un peu ?

Oui, mais auparavant, je voudrais bien lui poser une question qui me brûle la langue.

— On m'a dit qu'il y avait des sorties, qu'on pouvait, au bout d'un certain temps, sortir de la compagnie et être versé dans l'armée régulière. Est-ce vrai ?

Queslier se met sur son séant.

— Oui, c'est vrai. Pour sortir d'ici, il y a deux moyens : faire comme celui-ci...

Et il étend le bras vers l'homme qui lui a adressé la parole tout à l'heure, et auquel il n'a pas voulu répondre.

— Qu'est-ce qu'il a fait ?

— Il a rendu un faux témoignage pour faire plaisir à un chaouch ; un chaouch qui voulait se débarrasser d'un pauvre diable qui l'embêtait. Le chaouch a prétendu faussement que l'individu en question l'avait insulté et ce lâche-là, auquel je casserais la gueule si je ne craignais qu'on ne me fît payer sa sale peau plus cher qu'elle ne vaut, a affirmé avoir entendu l'insulte. Il revient aujourd'hui de Tunis où il a servi de témoin à charge et a fait condamner l'autre à cinq ans de travaux publics. Quand on veut gagner une sortie, le plus simple est de faire comme lui. Maintenant, il y a encore un autre moyen.

— Quel moyen ?

— Lécher les pieds des gradés, se mettre à genoux devant eux. Ça, c'est moins difficile, mais, c'est égal, je n'ai jamais pu m'y habituer.

Et Queslier s'allonge sur sa natte.

Je réfléchis longtemps. Oui, c'est dégoûtant, c'est odieux, de faire partie de cette bande de chiens-couchants qui s'en vont, l'oreille basse et la queue en trompette, flatter leurs maîtres et lécher les mains de leurs bourreaux ; mais passer trois années ici, dans ce bagne, dans un pareil milieu !... C'est l'abrutissement, sans doute ; la mort, peut-être..... En aurai-je la force, seulement ? Aurai-je la force de recommencer, sans paix ni trêve, des journées comme celle que je viens de finir ? Aurai-je le courage de souffrir, pendant trois ans, tout seul, sans personne pour me soutenir, — sans personne pour me regarder, — avec le fantôme de la liberté future qui fuira devant moi et le spectre de la liberté passée qui, déjà, grimace douloureusement ?...

Me mettre à plat ventre dans la boue, alors ? Payer ma délivrance avec la sale monnaie qui a cours ici, ramasser ma grâce dans l'ordure ?... Ah ! malheureux !...

Et je ne sais comment, tout d'un coup, se dresse devant mes yeux l'image d'une vieille parente qui m'a élevé, une protestante austère. Je me souviens d'un jour où, après avoir fait quelque sottise, je m'étais jeté à ses genoux pour lui demander pardon, et je me rappelle avec quelle force la vieille calviniste m'avait remis sur mes pieds en criant :

— Relève-toi, gamin ! Un homme ne doit s'agenouiller que devant Dieu !

Je ne crois plus en Dieu — en son Dieu.

Je ne me mettrai à genoux devant personne.

## VII

Il me semble qu'il y a des siècles que je suis arrivé à la Compagnie,— et il n'y a que deux mois. Le temps ne m'a jamais paru aussi long. Les journées ont plus de vingt-quatre heures, ici... De toutes les sensations douloureuses qui m'avaient assailli au début et qui, peu à peu, m'abandonnent, celle de l'interminable longueur du temps est la seule qui persiste. Elle augmente d'intensité tous les jours. Elle m'assomme; elle me désespère aussi, car elle me force à penser — et je voudrais ne plus penser. Je voudrais vivre en bête. Comme le bœuf qu'on fait sortir tous les matins de l'étable, le front courbé sous le même joug, qui trace aujourd'hui un sillon, demain un sillon parallèle, piétinant sans cesse le même champ fermé du même horizon, impassible, habitué au poids de la charrue, insensible à l'aiguillon du bouvier.

Les coups d'aiguillon que je reçois, moi, ce sont les insultes. Ils ne m'épargnent pas, les chaouchs, durant les journées sans fin qui se ressemblent toutes, même les dimanches, consacrés aux *travaux de propreté*. Que je prenne part à un exercice, que j'assiste à une revue, que, pendant le travail, j'essuie mon front mouillé de sueur, l'injure pleut sur moi.

— Ils te cherchent, m'a dit Queslier. Ta figure ne leur revient pas, probablement. Ils veulent trouver un prétexte pour te mettre en prison et pour t'envoyer de là au conseil de guerre. Ne dis rien, ne réponds rien.

Je ne réponds rien. J'avale silencieusement les outrages, je ferme l'oreille aux provocations. C'est dur, tout de même ; je ne sais pas si j'aurai le courage de supporter cela pendant les trente-quatre mois que j'ai encore à faire. J'ai beau me répéter qu'on n'est jamais sali que par la boue et que ces gens qui s'acharnent lâchement sur moi sont des brutes et des canailles...

Ah! oui, des brutes et des canailles, ces sous-officiers et ces caporaux aussi dénués de cœur que d'intelligence, ces hommes qui demandent à aller exercer contre ceux qu'ils devraient considérer comme leurs frères, des soldats comme eux, le métier de garde-chiourme ! Quelle vie ignoble et vile ils mènent! comme ils devraient trouver triste leur existence, s'ils savaient s'en rendre compte! Haïs, méprisés, se jugeant peut-être méprisables, ils font ce qu'ils peuvent pour se venger de ce dédain et de ce dégoût qu'ils sentent peser sur eux. Rien ne leur coûte pour cela. Ils ne reculent ni devant les brutalités, ni devant les mensonges, ni devant les provocations, ni devant la calomnie. Il n'est pas de moyen qu'ils n'emploient, il n'est pas de manœuvre basse et vile à laquelle ils ne se livrent pour arriver à avoir raison d'un individu qui ne se plie pas à toutes leurs fantaisies. Le sentiment de la haine contre les malheureux qu'ils ont sous leurs ordres et qu'ils commandent revolver au poing, celui de la vengeance idiote et lâche à satisfaire à tout prix, finissent par étouffer chez eux tout autre sentiment. L'homme est annihilé et remplacé par la bête fauve. Les neuf dixièmes sont des Corses.

Parmi les officiers, quelques-uns, comme leurs sous-ordres, qu'ils valent bien, ont demandé à quitter leurs régiments pour venir aux Compagnies de Discipline. D'autres y ont été envoyés par mesure disciplinaire ; ceux-là, n'ayant d'autre dessein que d'essayer de rentrer dans les cadres de l'armée régulière, font généralement preuve d'un zèle exagéré qui se traduit par des actes d'une sévérité excessive. La plupart du temps, ils évitent de se compromettre directement. A quoi bon? N'ont-ils pas sans cesse sous la main les chaouchs toujours prêts à satisfaire leurs haines ou leurs rancunes? Ils savent si bien se transformer en chiens-couchants, ces boule-dogues, et mettre leur avilissement et leur bassesse à l'égard de leurs supérieurs au niveau de leur morgue et de leur insolence vis-à-vis de leurs inférieurs !

Tout ce monde-là vit—est-ce vivre?—sous la coupe du grand pontife : le capitaine. Un drôle de corps, celui-là : moitié calotin, moitié bandit. Un Robert-Macaire mâtiné de Tartufe, un Cartouche qui sait se métamorphoser en Basile. Un nez qui ressemble à un bec de vautour, des moustaches à la Victor-Emmanuel, des yeux de cafard et un menton de chanoine ; l'air d'un bedeau assassin qui vous montre le ciel de la main gauche et qui vous assomme, de la main droite, avec un goupillon. Il porte son képi sur l'oreille, de la façon dont le capitaine Fracasse devait porter son feutre et tourne les pouces, en vous parlant, comme les dévotes, après déjeuner. Quand il a une méchanceté à dire, il sait comme pas un l'entortiller de phrases mielleuses qui semblent toutes fraîches pondues par un sacristain. La famille, la religion, cela revient sans cesse dans ses discours où il nous promet de nous faire passer au conseil de guerre pour la moindre peccadille. Il a l'air de donner l'absolution à un homme quand il le fourre en prison et de lui accorder la bénédiction papale lorsqu'il ordonne de le mettre aux fers. Il trafique de nous comme de simples nègres. Il vend notre travail aux mercantis du pays auxquels nous élevons des maisons, à son compte, en utilisant, bien entendu, les matériaux du gouvernement. Il se soucie fort peu de ce que nous pouvons en penser. Il offre au Dieu de paix et de charité la haine et le mépris qu'il peut inspirer aux malheureux qu'il a sous ses ordres. Du reste, il se commet le moins possible avec eux, les regarde comme des serfs taillables et corvéables à merci dont il doit simplement chercher à tirer tout le parti possible, et garde des allures de pontife difficilement abordable. Méchant, il l'est, et cela se conçoit. Un homme qui conserve encore au fond de lui quelques sentiments d'humanité ne demande pas à remplir de pareilles fonctions. Sans scrupule aussi, malgré ses mômeries de marguillier. Tout lui est bon, pourvu qu'il remplisse ses poches. Une cruauté ne lui déplaît pas, quand il n'a rien de mieux à faire. Autrement, il préfère un tripotage, une combinaison quelconque qui lui permettra de grossir le sac d'écus qu'il remplit à nos dépens. S'il avait été bourreau et qu'il eût aperçu, au moment de faire tomber le couperet, une pièce de dix sous sur la plate-forme de la guillotine, il aurait parfaitement laissé le cou du patient dans la lunette et eût ramassé la pièce avant de tirer la ficelle.

— Tu as tort de t'emporter comme cela contre les hommes, me dit Queslier le soir, lorsque je lui fais part de l'amertume de mes réflexions. Il ne faut pas s'en prendre aux individus ; il faut s'attaquer au système.

Le système, il y a longtemps qu'il le connaît et qu'il le déteste, cet ouvrier qui sait tout au plus ce qu'on enseigne à l'école primaire, mais qui a appris, à l'école de la misère, à penser bien et à voir juste. Il m'a expliqué, verset par verset, le texte de cet évangile que j'avais à peine feuilleté, dans mon dédain bourgeois, et dont les chapitres sont écrits avec le sang et les larmes des Douloureux, — quelquefois avec leur fiel.

Je comprends aujourd'hui bien des choses que je ne m'expliquais pas hier.

Je sais que les Compagnies de Discipline, les ateliers de Travaux Publics, sont la conséquence immédiate et forcée des armées permanentes. Je sais pourquoi une pénalité énorme est suspendue au-dessus de la tête du soldat indocile et pourquoi, lorsque celui-ci est assez habile pour se dérober, lorsque la griffe ignoble de la justice militaire n'a pas pu l'agripper, au lieu de le battre de verges et de lui donner des cartouches jaunes — ce qu'on faisait autrefois — on l'envoie à Biribi, — ce qui est pire. Je sais pourquoi la société bourgeoise qui, pour sauvegarder ses intérêts, fait d'un citoyen un soldat, fait d'un soldat un forçat le jour où celui-ci essaye de secouer le joug de la discipline écrasante qui l'humilie et l'abrutit. C'est parce qu'elle a besoin, comme toutes les sociétés usurpatrices, d'appuyer sa domination sur la terreur, parce qu'elle a besoin de se faire craindre sous peine de perdre son prestige et de risquer l'écroulement.

Ce qu'elle veut, à tout prix, c'est une obéissance passive et aveugle, un abrutissement complet, un avilissement sans bornes, l'obéissance de la machine à la main du mécanicien, la soumission du chien savant à la baguette du banquiste. Prenez un homme, faites-lui faire abnégation de son libre-arbitre, de sa liberté, de sa conscience, et vous aurez un soldat. Aujourd'hui, à la fin du dix-neuvième siècle, quoi qu'on en dise, il y a autant de différence entre ces deux mots : soldats et citoyens, qu'il y en avait au temps de César entre ces deux autres : Milites et Quirites.

Et cela se conçoit. L'armée, c'est la pierre angulaire de l'édifice social actuel ; c'est la force sanctionnant les conquêtes de la force ; c'est la barrière élevée bien moins contre les tentatives d'invasion de l'étranger que contre les revendications des nationaux. Les soldats, ces fils du peuple armés contre leur père, ne sont ni plus ni moins que des gendarmes déguisés. Au lieu d'une culotte bleue, ils portent un pantalon rouge. Voilà tout. Le but de leurs chefs, les souteneurs de l'État, est d'obtenir d'eux, textuellement, « une obéissance absolue et une soumission de tous les instants, la discipline faisant la force principale des armées. »

Or, la discipline—on l'a dit—la discipline, *c'est la peur*. Il faut que le soldat ait plus peur de ce qui est derrière lui que de ce qui est devant lui ; il faut qu'il ait plus peur du peloton d'exécution que de l'ennemi qu'il a à combattre.

*C'est la peur.* Le soldat doit avoir peur de ses chefs. Il lui est défendu de rire lorsqu'il voit Matamore se démasquer et Tranche-Montagne se métamorphoser en Ramollot. Il lui est défendu de s'indigner quand il voit commettre ces vilenies ou ces injustices qui vous soulèvent le cœur. Il lui est défendu de parler et même de penser, ses chefs ayant seuls le droit de le faire et le faisant pour lui.

Et s'il rit, s'il s'indigne, s'il parle, s'il pense, s'il n'a pas peur, alors malheur à lui ! C'est un indiscipliné : disciplinons-le ! c'est un insurgé : mâtons-le ! Donnons un exemple aux autres ! — Au bagne ! — A Biribi !

Oui, cela, je le sais maintenant. Je le sens. — Je l'ai senti tout d'un coup, si brusquement que j'en suis tout troublé. La fouille où s'est effondré l'échafaudage branlant de mes vieilles idées bourgeoises, je n'ose encore la combler avec de nouvelles croyances. Je suis un converti, mais je ne suis pas un convaincu.

— Il faut s'attaquer au système, répète Queslier, rien qu'au système. Vois-tu, lorsque le peuple saura bien ce que c'est que les armées permanentes, quand il saura qu'il est de son intérêt de jeter bas cette institution qui le ruine, quand il comprendra que ceux qui vivent de l'état militaire ne forment qu'une caste établie sur des préjugés et des intérêts égoïstes, il n'en aura pas pour longtemps... Un quart d'heure de réflexion et une heure de colère...

Je hoche la tête. Je crois que pour arracher de

leurs gonds les portes de l'enfer social, la colère ne suffit point. C'est la Foi qu'il faudrait.

— Alors, tu penses que le peuple n'a pas la foi? Tu ne crois pas au peuple ?

Pas trop. Il passera de l'eau sous les ponts, j'en ai peur, avant qu'il prenne le parti de ne plus réserver ses adorations aux idoles qui boivent ses sueurs et son sang. Et je crains bien que ses admirations et son respect n'aillent longtemps encore à l'être empanaché, bariolé, couvert de clinquant, — reître, condottière, soudard ou soldat, — à celui qui a été l'Homme d'Armes, et qui devient aujourd'hui, par la force même des choses, le maquereau social.

## VIII

— Voilà le détachement de Sandouch qui rentre ! s'écrie l'Amiral, qui vient de sortir pour aller reporter les gamelles à la cuisine.

Nous nous précipitons tous hors des marabouts.

Au loin, sur la route qui, à quinze cents mètres du camp, traverse la Medjerdah, on aperçoit une longue file de mulets dont les cacolets sont chargés d'hommes. Derrière, sans ordre, marchant par petits groupes ou isolément, des soldats revêtus de la capote grise qui, de loin, paraît noire, suivent lentement, s'arrêtant parfois un instant et reprenant leur marche titubante d'ivrognes ou d'hallucinés. On dirait un cortège macabre suivi d'une procession de croque-morts ivres.

Ils arrivent, ils entrent dans le camp. Un défilé lamentable d'hommes harassés, éclopés, au teint plombé ou jaunâtre, aux yeux ternes, aux membres las. Une douzaine à peine portent leurs sacs ; une quarantaine, la figure terreuse, les yeux à moitié fermés ou agrandis par la fièvre et brillant d'un éclat qui fait mal, les mains osseuses pendant au bout des bras inertes, sont juchés sur les cacolets. Il faut les prendre sous les aisselles, à deux ou trois, pour les aider à descendre ; et, à peine à terre, sans se soucier des ruades des mulets, sourds aux ordres des chaouchs qui leur commandent de se lever, ils se laissent tomber au milieu du chemin, n'importe où, s'affalant comme des choses, incapables de faire un mouvement. Ils ont à peine la force de parler, ne répondant pas aux questions qu'on leur pose, demandant à boire d'une voix sourde, entrecoupée, en découvrant sous leurs lèvres violettes de longues dents jaunes que les frissons de la fièvre entrechoquent. Il faut prendre le parti de les aider à aller s'asseoir sur le soubassement en pierres d'une baraque.

Un à un arrivent les traînards, boitant, tirant la jambe, couverts de poussière, quelques-uns avec leurs pantalons et leurs capotes tout mouillés — des fiévreux qui se sont agenouillés dans l'eau, pour boire, en traversant la Medjerdah.

L'officier qui commande le détachement, un lieutenant aux longues moustaches blondes, les fait aligner sur un seul rang. Les hommes se rangent tant bien que mal, les plus malades s'appuyant sur leurs fusils ou sur les bâtons qui les ont aidés à marcher, pendant les étapes. Ils ont l'air tristement pensif des chevaux fourbus, des bêtes de somme éreintées qui s'affaissent dans les brancards, le corps tassé, appuyé dans l'avaloire, la tête morne, pendant hors du collier.

Le capitaine arrive, sa canne à la main. Il jette sur les malheureux un long regard méprisant.

— Beaucoup de malades, n'est-ce pas, monsieur Dusaule ?

— Beaucoup, mon capitaine. Trente-huit hommes ont dû faire les étapes sur les cacolets.

— Trente-huit ! C'est beaucoup trop ! Vous auriez dû les forcer — oh ! tout doucement — à revenir à pied. Rien n'est bon comme la marche pour chasser les maux de tête, les migraines. Et vous savez, ces fièvres-là, ce ne sont que des migraines. Un peu violentes, tout simplement... En voilà un qui a une sale figure, par exemple...

— Il est très malade, mon capitaine.

— A-t-il de bonnes notes ? Comment s'appelle-t-il ?

— Palet. Vous lui avez infligé dernièrement quinze jours de prison.

— Ah ! oui, je me souviens. En échange d'une punition de quatre jours de salle de police portée par le sergent Baltazi, pour avoir boutonné sa capote à gauche le seize du mois dernier. Il faut toujours faire bien attention à ce que les hommes boutonnent leurs capotes quinze jours à gauche et quinze jours à droite. C'est très important, voyez-vous, monsieur Dusaule. Sans ça, les plastrons s'usent toujours du même côté... Alors, vous disiez qu'il est très malade, ce Palet ?

— Oui, mon capitaine.

— Oui... oh !... peuh !... un mauvais garnement qui ne veut rien écouter. Je suis sûr que la moitié des gens qui sont là n'ont gagné leurs fièvres et leurs dysenteries que parce qu'ils ont enfreint les règlements. Ainsi, je parierais que ce Palet ne quittait pas, tous les jours, à cinq heures du soir, la tenue de toile pour endosser la tenue de drap. C'est pourtant bien prescrit. Si l'on prenait le parti de les fourrer dedans toutes les fois qu'ils n'obéissent pas, il y aurait moitié moins de malades. Il faut toujours agir avec douceur, monsieur Dusaule, avec la plus grande douceur, la religion nous en fait un devoir, mais il faut se montrer sans pitié...

Et se tournant vers Palet qui n'a pas bougé, collé contre le mur, la tête renversée en arrière, les bras pendant le long du corps :

— Vous entendez : sans pitié ! Je suis décidé à me montrer sans pitié !

Palet ne bronche pas. On dirait que ça lui est égal. Il n'a pas seulement l'air de s'apercevoir que c'est à lui qu'on fait l'honneur de parler.

Le capitaine se retourne, rageant à blanc, vers les hommes à peu près valides :

— Ceux-là se portent bien, n'est-ce pas, monsieur Dusaule ? Oui..., oui..., ils ont assez bonne mine... ils ont besoin de se nettoyer un peu..., mais... Ah ! qu'est-ce que c'est que ces bâtons que j'aperçois là-bas ? Voulez-vous me jeter ça !... et un peu vite ! En voilà des façons ! Des soldats qui se promènent la canne à la main ! Qu'est-ce que votre famille dirait, si elle vous voyait ? Elle serait fière de vous, vraiment !... Vous avez grand tort, lieutenant, d'autoriser ces choses-là... Allons, vous, là-bas, le dernier, vous qui claquez des dents, m'avez-vous entendu ? Voulez-vous jeter ce bâton ?

L'homme jette le bâton et tombe sur les genoux.

— Voyez-vous, monsieur Dusaule, voyez-vous les effets de l'usage de la canne ? On s'y habitue, on ne peut pas s'en passer et, quand on vous la retire, on tombe par terre... Réellement, vous n'êtes pas assez sévère... Je suis très mécontent...

Nous devons partir après-demain matin pour le Sud. A la pointe du jour, un train spécial doit venir chercher la compagnie pour la conduire à Tunis. Nous allons dans le sud de la Tunisie, paraît-il ; on ne sait pas au juste à quel endroit. Depuis deux jours, tous les autres détachements sont rentrés au dépôt. Ils ont été moins éprouvés que celui de Sandouch, mais ils contiennent de fortes têtes, des individus malfaisants dont le capitaine se méfie. Il a fait réunir tous les gradés et leur a recommandé la plus grande sévérité avant le départ et pendant la route. Il a passé ensuite une revue des 350 hommes de la compagnie — hors une vingtaine dont le médecin avait demandé l'envoi à l'hôpital le plus voisin — en tenue de campagne. Cette revue a été lamentable. Au milieu d'un mouvement, des hommes tombaient comme des masses, déclaraient ne plus pouvoir se relever et restaient là ; des files entières, composées d'hommes éreintés, ployant sous le poids du sac, ou de nouveaux arrivés expulsés des régiments casernés en France ou sortant de la cavalerie et non habitués à porter l'as de carreau, demeuraient honteusement en arrière. Les fusiliers venus des détachements, anciens disciplinaires, mauvaises têtes pour la plupart, profitaient de la confusion générale pour manœuvrer d'une façon pitoyable. Le capitaine était vert de rage.

Il a ordonné pour ce soir une revue de détail. « Tout homme, a-t-il déclaré aux gradés, tout homme à qui il manquera quelque chose, si minime soit-elle, devra être mis immédiatement en prévention de conseil de guerre. Je n'admettrai aucune excuse. On ne doit rien perdre, ici, même pas une brosse à graisse, même pas un cordon de guêtre. Quand un de ces gens-là vous dit qu'il a perdu un objet quelconque, votre devoir est de lui répondre qu'il l'a vendu et de le faire passer au conseil de guerre pour vente d'un effet de grand ou de petit équipement. Je compte sur vous. Il faut être sans pitié. »

Il n'a pas prêché dans le désert, l'impitoyable. La revue a été terrible. Les chaouchs, lâchés comme des chiens auxquels on a enlevé leur muselière et à qui on a ordonné de mordre, vous demandaient compte des poils d'une brosse et des clous des godillots. Malgré leur zèle, ils étaient obligés de constater que rien ne manquait. Ils avaient envie d'en pleurer, les Corses surtout, cette race immonde qui n'a jamais su choisir qu'entre le couteau du bandit et le sabre du garde-chiourme. Dans leur dépit, ils s'en prenaient aux hommes qui se trouvaient devant eux, leur débitant, avec leur faux accent italien, tout le répertoire des idioties qui forment le fond de leur langage :

— Tenez-vous droit !... Les mains dans le rang !... La tête droite !... Les talons joints !... Quatre jours de salle de police !... Vous en aurez huit...

Tout d'un coup un pied-de-banc, qui n'a pas encore fini d'inspecter sa section, pousse un cri de triomphe. Il vient de s'apercevoir qu'un de ses hommes, le nommé Loupat, un petit chasseur à cheval, arrivé de France au bout de dix-huit mois de service, n'a pas le nombre réglementaire de cartouches. Le chaouch compte et recompte les cartouches et se relève enfin, souriant :

— Il en manque deux. Je vais prévenir le capitaine.

Cinq minutes après, il revient et, s'adressant à Loupat qui, le regard perdu, semble un animal qui voit venir le coup de masse qui doit l'assommer et ne sait comment l'éviter :

— Vous pouvez rester avec vos camarades. Le capitaine a dit que ce n'était pas la peine de vous mettre en prison pour une nuit. En passant à Tunis, nous vous y laisserons. Ça vous apprendra à vendre vos cartouches.

C'est la première fois que j'assiste à une scène semblable. Le conseil de guerre, la condamnation pour vol, la flétrissure indélébile imprimée sur le front d'un homme, parce qu'il a perdu deux cartouches !...

L'indignation me fait frissonner. Mais c'est du noir, surtout, qui me descend dans l'âme, quand je pense que je serai si longtemps encore, tous les jours et plusieurs fois par jour, à la merci d'une pareille situation.

Le lendemain matin, le clairon sonne le réveil à quatre heures. Il fait presque nuit. Il nous faut cinq minutes pour aller à la gare où le train doit venir nous prendre à cinq heures précises. A cinq heures moins vingt, la compagnie, sac au dos, est rangée par sections sur la route qui traverse le camp. Le clairon sonne l'appel et, sur toute la ligne, les Présent ! répondent aux noms criés par les sous-officiers.

— Rendez l'appel !

Les pieds-de-banc défilent et rendent l'appel au capitaine.

— Manque personne... Manque personne...

— Il manque Loupat, mon capitaine.

— Loupat ! celui d'hier ! — Ah ! la canaille ! Il a déserté cette nuit pour essayer de se soustraire au conseil de guerre ; mais, soyez tranquille, on le rattrapera. On n'échappe jamais à un juste châtiment. — Poursuivez...

Les gradés continuent leur défilé.

— Manque personne... Manque personne...

— Mon lieutenant, regardez donc là-bas !

C'est un homme qui parle au lieutenant Dusaule, en étendant le bras du côté du gymnase.

On a entendu; tout le monde tourne les yeux dans cette direction. Sous le portique, tout contre le gros poteau de gauche, un corps se balance, noir, au bout d'une corde. Le lieutenant part en courant, grimpe à la corde à nœuds, palpe le pendu et revient en hochant la tête.

— Mort ? lui demande de loin le capitaine. C'est Loupat, n'est-ce pas ?

Le lieutenant fait signe que oui.

— Il est déjà tout froid.

— Le misérable ! s'écrie le capitaine. Attenter à ses jours ! Allez donc prêcher les bons sentiments à des gens pareils ! Rien ne les arrête, ni la religion, ni le souvenir de leur famille, rien, rien ! Enfin, il s'est fait justice lui-même... Par le flanc droit !... marche !...

Le capitaine est à cheval. Il jette, en passant devant le gymnase, un coup d'œil sur le cadavre. Il murmure :

— Il n'y a pas à dire, nous ne pouvons pas nous occuper de ça. Nous sommes déjà en retard. Le train n'attend pas. Il faudra que je pense à faire faire les écritures indispensables...

Puis, il se penche vers le sous-officier qui, la veille, s'est aperçu de la disparition des deux cartouches :

— Un mauvais soldat, ce Loupat, n'est-ce pas ?... Était-il fort en gymnastique ?

— Non, mon capitaine, il ne savait absolument rien faire. Il pouvait à peine se tenir au trapèze. Tous les jours, je le privais de vin pour ça; rien n'y faisait.

— Voyez-vous ça ! et il trouve moyen, pour se pendre, de monter tout en haut de ce portique, d'attacher sa corde, de se la passer au cou et de se laisser tomber dans le vide. Ça doit être très difficile à faire, tout ça. Dire que ces canailles-là n'ont d'énergie que pour le mal !...

Nous nous sommes embarqués dans les wagons qui se mettent en route pour Tunis. Je passe la tête à la portière et j'aperçois là-bas, tout là-bas déjà, car le train file vite, une petite forme noire qui se balance au vent, sous un gibet, et que commencent à venir lécher doucement les premiers rayons du soleil.

## IX

Le train nous a débarqués à Tunis et nous avons traversé la ville, escortés par les *poveri disgraziati!* des Italiens et les : Pauvres malheureux ! des Français, pour aller camper auprès de la caserne d'artillerie.

Le lendemain matin, nous nous sommes mis en marche pour La Goulette. Il pleuvait. Le sol gras était détrempé et l'on n'avançait qu'avec une peine extrême. Malgré les pauses fréquentes, les traînards devenaient de plus en plus nombreux et, toutes les cinq minutes, un homme tombait qu'il fallait débarrasser de son sac ou hisser sur les mulets qui nous suivaient. Le capitaine galopait d'un bout à l'autre de la colonne, criant, tempêtant, exhortant, sans pouvoir venir à bout de la fatigue des uns et de la mauvaise volonté des autres, anciens disciplinaires, blasés sur les menaces et les mauvais traitements, se fichant du tiers comme du quart, et faisant exprès de ne pas avancer pour ne pas laisser en arrière leurs camarades malades. Les plus jeunes seuls, les derniers arrivés à la compagnie, voulaient bien l'écouter ; et ils marchaient en avant, en rangs serrés, presque alignés, toujours à cinq ou six cents mètres de la cohue des traînards.

— Regarde donc les pierrots, là-bas, s'écrie l'Amiral, qui fait partie d'un groupe au milieu duquel je me trouve ; oh ! là, là ! regarde-les donc cavaler ; on dirait qu'ils ont le feu au cul !

— Qu'est-ce que tu veux ? répond Queslier. C'est tout bleu, ça arrive de France et, dame ! au moindre mot des chaouchs, ça fait dans ses pantalons.

— C'est clair, riposte Bernoux, le bachelier qui couchait dans ma tente à Zous-el-Souk, et qui interrompt une discussion qu'il a engagée depuis au moins une heure, au sujet des mœurs carthaginoises, avec un jeune homme qui revient de détachement, un licencié ès lettres qui est poète. C'est clair. Seulement, il y a une chose regrettable : c'est que ces jeunes soldats, terrorisés par les cris et les menaces de messieurs les gradés, ne tarderont pas à se transformer en véritables mouchards. Il faudra faire bien attention à nous si nous ne voulons pas être victimes de leur couardise.

Le licencié, Rabasse, approuve du geste; mais Queslier ne partage pas son opinion.

— Il y en aura toujours une bonne moitié qui ne se transformeront pas en bourriques. Quant aux autres...

— Les autres, on les dressera, s'écrie l'Amiral.

— On leur fera rentrer leurs bourriqueries dans la gueule à coups de riclos, riposte un grand gaillard sec et maigre, qu'on appelle le Crocodile, et qui, paraît-il, ne sort pas de la prison.

— Y a que ça à faire, déclare tranquillement une espèce de gringalet à la figure osseuse, pâle sous le hâle, aux membres grêles, à la bouche crispée de voyou parisien dont il a l'accent canaille ; et, s'ils rouspettent, y a qu'à les faire en douceur, au père François. Tu sais, Crocodile, le coup du foulard ?

Et il fait le geste, tranquillement cynique, grinçant un : crac! qui fait courir son rictus d'une oreille à l'autre et lui donne une physionomie d'un comique effrayant. Il le ferait comme il le dit, d'ailleurs, cet astèque qu'on a surnommé Acajou à cause de ses cheveux rouges et qui se vante d'avoir, à Paris, au cours d'une rixe, saigné un cogne dans l'escalier d'un bastringue.

— Voulez-vous marcher, oui ou non? s'écrie un pied-de-banc que le capitaine a envoyé pour hâter l'allure des retardataires et qui est arrivé à notre groupe.

— Sergent, répond Barnoux avec urbanité, je vous ferai observer que la marche s'exécute par une série de pas. Nous exécutons une série de pas. Donc, nous sommes en marche.

Acajou proteste.

— La marche, c'est pas ça. La marche, c'est ce qui vous tire des larmes des pieds.

— Il est évident, ajoute Rabasse, sans se soucier de l'interruption, que, puisqu'il n'est question que de la marche et non de sa rapidité, la succession plus ou moins prompte des susdits pas ne fait absolument rien à l'affaire.

— Avez-vous fini de me répondre, nom de Dieu! hurle le chaouch. Je vais tous vous fourrer dedans.

Acajou s'approche de lui :

— Va donc un peu te baigner, eh! sale outil!

— Un témoin! un témoin! rugit le sergent avec son accent corse. On m'a insulté!

Et, saisissant le bras de Queslier:

— Vous avez entendu ce que m'a dit cet homme?

Queslier se dégage et ne répond rien.

— Voulez-vous dire que vous l'avez entendu, hein! voulez-vous le dire?...

— Hé! Queslier, ricane le Crocodile, il se figure peut-être que nous comprenons le corse. Nous autres, on est de Pantruche; on n'entrave pas le corsico.

Et, comme il marche derrière le sous-officier, il lui donne, comme par mégarde, un coup de pied dans les talons.

— Pardon, excuse, sergent... c'est mon pied qu'a glissé.

Le chaouch, rageur, m'attrape par le bras.

— Vous avez entendu, vous? Ne dites pas non ou je vous ferai passer en conseil de guerre. Je le jure par le sang du Christ.

— Je n'ai rien entendu.

Le Corse s'en va, la figure blanche, les poings crispés, mâchant des *Porco di Cristo!*

— Tu marcheras toujours avec nous pendant les étapes, me dit l'Amiral. Sans ça, les chaouchs chercheraient à te jouer un sale tour. Ne va jamais avec ces pierrots, là-bas... Tiens, où sont-ils? on ne les voit plus.

On ne les voit plus, en effet. La route est couverte, tout au loin, de traînards qui n'ont pas l'air très pressés d'arriver à l'étape. Ils s'en vont tranquillement, deux par deux ou trois par trois, à quinze ou vingt mètres les uns des autres, s'interpellant de temps en temps en temps pour se faire part des menaces que leur ont distribuées les pieds-de-banc et pour rire à gorge déployée de l'inutilité de leurs efforts. Notre groupe est un des derniers. Et Barnoux et Rabasse, qui n'ont pas terminé leur discussion, se prennent au collet toutes les cinq minutes et s'arrêtent pour se crier d'une voix furieuse :

— Je te dis qu'il y avait un aqueduc pour amener l'eau à Carthage !

— Et moi, je te dis qu'il n'y avait que des citernes !...

— C'est trop fort ! Lis Flaubert !

— Flaubert s'est trompé !

Nous avons mis plus de six heures pour faire les dix-huit kilomètres de l'étape.

— Nous allons voir si ça se passera comme ça après le débarquement à Gabès, siffle entre ses dents serrées le capitaine qui, à cheval, assiste à l'arrivée des retardataires qu'il dévisage comme pour les reconnaître au besoin.

# X

Nous avons été obligés de laisser un certain nombre de malades dans les hôpitaux, au Kram, à la Goulette et à Gabès. Nous ne sommes plus guère que trois cents quand nous levons les tentes, le lendemain de notre débarquement, à trois heures du matin, pour effectuer la première des six étapes qui doivent nous mener à Aïn-Halib, le nouveau dépôt de la Compagnie.

Il fait encore nuit quand nous partons. Et, après avoir traversé un ruisseau, la rivière de Gabès, c'est encore au milieu de l'obscurité, épaissie par la voûte pesante des hautes frondaisons, que nous pénétrons dans l'oasis. Nous suivons un chemin brisé à chaque saillie des petits murs en terre dont les Arabes entourent leurs jardins, souvent pressés les uns sur les autres par l'étranglement de la route, nous heurtant au moindre écart, butant contre les racines des arbres et les pierres arrachées du sol poussiéreux par les pieds des chameaux. Il fait frais, sous ce dôme de feuillage, dont les découpures bizarres nous apparaissent toutes noires quand nous levons les yeux en haut, mais l'air est lourd ; on respire difficilement, la poitrine tendue violemment par le poids du sac dont les courroies coupent les épaules, la main gauche engourdie, la main droite fatiguée de tenir la bretelle du fusil dont la crosse frappe à chaque pas sur la cuisse, les oreilles agacées par le tintement du quart de fer-blanc qui choque la poignée de la baïonnette. Les pas, alourdis par l'énorme poids du chargement et par la difficulté de cette marche de nuit dont les à-coups fatiguent et énervent, soulèvent une poussière dense qui remplit les narines et pique les yeux. On marche la bouche ouverte, le haut de la capote déboutonné, le mouchoir tout trempé à la main pour essuyer la sueur qui coule sur le visage, la respiration oppressée, avec la sensation d'une chaleur humide de cataplasme, dans le dos, à la place du sac.

Pendant près d'une heure et demie, nous allons ainsi, le képi en arrière, le cou tendu, la tête basse, sans rien voir que les troncs des palmiers qui se succèdent comme de hautes colonnes au-dessus des parapets de terre fleuris de branches d'arbustes aux odeurs fortes et derrière lesquels on entend de loin en loin le clapotement d'un ruisseau. Tout d'un coup, après un dernier détour de la route, le rideau sombre du feuillage se déchire, une longue plaine de sable jaune, rosé tout au loin par les premiers rayons du jour, se déroule jusqu'au pied de montagnes bleues à la base et dont les sommets sont rouges.

On hâte le pas et, tout en débouchant dans la plaine, on entonne des chansons de marche ; les anciens entament le *Chant des Camisards*, un chant monotone et plaintif dont j'entendrai bien des fois encore retentir les couplets; un chant noirci par la résignation du paria et plaqué de rouge par l'ironie du galérien qui rêve de briser sa chaîne :

> Savez-vous ce qu'il faut faire
> En ce lieu ?
> Il faut tout voir et se taire,
> Nom de Dieu!...
> Nos chaouchs, qui sont des vaches,
> Nous emmerdent, nous attachent,
> Mais sur leur gourite on crache
> Quand on peut.

Et, tous en chœur, ils se mettent à hurler le refrain :

> Répétons à l'envi
> Ce refrain sans souci :
> Vivent l'amour et le vin,
> La danse, les joyeux festins !
> Oui, tout cela reviendra,
> Oui, tout cela reviendra,
> Quand le diable le voudra!

— Halte ! s'écrie le capitaine.

Nous nous arrêtons et nous déposons nos sacs énormes qui nous montent à mi-corps, si pesamment chargés que les bretelles en craquent. Le mien me paraît tellement lourd, je suis tellement harassé, que je ne sais vraiment pas si, tout à l'heure, je serai capable d'arriver à la pause en même temps que les autres et si je ne serai pas forcé de rester en route, comme les traînards qu'on a laissés en arrière et qui sortent seulement maintenant de l'oasis. Nous les attendons, assis par terre, derrière les fusils réunis en faisceaux ; je respire largement l'air frais du matin, passant la main sur une touffe d'herbe humide de rosée.

— Il fait bon, maintenant, me dit Queslier, mais ça ne va pas durer longtemps. Tu vas voir, d'ici un quart d'heure.

Le jour, en effet, est complètement levé et le soleil, tout là-bas, énorme boule rouge qui monte lentement, commence à envoyer ses rayons sur l'oasis dont il fait claquer les verdures puissantes, ensanglante les montagnes qui bornent l'horizon et vient accrocher, à la pointe des baïonnettes, des étincellements d'argent poli.

A peine le dernier retardataire nous a-t-il rejoints et a-t-il déposé son sac, que le sifflet du capitaine retentit.

— Garde à vos ! rompez faisceaux ! Par sections, à droite alignement !

— Qu'est-ce qu'il va nous faire faire ? dis-je au Crocodile, qui se trouve à côté de moi.

— Je ne sais pas. Il est bien fichu de nous faire marcher comme ça, par sections, en colonnes de compagnie. Ah ! la vieille carne !

Eh ! parbleu, oui ! il était fichu de le faire, car il l'a fait. Au milieu du sable où l'on enfonce jusqu'aux chevilles, sous un soleil brûlant qui tombe d'aplomb, gravissant les monticules et descendant dans les ravinements que creusent les grands vents, nous avons fait les quinze ou seize kilomètres qui nous restaient encore à faire, alignés comme à la parade, les sections à distance entière, ainsi que sur le champ de manœuvres. Chaque fois qu'un homme tombait ou restait en arrière, le capitaine arrêtait la compagnie et lui faisait faire du maniement d'armes jusqu'à ce que le malheureux eût repris sa place dans les rangs. Deux fois seulement, il a commandé la halte et ne nous a permis de quitter nos sacs, pendant trois minutes, qu'après avoir rectifié l'alignement des faisceaux.

— Alignez les crosses! alignez les crosses! Sergents, veillez à l'alignement des crosses! Ils resteront sac au dos tant que l'alignement ne sera pas correct! Rappelez-vous que, pendant la marche, je ne veux pas qu'il soit prononcé un seul mot.

— Est-ce qu'il est permis de boire, mon capitaine? crie l'Amiral, à la seconde pause, comme le kébir renouvelle ses recommandations.

— Non! On ne boit pas en route! L'eau coupe les jambes!

Un éclat de rire énorme, homérique, secoue la compagnie d'un bout à l'autre.

— Rompez faisceaux! En avant..., marche!

— Ça nous fera dix kilomètres sans pause, ricane l'Amiral, mais il ne sera pas dit qu'on s'est fichu de la gueule des Camisards sans qu'ils rendent la pareille.

— Voulez-vous vous taire? crie un sergent qui marche à deux pas de nous.

Des grognements sourds lui coupent la parole. La révolte commence à gronder, en effet, dans les rangs de ces hommes que l'on mène comme des chiens depuis trois heures, qui, exaspérés maintenant, deviennent insensibles à la fatigue, ne sentent plus le poids du sac, et qui, tout en tordant leurs doigts crispés sur la crosse de leurs fusils, lancent aux chaouchs qui marchent à côté d'eux, l'œil morne, des regards effrayants. Ils vont à grands pas, maintenant, irrités, rageurs, sombres, comme les bêtes cruelles, mises en fureur par les coups de fouet et les coups de fourche des valets, réveillées de leur abattement par le cinglement des cravaches, et qui rôdent à grandes enjambées dans leurs cages, voyant rouge, n'attendant que l'arrivée du dompteur pour lui sauter à la gorge. Il ne faut plus qu'une goutte d'eau pour faire déborder le vase, qu'une chiquenaude pour faire éclater les colères qu'on contient encore à grand'peine. Cette goutte d'eau, la versera-t-on? La donnera-t-on, cette chiquenaude? Non, car à douze cents mètres à peine on aperçoit les roseaux et les hautes herbes qui bordent le petit ruisseau le long duquel nous allons camper...

Eh bien! si... Tout d'un coup, le sifflet du capitaine se fait entendre.

— Halte !

Un homme est tombé, dans la deuxième section et, étendu comme une masse sur le sable, râlant, pâle de la pâleur de la mort, ne peut plus se relever. Les chaouchs s'empressent autour de lui, le prennent par les épaules, essayent de le remettre sur ses pieds. Il retombe, inerte. Nous avons eu le temps de le reconnaître. C'est Palet, ce pauvre diable qui revient de Sandouch, miné par la fièvre et la dysenterie, misérable qu'on force à traîner son agonie lamentable dans les sables qui recouvriront ses os. Car ce n'est déjà plus qu'un cadavre, cet homme dont la face exsangue, dans laquelle éclatent deux yeux énormes, nous a arraché à tous un cri de pitié.

— Relevez-le de force ! crie le capitaine. Forcez-le à marcher ! C'est dans son intérêt ! Nous serions obligés de l'abandonner là !

Alors, comme un tonnerre, des exclamations indignées éclatent.

— Il y a des mulets, derrière la compagnie !

— Qu'on décharge les sacs des pieds-de-banc, il y aura de la place pour les malades !

— C'est indigne ! — C'est affreux ! — C'est une honte ! — A bas les chaouchs !

Les menaces et les injures se croisent, les vociférations augmentent, le tumulte devient énorme. Le capitaine se dresse sur ses étriers :

— Garde à vos !... Baïonnette... on ! En avant... Pas gymnastique... Marche !

— Pas gymnastique sur place ! s'écrie Acajou dont la voix vrillarde de voyou perce les grondements irrités.

Et, comme à un mot d'ordre, la compagnie entière obéit au gamin dont la figure pâle est belle, vraiment, agrandie par la détente des nerfs toujours irrités du faubourien, éclairée par la lueur blafarde et féroce de l'héroïsme gouailleur.

On fait du pas gymnastique sur place. On n'avance point d'une semelle.

— Sergents ! hurle le capitaine, ces hommes-là ne veulent pas marcher ? Vous avez droit de vie et de mort sur eux ! Vous avez des revolvers, faites-en usage : brûlez-leur la cervelle !

Brusquement le tumulte s'apaise. Et, au milieu du silence effrayant, on entend le bruit sec que font les fusils qu'on arme.

Le capitaine est tout pâle. Le lieutenant Dusaule s'approche de lui et lui parle à voix basse. Il pique son cheval et part au galop.

Nous nous précipitons sur un mulet chargé des sacs des pieds-de-banc. Les sacs sont jetés à terre et

Palet hissé sur le mulet. Les chaouchs ramassent leurs sacs et en passent les courroies sur leurs épaules, au milieu des éclats de rire, tandis que la compagnie, débandée, en désordre, chantant et hurlant, se dirige vers le ruisseau...

— C'est égal, me dit Queslier en arrivant à l'étape, je regrette bien qu'aucun des chaouchs n'ait eu le cœur de décharger son revolver. Ah ! quel dommage ! quel dommage !... Ça commençait si bien !...
— Il est regrettable en effet, dit Barnoux du ton le plus tranquille, que le départ précipité du principal acteur ait fait manquer le dernier acte. C'est un drame qui se termine en comédie.
— *Desinit in piscem*, approuve Rabasse. C'est vraiment bien malheureux...
— Ce qu'il y a de sûr, s'écrient le Crocodile et l'Amiral, c'est que le capiston ne nous y repincera pas demain, à sa petite promenade en colonne. Il peut se taper, s'il compte sur nous...

Dans la soirée, le médecin de la compagnie, qui était resté à Gabès, est arrivé au camp avec le lieutenant-trésorier. Il s'est assis devant la tente du capitaine et a fait sonner la visite. C'est un petit freluquet, tout récemment sorti du Val-de-Grâce, très fier de son méchant galon d'or qui lui donne le droit d'estropier les gens au nom de la discipline et de leur faire prendre de l'ipécacuanha pour la plus grande gloire du drapeau.

Cinquante hommes au moins sont accourus à la sonnerie. L'avorton aux parements de velours grenat en a tout d'abord renvoyé une trentaine dont les pieds écorchés lui ont semblé très sains et dont l'épuisement évident lui a paru quelque peu douteux. Quant aux vingt autres, il s'est décidé à les examiner un peu plus sérieusement. Le capitaine a apporté son pliant et est venu s'asseoir à côté du docteur, après s'être fait donner les livrets matricules des vingt malades. Il tenait ces livrets à la main et les feuilletait à mesure que les hommes passaient la visite.

— Comme ça, major, voyez-vous, je me rendrai compte, d'après le nombre de leurs punitions, de leur capacité ou de leur incapacité de porter le sac et de faire la route. Vous dites, major, que vous êtes disposé à faire monter cet homme-là sur les cacolets... Voyons un peu... Lenoir... Lenoir... Voilà ; oui, assez bon soldat. Cependant, je remarque une punition pour réponse insolente. Hum ! hum ! Un homme qui répond insolemment, sur les cacolets... Exemptons-le du sac tout simplement, n'est-ce pas, docteur ?

— Comme vous voudrez, mon capitaine.

Et l'infirmier écrit sur son livre : « Exempt de sac », tandis que Lenoir s'en va en titubant.

— Et celui-là ?

— Mon Dieu, mon capitaine, pas grand'chose ; un un peu de fièvre, voilà tout. Je crois qu'en l'exemptant de sac...

— Voyons, voyons... Dupan... Dupan... Voilà... Pas une punition. Très bon soldat. Sur les cacolets, docteur ; sur les cacolets !

— Bien, mon capitaine. C'était d'ailleurs mon intention, car, réflexion faite...

La comédie a duré trois quarts d'heure, à peu près. Un homme seul reste encore à visiter ; il est assis par terre, le dos tourné au médecin.

— Eh bien ! vous, là-bas, voulez-vous venir ? demande ce dernier, impatienté.

L'homme se lève avec peine et s'approche.

— Ah ! c'est le fameux Palet ! s'écrie le capitaine en ricanant. Eh bien ! vous ne devez pas être trop fatigué, puisque vous avez achevé l'étape d'aujourd'hui sur les mulets.... Bon pour la marche, docteur, et pour le sac aussi.

Palet ne bouge pas ; mais, fixant sur le capitaine ses grands yeux hagards, il dit d'une voix sourde :

— Mon capitaine, vous savez que je suis très malade. Vous m'en voulez. Vous m'avez empêché d'entrer à l'hôpital, à La Goulette. A Gabès, vous m'avez refusé l'autorisation d'aller passer la visite du médecin en chef. Ce matin, j'ai fait ce que j'ai pu pour faire l'étape ; je ne suis tombé que lorsque j'ai été à bout de forces. Si mes camarades m'ont mis sur un mulet, ce n'est pas ma faute. D'ailleurs, j'aurais autant aimé crever où j'étais. Maintenant, je n'en peux plus. Je viens vous demander de me reconnaître malade et de me faire mettre sur les cacolets ou au moins de m'exempter de sac. Voulez-vous ? Si vous voulez seulement me retirer mon sac, je me traînerai comme je pourrai et j'arriverai peut-être à faire l'étape. Si vous ne voulez pas, quand je ne pourrai plus aller, je tomberai et je crèverai là. Ça m'est bien égal, allez ! Si vous saviez ce que je m'en fiche !...

Le médecin a l'air attendri. Il tâte le pouls du malade et hoche la tête. Le capitaine, devant cette pitié, n'ose pas se montrer trop dur :

— Vous êtes un très mauvais soldat... Vous êtes criblé de punitions... Ce matin encore, vous avez commis un acte d'indiscipline impardonnable. Vous avez refusé de vous lever quand vos supérieurs vous l'ordonnaient. Rien que pour cela, je devrais vous faire passer au conseil de guerre... Et puis, vous venez d'exprimer des sentiments dont un chrétien doit avoir honte. Vous avez parlé de vous laisser mourir... Savez-vous que c'est le suicide, cela !... Enfin, vous êtes malade... N'est-ce pas, docteur, il est malade?

— Oui, mon capitaine.

— Oh ! peut-être pas tant qu'il le paraît... Je ne peux pas, étant donnée votre conduite, vous faire monter sur les cacolets, ni même vous exempter de sac; mais, comme je veux me montrer bon et compatissant, je vous retire votre seconde paire de souliers. Vous la donnerez aux muletiers qui la mettront dans leur chargement... Ah ! vous y joindrez vos guêtres de toile, si vous voulez.

Palet s'en va en souriant d'un sourire lugubre...

...Il fait encore nuit quand on sonne le réveil, et, aussitôt le café bu, Queslier me prend par le bras.

— Mets ton sac, prends ton fusil et viens avec nous.

— Où ça?

— Viens toujours.

Ils sont une douzaine au moins qui, afin d'échapper aux vexations de la veille, partent en avant pour faire l'étape isolément. D'autres groupes sont déjà partis, paraît-il.

— Tu comprends, me dit Barnoux, une fois dans la montagne — et nous y serons avant deux heures — nous nous cachons dans un ravin et nous laissons passer la compagnie. Après quoi, nous nous remettrons en marche tranquillement, et nous arriverons à Sidi-Ahmed, où nous devons coucher ce soir, une demi-heure après les autres. D'ailleurs, sois tranquille, nous ne serons pas les seuls traînards. L'étape, aujourd'hui, a plus de quarante kilomètres.

7.

Il faisait à peine jour que nous commencions à gravir les premières côtes de la montagne et, au lever du soleil, nous étions étendus derrière de gros rochers qui bordent la route.

— Si nous cassions la croûte ? demandent le Crocodile et Acajou.

Et ils débouclent leurs musettes qui sont bourrées de dattes. L'Amiral ouvre son sac et en tire un litre d'absinthe. Je demande à Barnoux d'où proviennent ces provisions.

— Les dattes ont été achetées à des Arabes, mon cher, et l'absinthe à un mercanti de Gabès. Du reste, il y en a encore. N'est-ce pas, Queslier ?

— Parbleu ! J'en ai deux litres dans mon sac.

— Mais je croyais que les disciplinaires n'avaient pas d'argent, ne devaient pas en avoir.

— Nous n'en avons pas non plus ; nous payons en nature. Nous payons avec les godillots du magasin.

— Ça apprendra au sergent d'habillement à mieux faire coudre ses ballots, ajoute Acajou. Il faut qu'un ballot soit ouvert ou fermé ; moi, je ne sors pas de là.

Nous venons d'achever notre dînette quand nous entendons, au bas de la côte, les cailloux rouler sous les pieds des hommes qui commencent à la gravir. Nous montons à tour de rôle sur une grosse pierre d'où nous pouvons, sans être vus, examiner, à travers une coupure du roc, ce qui se passe sur la route. Des hommes défilent, sans ordre, à des distances inégales les uns des autres, escortés par les chaouchs que l'Amiral désigne à mesure, à voix basse :

— Tiens, voilà Salpierri, Lazaquo, Cavalli, Monsoti, Balanzi, Raporini, Norvi...

— Toute la bande des macaronis, quoi ! murmure

Acajou. S'il n'y a pas de quoi assaisonner ça avec du plomb en guise de fromage ! Tas de pantes, va !

Et il grimpe sur la pierre avec l'agilité d'un chat sauvage.

— Ah ! ah ! attention ! voilà le capiston... Ah ! le mec, ce qu'il doit rager ! Il est tout pâle ; on dirait qu'il a la colique... Dire que si je voulais, d'ici, je le rayerais du tableau d'avancement aussi bien que le ministre... Qui est-ce qui me passe mon fling ? Tiens... toute la bande des pierrots qui le suit. Ah ! là, là ! il y a de quoi se gondoler. Ils font des enjambées comme s'ils voulaient se dévisser les jambes... Et les corsicos, par-derrière, qui les menacent de les ficher au bloc... Tiens, je n'aperçois pas mon ami Craponi... C'est bien dommage... Je lui aurais offert quelque chose avec plaisir ; c'est pas de la blague, j'aimerais mieux lui donner un verre d'arsenic que de le laisser crever de soif... Il ne passe plus personne... Ah ! voilà trois types qui viennent de s'asseoir sur les pierres, presque en face de nous...

Je monte à mon tour.

Je ne vois que les trois malheureux qui se sont accroupis au bord de la route, trois nouveaux arrivés à la compagnie, sans doute, peu habitués à la marche, et que je ne connais pas. J'entends les pas de deux chevaux. Ce sont le médecin et le lieutenant-trésorier qui s'avancent botte à botte, en riant.

— Dites-donc, demande le major au lieutenant, en passant devant les trois pauvres diables qui viennent de secouer leurs bidons vides d'un air désespéré, dites-donc, est-ce qu'on leur laisse leurs vivres, aux hommes qui restent en arrière ?

— Mais oui ; pourquoi ?

— On devrait les leur enlever. Ils seraient forcés de suivre ou ils crèveraient de faim.

Je suis descendu, indigné, et je me suis assis à côté des autres qui attendent, à l'ombre des rochers, que les mulets soient passés pour se remettre en route.

Ils passent; on entend le bruit de leurs sabots pesants qui frappent les cailloux, le cliquetis des chaînes qui les attachent deux par deux.

— En route! dit l'Amiral au bout d'une dizaine de minutes.

Nous sortons de notre trou. Nous ne sommes pas les seuls traînards, comme l'avait prédit Barnoux. Au bas de la côte, on aperçoit encore des hommes qui ne sont pas décidés à la gravir. Et il faut monter, monter sans cesse, sous la chaleur grandissante, pour atteindre le col qui traverse la montagne. A un détour du chemin un homme est assis, s'essuyant la figure avec son mouchoir. Je le reconnais; il me reconnaît aussi. C'est celui qui couchait dans mon marabout, à Zous-el-Souk, et auquel Queslier avait refusé de répondre, le soir de mon arrivée. Il me demande si je ne pourrais pas lui donner une gorgée d'eau. Pris de pitié, bien que l'individu ne m'inspire guère d'intérêt, je mets la main à mon bidon qui est encore presque plein. Mais Queslier m'a prévenu. Il a ramassé une grosse motte de sable et l'a brisée sur la tête du misérable en criant :

— Les vaches, voilà ce qu'on leur donne à boire!

Il se tourne vers moi.

— Ça t'étonne, ce que je fais là, n'est-ce pas? Ça te semble dur? Eh bien! réfléchis un peu à ce qu'il a fait, lui, pour se concilier l'estime des gradés, pour tâcher de gagner une sortie. Pense un peu aux souffrances horribles qu'endure et que doit endurer encore pendant cinq longues années le malheureux qu'il a aidé à faire condamner, et tu me diras si mon action n'est pas juste. Tu me diras si j'aurais dû donner une goutte d'eau à cette canaille. Tu me diras si, au lieu d'une motte de terre, ce n'est pas un coup de fusil qu'il mérite!... Ah! il ne faut pas faire le difficile, ici; il ne faut pas faire la petite bouche! Je t'ai vu tout à l'heure faire la grimace quand Barnoux t'a expliqué d'où provenaient les dattes que nous avons mangées. Nous avons volé le magasin, c'est vrai; mais, est-ce qu'on ne nous vole pas tous les jours, nous? Depuis plus de deux mois que tu es à la compagnie, combien de fois as-tu touché ton quart de vin? Pas une. Combien de prêts t'a-t-on payés? Pas un. Qu'est-ce qu'on met dans ta gamelle? De l'eau chaude. A qui profite ton travail? Aux filous qui t'exploitent. Volés! je te dis, nous sommes volés du matin au soir et du premier janvier à la Saint-Sylvestre! Réclamer! A qui? Tu sais bien que nous avons toujours tort, nous autres! on ne nous fait pas justice! nous sommes des parias! Eh bien! cette justice qu'on nous refuse, il faut nous la faire nous-mêmes. Et surtout, il faut expulser du milieu de nous et traiter comme des chiens ceux qui se conduisent comme des chiens, ceux qui sont assez lâches pour servir les rancunes d'une ignoble horde de garde-chiourmes...

— Ah! tonnerre de Dieu! s'écrie l'Amiral, qui marche en avant; il vient de tourner un coude de la route qui, longue et droite maintenant, traverse un plateau étroit entre deux pics élevés, pour redescendre sur l'autre versant. Ah! bon Dieu! regardez donc!

Et il part en courant. Nous le suivons.

C'est horrible! Le sac au dos, la bretelle du fusil passée autour du cou, les mains liées avec des cordes, un homme est attaché à la queue d'un mulet. Il n'a plus la force de lever les jambes, et ses pieds, qu'il traîne lamentablement, dans ses efforts pour suivre l'allure trop rapide de l'animal, soulèvent des nuages de poussière. Un sergent, une baguette à la main, cingle la croupe du mulet qui, impassible, ignorant la honteuse besogne qu'on lui fait faire, continue son chemin du même pas régulier. Tout d'un coup, l'homme bute contre un caillou. Il tombe sur les genoux et, entraîné par le mulet qui marche toujours, se renverse sur le côté, les jambes étendues, les bras raidis dans une tension effrayante. Et, en sa face pâle renversée en arrière, la bouche grande ouverte, toute noire, laisse échapper un hurlement de douleur. Le chaouch se retourne, la baguette à la main, pour frapper l'homme; mais il nous a aperçus; nous sommes à cent pas à peine. Et il a eu peur, l'infâme! et il s'est sauvé, le lâche! en courant de toutes ses forces.

Le Crocodile a coupé la corde, et Palet — car c'est lui — est resté étendu sur le dos, incapable de faire un mouvement; les habits déchirés, couvert de poussière, les poignets tuméfiés et bleuis par la pression des cordes. Nous nous empressons autour de lui, nous le débarrassons de son fourniment et nous lui faisons avaler quelques gorgées d'eau. Il se remet peu à peu.

— Nous porterons tout ton attirail à nous tous, lui dit Barnoux. Pourras-tu marcher comme ça?

— Je pense que oui... en me reposant de temps en temps...

— Quel est le pied qui était avec toi ?

— C'est Craponi.

— Craponi ! s'écrie Acajou. Ah ! je m'en doutais. Nous n'avons pas eu le temps de le reconnaître, mais je m'en doutais. Ah ! la canaille ! s'il avait eu le cœur de rester là, au moins ! J'ai justement un compte à régler avec lui... Ah ! ces Corses, ce que ça a le foie blanc, tout de même ! Aussi vrai que j'ai cinq doigts dans la main, je le saignais comme un cochon !...

— Peuh ! dit Queslier en levant les épaules, les hommes, vois-tu, ça n'avance pas à grand'chose de les descendre. Un de perdu, dix de retrouvés.

Rabasse est assez de cet avis. Seulement, il fait observer qu'on se débarrasse bien des animaux nuisibles et que, par conséquent...

— Ah ! s'écrie l'Amiral, qui traduit la pensée commune, si jamais la guerre éclate et qu'on soit conduit par des êtres pareils, ce ne sont pas les Prussiens qu'on dégringolera les premiers !

Nous ne sommes arrivés à Sidi-Ahmed qu'à la chute du jour. On nous a appris que nous faisions partie d'un détachement formé des derniers traînards, au nombre d'une soixantaine, et qui allait occuper le poste d'El-Gatous. Nous ne devons donc plus marcher sous les ordres du capitaine qui, avec le gros de la compagnie, a encore quatre étapes à faire pour atteindre Aïn-Halib.

— Ça m'étonne bien qu'on ne nous fasse pas appeler pour l'affaire de tantôt, dit le Crocodile. Craponi a dû porter plainte.

— Tiens, le voilà justement qui vient par ici.

Le Corse, figure basse et hypocritement féroce,

s'approche en effet de l'endroit où nous avons monté notre tente.

— Queslier, le capitaine vous demande.

Queslier sort et revient trois minutes après.

— Eh bien?

— Eh bien! il m'a annoncé que je le suivais au dépôt en qualité de mécanicien. Il prétend qu'il aura besoin d'ouvriers ; ça m'embête rudement.

— Il ne t'a pas parlé d'autre chose?

— Non, pas un mot.

— C'est bien étonnant, murmure le Crocodile en hochant la tête.

— Tais-toi donc! crie Acajou en lui frappant sur l'épaule. Tu ne connais rien aux caractères, toi. Le capiston, c'est un rancunier; il aime à laisser mûrir sa vengeance, comme on dit dans les romans. Moi, je comprends ça ; chacun son goût. Seulement, tu sais, je préfère ne pas monter avec lui à Aïn-Halib...

## XI

Les quatre étapes que nous avons faites avec le lieutenant Dusaule, qui commande le détachement, ne nous ont pas semblé rudes. Il s'était empressé de faire monter les malades sur les cacolets et de forcer les gradés à porter leurs sacs. Ceux-ci, d'ailleurs, ne se sont pas trop fait tirer l'oreille; ce sont, à l'exception d'un Corse qui, seul, n'ose pas trop faire preuve de méchanceté, de gros paysans qu'on a tirés presque par force de leurs régiments, pour les faire passer dans les cadres des Compagnies de Discipline. Le caporal de mon escouade, un Berrichon qui n'a pas inventé l'eau sucrée, m'a fait un aveu l'autre jour. Pour l'engager à venir en Afrique, son capitaine lui a assuré que là-bas, les gradés portaient un grand sabre. Il a hésité longtemps, mais le grand sabre l'a décidé.

— Et puis, a-t-il ajouté tout bas, en regardant de tous côtés pour voir si personne ne pouvait l'entendre, et puis je ne savais pas au juste ce que c'était que ces Compagnies de Discipline. Ah! si j'avais su ce que je sais maintenant, si j'avais pu prévoir qu'on me ferait faire un métier pareil !... Ah ! je ne suis pas malin, c'est vrai, mais soyez tranquille, je n'aurais pas été assez méchant pour accepter...

Plus bêtes que méchants ? Oui, c'est bien possible. Mais est-ce une excuse ? Mille fois non. C'est nous qui en supportons le poids, de cette bêtise-là. Leur stupidité ! Est-ce qu'elle ne les met pas tous les jours aux pieds de ceux qui ont un galon plus large que le leur et qui leur commandent de se conduire en brutes ? Leur idiotie ! Est-ce qu'elle ne leur fait pas exécuter férocement des ordres qui leur répugnent peut-être mais qu'il leur serait facile de ne pas se faire donner ? Est-ce qu'ils ne pourraient pas, si le métier ignoble qu'ils font leur paraît si pesant, rendre leurs galons et demander à passer dans d'autres corps ? Qu'est-ce qui les retient ? qu'est-ce qui les force à se faire les bas exécuteurs des vengeances et des rancunes d'individus qu'il méprisent ?

Ah ! parbleu ! ce qui les retient, c'est l'amour du galon, la gloriole du grade, le désir imbécile de rentrer au pays, envers et contre tout, un bout de laine sur la manche. Ce qui les force à s'aplatir, c'est le respect de la discipline, des règlements qui ont fait de ces paysans des valets de bourreaux et leur ont mis à la main un fer rouge pour marquer leurs frères à l'épaule.

Qu'ils aient le courage de leur opinion, alors, et qu'ils ne viennent pas se plaindre de l'abjection de leur état, sous prétexte qu'ils se sont fourrés bêtement dans un guêpier d'où il ne leur faudrait qu'un peu de cœur pour sortir ! Qu'ils ne viennent plus me corner leurs plaintes aux oreilles, à moi qui suis la tête de Turc sur laquelle ils taperont au moindre signe, car je leur dirai ce que je pense de leur conduite en partie double.

Ah! oui, coups pour coups, j'aime mieux les coups de fouet impitoyables d'un bourreau acharné qui frappe à tour de bras que la flagellation hypocrite d'un homme qui vous demande, chaque fois que le surveillant a le dos tourné : « Est-ce que je vous ai fait mal? »

— Pourtant, il y en a de qui il ne faut pas se plaindre, me dit un homme de mon marabout à qui je fais part de mes idées à ce sujet, un mois environ après notre arrivée à El Gatous. Ainsi, le lieutenant par exemple ; qu'as-tu à lui reprocher? Crois-tu qu'on ne pourrait pas trouver pire?

Si, on pourrait trouver pire ; mais ce n'est pas une raison pour que je ne m'en plaigne pas. Il n'est sans doute pas méchant au fond, ce grand gaillard blond, sec, aux airs de casseur en goguette, mais il affecte avec nous des allures de directeur de geôle indulgent qui me semblent au moins déplacées. Les travaux qu'il nous impose ne sont pas durs. Comme on ne lui a pas encore donné d'ordres pour la construction d'un fortin qu'on doit élever sur la montagne qui domine le camp, il nous envoie tout simplement chercher du bois dans la plaine. Nous rapportons deux fagots par jour, et voilà tout. Jamais d'exercice, pas de punitions. Il défend aux pieds-de-banc de nous priver de vin.

Seulement, il est toujours tout prêt à vous lancer des boniments qui, comme dit le Crocodile, ne sont vraiment pas de saison.

— Eh! dites donc, vous, là-bas, espèce de repris de justice, ne passez donc pas si près de ma tente. J'ai oublié de fermer la porte.

— Pourquoi est-ce que vous êtes si maigre, vous? Il faudra que je regarde si les poches de votre pantalon ne sont pas percées.

— Eh! là-bas, l'homme qui a une tête de voleur — mais non, pas vous, vous avez une tête d'assassin — est-ce que vous vous fichez du peuple, pour ne pas apporter un fagot un peu plus gros? Je parie que vous travailliez plus dur que ça, à la Roquette ou à la Santé.

Quelques-uns se trouvent froissés, mais la plus grande partie passe là-dessus. Il est si bon zig qu'on peut bien lui pardonnner ça, si ça l'amuse. D'ailleurs il a, aux yeux des anciens Camisards qui ont repris certaines habitudes forcément abandonnées, une qualité sans pareille ; il ferme les yeux sur un état de choses qui tend à établir, dans un coin du détachement, une Sodome en miniature. En qualité d'officier, il ferme les yeux, c'est vrai; mais, comme blagueur, il tient à faire voir qu'on ne lui monte pas le coup facilement et qu'il s'aperçoit fort bien de ce qui se passe. Il donne des conseils aux « messieurs ».

— Vous savez, vous, vous qui avez l'habitude de faire des grimaces derrière le dos du petit, à côté de vous, j'ai quelque chose à vous dire. Si vous réussissez à... comment dirais-je ? à faire souche, enfin, nous partagerons.

— Quoi donc, mon lieutenant?

— Le million et le sac de pommes de terre que la reine d'Angleterre...

Il se montre aussi très aimable vis-à-vis des « dames ».

— Ne vous fatiguez pas trop... une position intéressante... je comprends ça.

— Vous ne m'oublierez pas pour le baptême, hein ? Vous savez, je n'aime que les pralines...

Et, comme l'un des individus soupçonnés se débattait l'autre jour contre une avalanche de compliments

semblables, il lui a crié avec l'intonation et les gestes d'un rôdeur de barrières :
— De quoi? des magnes? En faut pas! ou je fais apporter une assiette de son.

Je ne sais pas si j'arriverai, à la longue, à m'y faire, mais je crois que je mettrai du temps à m'habituer à ces grossièretés farcies de blague qui forcent parfois le camp tout entier à se tenir les côtes, à ces polissonneries de pitre autoritaire qui commande le rire et qui doit garder rancune, dans son orgueil blessé de paillasse qui ne déride pas son public, à ceux que ses saillies ne font pas s'esclaffer.

D'ailleurs, j'ai de moins en moins envie de rire. Depuis quelques jours déjà je suis malade et je sens la fièvre me ronger peu à peu. J'ai beau essayer de réagir, un moment vient où je suis obligé d'aller m'étendre, avec sept ou huit autres, sur un tas d'alfa, dans le marabout des malades.

Un jour, on a sonné la visite. Un médecin, qui passait par là, s'était décidé à nous examiner, sur la prière du lieutenant. Il a signé un bon d'hôpital pour une demi-douzaine d'hommes dont je fais partie, ainsi que Palet dont l'état, depuis deux mois que nous sommes à El Gatous, n'a guère fait qu'empirer, malgré un repos absolu. Nous devons partir, le soir même, pour Aïn-Halib où nous arriverons dans deux jours.

— Combien sont-ils ? vient demander le lieutenant, comme les mulets qui doivent nous porter se disposent à se mettre en route. Comment! six! tant que ça! Et dire que voilà la génération qui doit repousser l'Allemand!... Ah! là, là! quand ils seront mariés, c'est à peine s'ils seront fichus... J'allais dire quelque chose de pas propre... Chouïa...

## XII

Aïn-Halib est situé au milieu des montagnes, au bout d'une vallée longue et étroite, profondément ravinée par les lits d'oueds à sec, semée par-ci par-là de bouquets d'oliviers maigres, de figuiers étiques et de cactus poussiéreux.

A l'entrée de la vallée s'élève un village arabe aux maisons malpropres, construites avec des cailloux et de la boue, entourées de tas d'immondices d'une hauteur extravagante, sur lesquels jouent des mouchachous hideusement sales et complètement nus. De cette agglomération de cahutes dégoûtantes s'échappent des odeurs infectes, des relents repoussants. Les murs, qui tombent en ruine et sur lesquels courent des chiens hargneux qui aboient avec rage, suent la misère atroce, et, à travers l'entre-bâillement des portes devant lesquelles sont assis des sidis pouilleux, on aperçoit des grouillements d'êtres vêtus de loques, pataugeant, pêle-mêle avec les animaux, dans l'ordure excrémentielle. Tout, jusqu'au sol gris, poussiéreux, stérile, semé de cailloux — traînée de cendres jetées entre l'élévation de montagnes rougeâtres rongées à des hauteurs inégales, aux sommets pelés et galeux, donne l'idée d'une désolation profonde. Il n'y a pas même d'eau dans cet horrible pays ; il faut aller la chercher à plusieurs kilomètres, jusqu'à un puits d'où reviennent des moukères qui plient sous le poids des outres pleines. Elles passent à côté de nous, déjetées, hideuses, sans âge, les pieds nus tout gris de poussière, une odeur de fauve s'exhalant de leur corps de femelles en sueur, n'ayant plus rien de la femme. La tête entourée d'une loque noire, des lambeaux de toile bleue jetés sur le corps, d'énormes anneaux d'argent aux oreilles, elles descendent la côte avec des torsions et des soubresauts ignobles, brisées, cassées en deux, scandant de geignements sourds leur titubante démarche d'animaux usés. On dirait de vieilles barriques défoncées des deux bouts qui roulent lamentablement, leurs douves desséchées et disjointes jouant en grinçant dans leur armature décrépite de cercles vermoulus.

Les muletiers nous font descendre devant une grande tente qui sert provisoirement d'hôpital, à côté d'un marabout déchiré dans l'intérieur duquel on entrevoit trois planches posées sur des trétaux ; au-dessous sont deux grands seaux remplis jusqu'aux bords d'une eau rougeâtre.

— Tu vois ça ? me dit Palet qui a tout de suite deviné, avec l'instinct des mourants, la destination de la table sinistre ; eh bien ! c'est mon dernier lit.

Un infirmier, un tablier sale autour du corps, nous fait signe d'entrer.

Il est pitoyable, l'aspect de cette grande tente dont le toit usé par les pluies et les portes décousues laissent passer des courants d'air qui soulèvent la poussière du sol. Une vingtaine de lits de fer, tout au plus et, dans le bout, une agglomération de paillasses sur lesquelles des hommes sont roulés dans des couvertures. Il n'y a pas de draps pour tout le monde, et l'on a été obligé de faire lever un malade pour donner son lit à Palet auquel le major vient de tâter le pouls.

— Foutu ! a grogné le toubib entre ses dents, sans même se donner la peine de détourner la tête.

A nous, on a désigné des paillasses étendues par terre, dégoûtantes, mangées de vermine, et l'on nous a distribué des couvertures maculées par les déjections des malades.

Qu'il est triste, cet hôpital, et combien sont longues ces journées qu'on passe en tête-à-tête avec des moribonds dont les souffrances aigrissent le caractère et dont il faut, bon gré mal gré, partager les terreurs et les angoisses ! Et quand, poussé par le dégoût universel et la tristesse morbide qui vous envahissent dans cet antre de la douleur malpropre et de la mort inconsolée, on sort en se traînant pour chercher un peu de soleil, on se sent si faible, si abattu, qu'on n'a même pas la force de marcher un peu. On s'assied, en plein soleil, frileux malgré la température, claquant des dents, la sueur inondant le corps. Et, à la nuit tombante, il faut rentrer dans cette tente, où l'on passe de si affreuses nuits troublées par d'épouvantables cauchemars, par des frayeurs subites et vagues qui vous prennent à la gorge et vous glacent le sang dans les veines. Oh ! ces nuits horribles, tuantes, où l'on voit des mourants écarter les draps, de leurs doigts maigres, et essayer de soulever leurs faces verdâtres qu'éclairent les rayons blafards d'une lanterne !

Ces nuits où des hommes qui seront bientôt des cadavres poussent tout à coup un cri strident et ramènent sur eux, avec rage, leurs couvertures agrippées, comme pour se défendre d'un ennemi invisible dont ils ont senti l'approche ! Ces nuits où l'on entend les sanglots enfantins de Palet qui a le délire et qui, dans sa lente agonie, appelle sa mère en pleurant ?

— Maman !... maman !...

Oh ! je les aurai toujours dans les oreilles, ces deux mots que, pendant trois nuits, j'ai entendu retentir sinistrement dans cet hôpital lamentable ! Ces plaintes, douces d'abord, humides de tendresse, et mouillées de larmes, finissant en hurlements qui vous faisaient dresser les cheveux sur la tête ! — Hurlements désespérés du mourant qui n'a plus conscience des choses, qui sait seulement qu'il va mourir, et qui proteste, dans un cri suprême, contre l'abandon de ceux qu'il a aimés.

Ah ! il faut essayer de sortir de là, car je sens que peu à peu ma raison s'égare, mon corps s'affaiblit et que j'y laisserai ma peau, moi aussi. Rester là-dedans pour me guérir ? Allons donc ! Ce n'est pas le traitement qu'on me fait suivre, ce ne sont pas les soins qu'on me prodigue qui changeront quelque chose à mon état. Du sulfate de quinine, j'en prendrai tout aussi bien dehors, et des baignades au drap mouillé, je m'en passerai facilement.

Le drap mouillé ? Parfaitement. L'eau est rare, à Aïn-Halib. Il faut aller la chercher au loin et la rapporter dans de petits barils qu'on place sur les bâts des mulets. Aussi, ne faut-il pas penser à plonger les malades dans des baignoires qui, d'ailleurs, font défaut. Le major a imaginé de faire mouiller des draps et de faire rouler dans ces draps humides les hommes auxquels il a ordonné des bains. Il n'est pas souvent embarrassé pour ses prescriptions, le docteur, ni pour leur exécution non plus. Les hommes qui sont spécialement chargés de creuser des trous, là haut, sur la petite colline qui fait face à l'hôpital, doivent en savoir quelque chose. Ils n'ont pas le temps de chômer.

— Tiens, vient me dire un infirmier qui m'apporte un thermomètre, colle-toi ça sous le bras. Tout à l'heure, tu me diras combien ça marque.

Je regarde. Le thermomètre monte jusqu'à 38 degrés. Et je crie à l'infirmier :

— Il marque 36.
— 36 ! Mais alors, ça va très bien !

Le major arrive pour passer la visite du matin. C'est mon tour. Il s'arrête devant ma paillasse.

— Eh bien ! vous, il paraît que vous allez mieux ? Levez-vous, pour voir ; marchez un peu.

Je marche en me raidissant, comme un grenadier prussien. J'ai si peur qu'il ne me trouve pas encore assez bien portant, qu'il ne me force à rester !...

— Bon ! vous sortirez ce soir.

## XIII

Acajou avait dit vrai, à Sidi-Ahmed. Le capitaine aime à laisser mûrir sa vengeance.

Il paraît que son premier soin, en arrivant à Aïn-Halib, a été de faire réunir la compagnie à l'endroit où se croisent trois chemins dont deux disparaissent derrière les montagnes, à chaque bout de la vallée, et dont le troisième, espèce de sentier raboteux, gravit une petite colline où poussent parmi les cailloux quelques figuiers de Barbarie.

— Vous voyez ces trois routes, a-t-il crié aux hommes qui le regardaient, intrigués. La première, à droite, est la route de France ; la seconde, à gauche, est celle de Bône, de Bougie, où sont les ateliers de Travaux-Publics et les Pénitenciers ; la troisième, en face de nous, est celle du cimetière. Vous choisirez.

— On ne saurait être plus explicite, hein ? me demande Queslier qui est venu me voir dans ma tente et qui me donne ces détails. Tout est là, en effet. Vous voulez retourner en France ? Entassez lâchetés sur infamies, ignominies monstrueuses sur complaisances ignobles, et nous verrons. Vous ne voulez pas vous soumettre? Nous vous ferons passer au conseil de guerre qui, pour un semblant de refus d'obéissance, une parole un peu vive, vous octroiera généreusement le maximum de la peine portée par le Code. Dans le cas où nous ne pourrions relever contre vous aucun motif de conseil de guerre, la chose est très simple : deux ou trois tours de trop aux fers, un nœud de plus au bâillon, quelques gamelles oubliées, et voilà tout. On n'a plus qu'à creuser une fosse. Ce n'est pas bien long, allez!

— Mais c'est monstrueux!

— Oui, monstrueux! Et il a tenu parole, va, l'homme qui prêche la religion, la famille et les bons sentiments. Si ceux qui sont déjà là-haut, sur la colline, pouvaient parler, ils te nommeraient celui qui les y a envoyés; tu peux aller te renseigner, aussi, auprès des malheureux qu'il laisse croupir en prison, dans un ravin, et auxquels il fait endurer les plus horribles supplices. Va leur demander quel est le régime qu'on leur impose, pourquoi on les fait mourir de soif et de faim, pourquoi on les met aux fers, à la crapaudine, pourquoi, au moindre mot, on leur met un bâillon.

— Tu es sûr? Tu les as vus?

— Si je les ai vus? Déjà vingt fois. Et tu les verras aussi, toi, la première fois que tu seras de garde. Ah! tu ne sais pas ce que c'est que la prison, aux Compagnies de Discipline? Eh bien! tu verras s'il y a de quoi rire... Tiens, on est si malheureux, ici, qu'il y a des hommes qui font exprès de passer au conseil de guerre pour quitter la compagnie. La semaine dernière, les gendarmes en ont emmené sept. Il y en a encore quatre, maintenant, au ravin, qui attendent le prochain convoi pour partir. Ils font exprès, entends-tu ? exprès. Ils aiment mieux rallonger leur congé que de continuer à mener une existence pareille. Et nous, nous qui ne sommes pas punis, tu ne peux te figurer combien nous sommes misérables. J'aimerais mieux ramer sur une galère que d'aller au travail avec les chaouchs qui nous mènent comme on ne mènerait pas des chiens. Les forçats, au bagne, sont certainement plus heureux. La nourriture ? Infecte. On crève littéralement de faim. Du pain que les mulets ne veulent pas manger ; des gamelles à moitié pleines d'un bouillon répugnant.,. Ah ! vrai, il faut avoir envie de s'en tirer, pour supporter tout ça sans rien dire...

Il n'a point exagéré ; je l'ai bien vu, le lendemain matin. Je n'aurais jamais imaginé qu'on pût traiter des hommes comme nous ont traités, au travail, revolver au poing, des chaouchs qui ne parlaient que de nous brûler la cervelle chaque fois que nous levions la tête. J'ai été terrifié, d'abord. Puis, j'ai compris qu'ils étaient dans leur rôle, ces garde-chiourmes, en nous torturant sans pitié ; j'ai compris qu'il n'y avait ni grâce à attendre d'eux ni grâce à leur faire, et que c'était une lutte terrible, une lutte de sauvages qui s'engageait entre eux et nous. La colère m'est montée au cerveau et a chassé la fièvre. Je suis fort, à présent, plus fort que je ne l'étais avant de tomber malade ; et gare au premier qui m'insultera, qui me cherchera une querelle d'Allemand, qui tentera de me marcher sur les pieds ! Je laisserai mûrir ma vengeance, moi aussi ; et, puisqu'on a le droit de m'injurier en plein soleil et de me menacer en plein jour, j'outragerai dans l'ombre et je menacerai la nuit — quitte à frapper, s'il le faut. Je n'oublierai rien. Et je ne faiblirai pas, car j'aurai toujours, pour me soutenir : la rage.

Un chaouch m'aborde.

— Froissard, ce soir, aussitôt après le travail, vous vous mettrez en tenue, sans armes. Veste et pantalon de drap. Vous êtes commandé pour l'enterrement.

— L'enterrement de qui, sergent?

— De Palet.

## XIV

Nous sommes dix, six hommes en armes et quatre porteurs, commandés par l'adjudant, un chien de quartier bête et hargneux, qui la fait à la pose. Nous nous acheminons vers l'hôpital.

— Par ici, nous dit un infirmier qui nous conduit au marabout déchiré devant lequel nous étions descendus de mulet, en arrivant à Aïn-Halib. Tenez, voilà.

Et il retire un lambeau de toile qui recouvre deux caisses à biscuits clouées bout à bout, fermées, en guise de couvercle, par des morceaux de planches pourries.

Nous avons le cœur serré en soulevant ce semblant de cercueil pour le placer sur la civière qui, dans un coin du marabout, sinistre et sanglante — car le sang, mal pompé par la sciure qui entoure le cadavre, coule parfois pendant le trajet — attend les misérables qu'elle conduit à leur dernière demeure.

L'adjudant s'est éloigné pour parler avec le major

qui, un peu plus loin, prend l'absinthe sous un olivier. L'infirmier, resté là en attendant la levée du corps, nous donne des détails. Palet est mort la veille, dans la nuit.

— Avant de mourir, il a fait un vacarme épouvantable. Jamais je n'ai vu un gueulard pareil. Ce matin, on est venu chercher ses effets. Comme il avait une chemise presque neuve, votre sergent d'habillement n'a pas voulu le laisser enterrer avec. Il la lui a fait enlever et a envoyé, du magasin, une chemise hors de service. Le major l'a disséqué à neuf heures et prétend qu'il est mort de consomption et de fatigue autant que de la fièvre. Moi, vous savez...

L'adjudant revient. Nous empoignons, trois hommes et moi, chacun un brancard de la civière. Les hommes en armes se placent derrière, leurs fusils sous le bras.

— En avant, marche !

Nous suivons cinq minutes le chemin qui conduit au camp, puis nous gravissons le sentier qui mène au cimetière. A chaque instant, nous entendons le heurt du corps contre les planches des boîtes à biscuits, trop larges. Il est lugubre, ce bruit, et nous marchons à grands pas, pour en finir au plus vite, obsédés par la vision du cadavre disséqué et pantelant, croque-morts qui sentons peser sur nous la condamnation à mort qui a frappé le macchabée que nous trimballons.

Sur le plateau, à côté de figuiers de Barbarie, derrière un petit mur en pierres sèches, une vingtaine de tombes dont les plus récentes forment des bourrelets sur la terre rougeâtre, surmontées de petites croix de bois noir. Au bout de la dernière rangée, une fosse est creusée auprès de laquelle se tiennent deux hommes appuyés sur des pelles.

— Hé ! vous, là-bas, espèces de fainéants ! leur crie l'adjudant, vous ne pouvez pas profiter du temps qui vous reste, quand vous avez fini de creuser votre trou, pour remettre des pierres sur le mur ?

Nous déposons le cercueil à côté de la fosse. On prépare les cordes.

— Tâchez d'aller doucement, dit l'adjudant. Sans ça, les caisses se déclouent en route. Je vous fiche tous dedans, si vous n'allez pas doucement.

Un des hommes en armes, que je ne connais pas, et qu'on me dit être un nommé Lecreux, employé au bureau, s'approche de lui, une feuille de papier à la main.

— Mon adjudant, voulez-vous avoir la bonté de me permettre de prononcer quelques paroles sur la tombe de notre camarade ?

— Dépêchez-vous, alors, nom de Dieu.

Lecreux déplie sa feuille de papier et commence : « Cher camarade, c'est avec un bien vif regret que nous te conduisons aujourd'hui au champ du repos. Moissonné à la fleur de l'âge, comme une plante à peine éclose, tu as eu au moins, pour consoler tes derniers moments, le secours des sentiments religieux que garde dans son cœur tout Français digne de ce nom. Tombé au champ d'honneur, sur cette terre de Tunisie que tu as contribué à donner à ta patrie, ta place est marquée dans le Panthéon de tous ces héros inconnus qui n'ont point de monument. Ton pays, ta famille doivent être fiers de toi. Et pourquoi obscurcirait-elle ses vêtements, ta famille, en apprenant que tu as succombé en tenant haut et ferme le drapeau de la France, ce drapeau qui..... religion — patrie — honneur — drapeau — famille... »

— Foutez de la terre là-dessus, dit l'adjudant, quand c'est fini et qu'on a fait glisser dans la fosse le cercueil dont les planches ont craqué. Et rondement ; allez !

Nous sommes redescendus au camp, pensifs.

Ah ! pauvre petit soldat, toi qui es mort en appelant ta mère, toi qui, dans ton délire, avais en ton œil terne la vision de ta chaumière, tu vas dormir là, rongé, à vingt-trois ans, par les vers de cette terre sur laquelle tu as tant pâti, sur laquelle tu es mort, seul, abandonné de tous, sans personne pour calmer tes ultimes angoisses, sans d'autre main pour te fermer les yeux que la main brutale d'un infirmier qui t'engueulait, la nuit, quand tes cris désespérés venaient troubler son sommeil. Ah ! je sais bien, moi, pourquoi ta maladie est devenue incurable. Je sais bien, mieux que le médecin qui a disséqué ton corps amaigri, pourquoi tu es couché dans la tombe. Et je te plains, va, pauvre victime, de tout mon cœur, comme je plains ta mère qui t'attend peut-être en comptant les jours, et qui va recevoir, sec et lugubre, un procès-verbal de décès...

Eh bien ! non, je ne te plains pas, toi, cadavre ! Eh bien ! non, je ne te plains pas, toi, la mère ! Je ne vous plains pas, entendez-vous ? pas plus que je ne plains les fils que tuent les buveurs de sang, pas plus que je ne plains les mères qui pleurent ceux qu'elles ont envoyés à la mort. Ah ! vieilles folles de femmes qui enfantez dans la douleur pour livrer le fruit de vos entrailles au Minotaure qui les mange, vous ne savez donc pas que les louves se font massacrer plutôt que d'abandonner leurs louveteaux et qu'il y a des bêtes qui crèvent, quand on leur enlève leurs petits ? Vous ne comprenez donc pas qu'il vaudrait mieux déchirer vos fils de vos propres mains, si vous n'avez pas eu le bonheur d'être stériles, que de les élever jusqu'à vingt et un ans pour les jeter dans les griffes de ceux qui veulent en faire de la chair à canon ? Vous n'avez donc plus d'ongles au bout des doigts pour défendre vos enfants ? Vous n'avez donc plus de dents pour mordre les mains des sacrificateurs maudits qui viennent vous les voler ?.... Ah ! vous vous laissez faire ! Ah ! vous ne résistez pas ! Et vous voulez qu'on ait pitié de vous, au jour sombre de la catastrophe, quand les os de vos enfants, tombés sur une terre lointaine, sont rongés par les hyènes et blanchissent au soleil dans les cimetières abandonnés ? Vous voulez qu'on vous plaigne et qu'on vénère vos larmes ?.... Eh bien ! moi, je n'aurai pas de commisération pour vos douleurs et vos sanglots me laisseront froid. Car je sais que ce n'est pas avec des pleurs que vous attendrirez l'idole qui réclame le sang de vos fils, car je sais que vous souffrirez avec angoisses tant que vous ne l'aurez pas jetée à terre, de vos mains de femmes, tant que vous n'aurez pas déchiré le masque bariolé derrière lequel se cache sa face hideuse.... Et si tu ne me crois pas, toi, la mère que le cadavre qui est couché là a appelée pendant trois nuits, viens ici. Parle-lui tout bas ; écoute ce qu'il répondra à ton cœur, si ton cœur sait le comprendre.

Et tu verras s'il ne lui dit pas que c'est à toi qu'il doit sa mort et que c'est à ce qui l'a tué que s'adressait ici, sur sa tombe, comme un soufflet ironiquement macabre donné à ta faiblesse, le panégyrique d'un idiot....

Le soir, je rencontre Lecreux. Au milieu d'un cercle de quinze ou vingt hommes qui écoutent, bouche béante, il lit et relit son discours. Les applaudissements pleuvent.

— Ah ! très chic ! très chic ! très bien !
— Mais c'est au cimetière qu'il fallait l'entendre. Ça vous faisait un effet....

Un des assistants m'aperçoit ; il m'interpelle.
— N'est-ce pas, Froissard, c'était bien ?
— Merde !

## XV

On travaille beaucoup à Aïn-Halib. On élève, à grands frais, un magasin de ravitaillement, un bordj pour les officiers, un Cercle et un hôpital. Ces bâtiments sont évidemment sous l'influence d'un mauvais esprit, car ils ont un mal du diable à se tenir debout. On dirait qu'ils sont fatigués avant d'être au monde et qu'ils n'ont aucune envie de figurer sur la carte de l'État-major ; au moindre vent, à la moindre averse, on les voit s'affaisser comme s'il leur prenait des faiblesses. Deux heures de mauvais temps détruisent l'ouvrage d'une semaine. L'hôpital surtout fait preuve d'une mauvaise volonté persistante. Voilà trois fois qu'on le reconstruit et trois fois qu'il s'écroule. L'énorme voûte de pierres qui lui sert de toiture abuse certainement de sa situation pour peser de tout son poids sur les deux murs latéraux ; et ceux-ci, fatigués des efforts qu'ils sont obligés de faire pour la soutenir, profitent de la première occasion, une méchante pluie par exemple, pour s'écarter comme les feuillets d'un livre qu'on a placé sur le dos. Il n'y a plus qu'à recommencer. Le capitaine du génie qui, aidé de quelques sapeurs, dirige les travaux, avoue bien qu'en faisant venir des tuiles, ce qui ne serait pas la mer à boire, on pourrait établir des couvertures un peu moins écrasantes pour les monuments. Seulement, ordre a été donné de former des voûtes, de couvrir en pierres. Et l'on forme des voûtes, et l'on couvre en pierres. Ça tient ce que ça tient. C'est toujours la France qui paye. Du reste, il déclare carrément qu'il se fiche de ça comme d'une guigne. On l'a envoyé à Aïn-Halib pour remettre debout des édifices peu solides, et il les remettra debout, malgré vent et marée. Il s'est mis à l'œuvre il y a un mois, paraît-il, et a commencé par faire tout flanquer par terre. Il a appris, le roublard, que la construction des bâtiments avait empli les poches de son prédécesseur, parti à Sfax pour y chercher la croix, et il ne veut pas paraître plus bête que lui. Il empochera même des bénéfices d'autant plus grands qu'il est décidé à employer les anciens matériaux. Il fait retailler les pierres et gratter soigneusement la chaux ou le plâtre qui y sont restés attachés.

La sueur de camisard ne coûte pas cher, on s'en aperçoit. Du matin au soir, il faut trimer comme des chevaux, bûcher comme des nègres, mouiller sa chemise. Et encore, si l'on n'attrapait que des calus aux mains, si l'on ne souffrait que des ampoules! Si l'on n'avait pas perpétuellement les entrailles tordues par la faim, le visage souffleté par les injures bestiales et les menaces féroces des chaouchs! Si l'on était traités en hommes, au moins, et non en nègres courbés sous la matraque!

Ah! je comprends ceux qui désertent, ceux qui

s'échappent, souvent sans armes et sans vivres, du bagne intolérable ; malheureux dont quelques-uns ne reparaissent plus, mais dont le plus grand nombre est ramené par les gendarmes ou par des Arabes qui viennent toucher une prime. Je comprends qu'ils essayent, au risque de la mort ou du conseil de guerre, de se soustraire aux traitements qu'on leur fait endurer et de reconquérir la liberté dont on les a dépouillés sans motifs.

Et comment ne pas les excuser, quand on en voit d'autres, âmes sensibles ou cerveaux plus faibles, amenés au suicide par les brutalités et les injustices des tortionnaires galonnés? Poussés à bout, désolés, désespérés, accablés de douleur et de souffrance, ils se voient acculés dans la mort. Ils s'aperçoivent peu à peu que la vie ne leur est plus supportable. Plongés dans une misère noire et livrés à la faim angoissante, dégoûtés de tout, ils ne considèrent plus l'existence que comme une longue suite de souffrances que leur continuité même doit accroître. De jour en jour, ils envisagent la mort de plus près ; elle ne leur fait plus peur. Et, un beau matin, appuyant un canon de fusil sous leur menton, ils se font sauter la cervelle.

Queslier avait bien raison de le dire : il faut avoir rudement envie de se tirer de là pour endurer tout cela patiemment... Moi aussi, j'ai songé au suicide ; moi aussi, j'ai pensé à la désertion.

— Tu es fou, m'a dit Queslier. Déserter, ici, ce n'est pas possible, ou du moins c'est bien difficile. Si tu es repris, tu rallonges ton congé de plusieurs années, et, tu ne l'ignores pas, tu as quatre-vingt-dix chances sur cent contre toi. Te tuer, ce serait peut-être un peu moins bête, mais je ne te conseillerai d'employer ce moyen-là qu'à la dernière extrémité. Il me semble, d'ailleurs, que tu es assez fort pour supporter des souffrances qui poussent quelques malheureux à se donner la mort. Je sais bien que nous avons encore plus de deux ans et demi à tirer, mais, tu verras, ça se passera. Il faut seulement bien nous déterminer à sortir d'ici ; il faut que cette pensée-là ne nous quitte pas, et nous en sortirons.

— Et la menace du conseil de guerre toujours suspendue sur notre tête, pour quoi la comptes-tu ?

— Il faut lui échapper, au conseil de guerre ; il le faut, entends-tu ? Mais je te jure bien que si jamais, par malheur, je me voyais sur le point d'y passer....

— Eh bien ?

— Eh bien ! ce n'est pas à cinq ans ni à dix ans de prison qu'on me condamnerait...

— Tu te tuerais ?

— Non, je les laisserais me tuer. Mais avant...

Et il fait le geste de mettre en joue un pied-de-banc qui passe.

Pourquoi pas, après tout ? La violence n'appelle-t-elle pas la violence ? Et quel nom donner à ces lois pénales auxquelles l'armée est soumise ? De quel nom les flétrir ? de quel nom les stigmatiser ?

Tous les jours, à l'appel de midi, on nous fait former le cercle ; un cercle au milieu duquel se place un chaouch, un livret à la main, et autour duquel rôde l'adjudant, comme un chien qui cherche à mordre. Le chaouch fait, en ânonnant, appuyant sur les mots avec son insupportable accent corse, et comme pris d'un certain respect devant les feuillets infâmes, la lecture du code pénal. Oh ! ce code, tellement ignoble qu'il est horrible et tellement horrible qu'il est ignoble ! ce code qui n'a pour but que la vengeance pour le passé et la terreur pour l'avenir ! ce code où l'on entend revenir sans cesse ce mot : mort ! mort ! comme l'écho des lois féroces des temps barbares, comme le refrain de litanies sanglantes !...

Ah ! bourgeois stupide, toi qui demandes qu'on dégage le soldat de l'énorme pénalité qui pèse sur lui, tu es donc assez aveugle pour ne pas voir que c'est pour te défendre, toi et tes biens, qu'on a écrit ce code épouvantable ? Tu ne sais donc pas que ces lois sauvages sont ta sauvegarde ? Tu ne comprends donc pas qu'il les faut, ces lois, pour te permettre de digérer en paix et de mâcher tranquillement ton curedents en accolant bêtement l'un à l'autre ces deux mots inconciliables : Patrie et humanité ? Tu ne comprends donc pas que, sans ce code qui t'assure de leur obéissance, tu n'aurais bientôt plus d'esclaves pour maintenir le bœuf qui foule tes grains dans la grange et auquel tu as lié la bouche ?...

Esclaves ? Eh ! parbleu, oui ! nous le sommes, ilotes de l'armée, parias du militarisme, condamnés sans jugement à des travaux écrasants, condamnés à la faim, à la soif, à des tortures atroces, à la privation de tous moyens de distractions, aussi bien intellectuelles que physiques, à la privation de femmes, — avec toutes ses conséquences monstrueuses ? Esclaves ? Oui, mais pas plus — et moins peut-être — que les autres, les bons soldats, ceux qu'on n'a pas revêtus de notre livrée lugubrement ridicule et qui se figurent stupidement porter un uniforme quand ils n'ont sur le dos qu'une casaque de forçat.

— Ça n'empêche pas que ceux-là, on les soigne, dit en riant d'un gros rire mon camarade de lit, un Bourguignon, bon garçon, pas très malin, nommé Chaumiette. Il n'y a pas de danger qu'on leur fasse faire des corvées de bois comme celle que nous allons faire... Tiens, entends-tu le clairon ?

Il s'agit, en effet, d'aller chercher du bois dans la montagne pour chauffer une fournée de chaux que le capitaine a fait préparer. On a établi, au milieu du camp, une grande balance où chacun, en arrivant, doit venir peser ses fagots et en faire constater le poids. Quand ce poids n'est pas atteint, il faut retourner chercher le complément.

— Viens avec moi, me dit Chaumiette. Je connais un coin où il y a beaucoup de bois. Nous trouverons de quoi faire notre charge. C'est le petit Lucas, tu sais, celui qui couche dans le marabout à côté du nôtre, qui m'a montré la place. Il va venir avec nous.

Le petit Lucas arrive.

— Vous savez, il ne faut rien en dire à personne... Juste dans cet endroit-là, il y a un vieux puits abandonné, très profond et, dedans, deux ou trois nids de pigeons. Les petits doivent commencer à être gros. S'ils sont bons à manger, j'irai les dénicher, nous les ferons cuire dans un ravin et nous boulotterons ça ce soir.

Au bout d'une heure de marche dans la montagne, nous sommes arrivés au fameux endroit : une petite vallée pierreuse au bout de laquelle poussent quelques buissons d'épines.

— Tenez, voyez-vous, dit Lucas, le puits est derrière les buissons.

Et il nous conduit auprès d'une large ouverture béante au ras du sol. Le puits n'a jamais été maçonné ; il a été percé à même la terre qui, par place, s'est éboulée, laissant par-ci par-là de grosses pierres qui font saillie le long des parois. Des arbustes, des plantes, ont poussé au hasard, verticalement ou horizontalement, entremêlant leurs branches et leurs feuilles et, formant un fouillis tel, dans le rétrécissement sombre du puits, qu'on n'en peut apercevoir le fond, desséché sans doute, à trente ou quarante mètres peut-être. A quelques pieds seulement de l'ouverture, deux nids de pigeons apparaissent entre les larges feuilles d'un figuier sauvage.

— Entendez-vous les cris des petits ? demande Lucas. Les voyez-vous ? Je vais descendre les chercher et je vous les passerai.

— Veux-tu qu'on t'attache avec des ceintures ? demande Chaumiette. Si tu allais tomber...

— Pas de danger.

Il descend en s'aidant des aspérités des parois, se retenant aux branches. Il tient les deux nids. Il nous les passe l'un après l'autre.

— Y en a-t-il, hein ?... Ah ! j'entends encore piauler en dessous...

Il se penche pendant que, agenouillés au bord du puits, Chaumiette et moi, nous cherchons à voir.

— Ah ! deux autres nids ! Tout...

Nous poussons un cri. La touffe d'herbe à laquelle se cramponnait Lucas s'est arrachée et il est tombé dans le gouffre, la tête la première, au milieu d'un grand bruit de branches cassées et de feuillages froissés, accompagné dans sa chute par une avalanche de sable et de pierres qu'on entend seules rouler encore.

— Lucas ! Lucas !...

Rien ne répond.

— Il nous faudrait des cordes, des ceintures, dit Chaumiette.

Nous grimpons sur un monticule et, de là, nous appelons à l'aide à grands cris. Une dizaine d'hommes accourent. Un chaouch aussi.

— Qu'est-ce qu'il y a ? qu'est-ce qu'il y a ?

— Lucas vient de tomber dans ce puits-là en faisant son fagot.

— Oui ? ricane le chaouch. En faisant son fagot ? Et ces deux nids de pigeons ?

— Vite, des ceintures, crie Chaumiette. Nouez-les bout à bout. Je vais m'attacher par le milieu du corps et je vais descendre. Il n'est peut-être pas mort. En tous cas, il faut le remonter. On ne peut pas le laisser là une minute de plus.

— Mais toi, tu risques ta vie aussi, en descendant là-dedans.

— Bah ! laisse donc. Qu'est-ce que ça fout ?

— Attends un peu, au moins, voilà des camarades qui arrivent. On pourrait doubler les ceintures...

Chaumiette n'a rien voulu entendre. Il dégringole rapidement, retenu par la corde formée avec les ceintures que nous tenons à plusieurs. Tout d'un coup, il s'arrête. On ne le voit plus, mais on entend sa voix sortir du puits.

— Tenez bien la corde... Je l'ai trouvé. Il ne remue plus. Passez-moi vite une autre corde, que je l'attache... Bon. Maintenant, tirez... doucement. Je le pousserai en dessous, tout en remontant.

Trois minutes après, nous hissons le corps encore chaud de Lucas. Il s'est fracassé le crâne sur un rocher. Chaumiette, les mains et les bras en sang, les vêtements déchirés, la figure égratignée par les ronces et les épines, remonte à son tour.

— Ah! le pauvre gars! il était tombé jusqu'au fond! Il n'y a pas d'eau, dans ce puits-là... C'était plein de sang, par terre.

Le chaouch jette sur le cadavre son regard froidement idiot de bête méchante :

— Ça lui apprendra à aller chercher des nids au lieu de travailler...

Le soir, on nous a fait réunir pour nous lire un rapport spécial du capitaine :

« Le fusilier Lucas s'est tué, aujourd'hui, en tombant dans un puits. Il avait quitté le travail pour aller dénicher des nids de pigeons. Il est mort victime de son acte d'indiscipline et frappé aussi, sans doute, par la main de la Providence qui veut que nous fassions toujours preuve de mansuétude à l'égard des animaux et que nous ne les maltraitions point sans motif. Or, qu'y a-t-il de plus cruel que d'arracher du nid maternel, vivante image de la famille, de jeunes oiseaux sans plumes encore, pour les dévorer gloutonnement? La punition qui frappe la désobéissance et l'inhumanité du fusilier Lucas doit servir d'exemple à tous les hommes de la compagnie et leur rappeler que Dieu, qui sonde nos cœurs, voit aussi toutes nos actions. »

## XVI

— C'est la première fois que vous prenez la garde ?
— Oui, sergent.
— Venez avec moi. Je vais vous expliquer la consigne ; et, quand vous serez de faction, si les prisonniers ne vous écoutent pas, vous n'aurez qu'à venir me le dire.

C'est la première fois, en effet, que je suis de garde à Aïn-Halib. Je suis descendu, à cinq heures du soir, avec une dizaine d'hommes en armes, pour garder pendant vingt-quatre heures les prisonniers parqués dans ce qu'on appelle « le ravin ». C'est, au bas du camp, un quadrilatère fermé par un mur en pierres sèches et en terre, entouré d'un fossé. Outre les tentes des prisonniers, il y a deux marabouts, l'un pour les hommes de garde, l'autre pour le chef de poste.

Le sergent qui nous commande aujourd'hui passe pour une des plus belles rosses de la compagnie ; c'est un Corse, face plate agrémentée d'un nez énorme, qui ne donnerait pas ses deux mauvais galons pour tout l'or du Pérou et qui se redresse, quand il est en fonctions, comme un pou sur une gale. Il s'appelle Salpierri, mais on l'a surnommé Bec-de-Puce. Il bégaye en bavant et a l'habitude d'avancer les lèvres, en cul de poule, ne laissant entre elles qu'un tout petit interstice. Il me semble toujours, quand il me parle, qu'il a l'intention de me souffler un noyau de cerise à la figure.

— Vous savez, a-t-il sifflé en crachotant, à sept heures, quand j'ai pris la faction, vous avez droit de vie et de mort sur ces gens-là.

Et il m'a indiqué du doigt un écriteau cloué à un poteau et qui porte ces mots : « Les sentinelles sont autorisées à faire usage de leurs armes. »

Usage! quel usage? Est-on autorisé à donner des coups de crosse ou des coups de baïonnette?

A-t-on le droit d'assommer les malheureux qu'on surveille ou de les fusiller à bout portant?

Elle ne vous renseigne guère à ce sujet, la pancarte.

D'ailleurs, je m'en fiche, moi, de la pancarte, et je ne perdrai pas mon temps à en discuter la rédaction, comme les bourriques qui voudraient bien savoir au juste s'il leur est permis de larder leurs camarades ou simplement de leur enfoncer les côtes. J'étais déjà décidé, en arrivant au ravin, à ne pas me montrer dur pour les prisonniers ; mais, maintenant, je suis résolu à les laisser faire ce qu'ils voudront. Ils peuvent parler et même chanter, si ça leur fait plaisir. Je leur distribue mon tabac. Je leur fais cadeau de mes allumettes. Ils ont soif ; je leur apporte un seau d'eau que je trimballe de tente en tente. Ils boivent, ils fument et ils causent. Ils commencent à chantonner. Ils ont bien raison de ne pas se gêner.

Une série de sifflements part du marabout du chef de poste.

— Factionnaire, il me semble que j'entends du bruit. Si ça continue, je vous fiche dedans.

Ça m'est égal.

— Vous savez que vous avez le droit de faire usage de vos armes.

Faire usage de mes armes ? De la peau !

Ah ! çà, pour qui me prend-il, ce Corse ? Est-ce qu'il se figure que j'ai, comme lui, dans les veines, du sang de ces bandits sinistres qui sont brigands dans les maquis ou garde-chiourmes dans les bagnes ? Est-ce qu'il croit, réellement, que j'aurai jamais la lâcheté de maltraiter ces hommes, qui sont là, couchés sur la terre nue, chacun sous une simple toile de tente si basse et si étroite qu'ils ne peuvent même pas s'y remuer. On les appelle des *tombeaux*, ces tentes montées avec la toile réglementaire portée par les deux moitiés de supports et haute à peine de cinquante centimètres, sur soixante de largeur. Les prisonniers y entrent en se mettant à plat ventre, rampant, usant de précautions infinies pour ne pas les démonter; et une fois dedans, c'est tout au plus s'ils peuvent changer de position, quand ils ont tout un côté du corps complètement ankylosé. C'est sous ce lambeau de toile, exposés à toutes les intempéries, garantis du froid des nuits par un couvre-pieds dérisoire, qu'il leur faut réparer leurs forces. Et, chaque matin, en dehors des corvées les plus pénibles, ils doivent faire trois heures du peloton de chasse le plus éreintant; autant l'après-midi, sous la chaleur accablante. Il est vrai qu'on les nourrit bien : ils ne touchent ni vin, ni café et n'ont de viande qu'une fois par jour. Leur seconde gamelle ne contient que du bouillon.

Ah! ils n'ont pas oublié la faim dans l'arsenal des peines atroces dont ils peuvent disposer, les tortionnaires! Ils n'ont pas dédaigné ce châtiment infâme et et qui déshonorerait un bourreau, ces hommes qui osent dire à des citoyens libres, au nom d'un hypocrite patriotisme de caste : « Il faut être soldat ou crever! »

Il n'y a pas que des hommes punis de prison, dans ces *tombeaux* devant lesquels je passe et je repasse, le fusil sur l'épaule ; il y a aussi des hommes punis de cellule. Ceux-là ne font pas le peloton. Ils restent nuit et jour étendus sous leur tente dont ils ne doivent sortir sous aucun prétexte. Seulement, ils *n'ont droit qu'à une soupe sur quatre, soit une gamelle tous les deux jours.* Ils restent donc un jour et demi sans manger, reçoivent une soupe, jeûnent encore pendant trente-six heures, et ainsi de suite pendant le nombre de jours de cellule qu'ils ont à faire. L'eau aussi, on la leur mesure. On leur en donne un bidon d'un litre tous les jours, pas une goutte de plus. La chaleur étant étouffante, à dix heures du matin cette eau est en ébullition.

Je n'aurais jamais imaginé qu'on pût infliger à des hommes — surtout à des hommes qui ne sont sous le coup d'aucun jugement — des traitements semblables.

Et ces deux punitions ne sont pas encore les plus terribles. Il en existe une troisième qui l'emporte de beaucoup sur elles en horreur et en ignominie : c'est la cellule avec fers. L'homme puni de fers est soumis au même régime alimentaire que l'homme puni de cellule : il n'a qu'une soupe tous les deux jours. De plus, on lui met aux pieds une barre, c'est-à-dire deux forts anneaux de fer qu'on lui passe à la hauteur des chevilles et qui sont réunis, derrière, par une barre de fer maintenue par un écrou accompagné d'un cadenas. Cette barre, longue d'environ quarante centimètres, est assez forte pour servir d'entrave à la bête féroce la plus vigoureuse. L'homme, une fois ses pieds pris dans l'engin de torture, doit se coucher à plat ventre. On lui ramène derrière le dos ses deux mains auxquelles on met aussi les fers. On lui prend les poignets dans une sorte de double bracelet séparé par un pas de vis sur lequel se meut une tringle de fer qu'on peut monter et descendre à volonté. On tourne cette tringle jusqu'à ce qu'elle serre fortement les poignets et on l'empêche de descendre en la fixant au moyen d'un cadenas.

L'homme mis aux fers, on le pousse sous son tombeau. Quand on lui apporte sa soupe, tous les deux jours, il la mange comme il peut, en lapant comme un chien. S'il veut boire, il est obligé de prendre le goulot de son bidon entre ses dents et de pencher la tête en arrière pour laisser couler l'eau. S'il renverse sa gamelle, s'il laisse tomber son bidon, tant pis pour lui. Il lui faut rester vingt-quatre heures sans boire et trente-six heures sans manger.

Et, si le malheureux fait entendre une plainte, si la souffrance lui arrache un cri, on lui met un bâillon; on lui passe dans la bouche un morceau de bois qu'on assujettit derrière la tête avec une corde. Quelquefois — car il faut varier les plaisirs — les chaouchs préfèrent le mettre à la crapaudine. Rien de plus facile. Les fers des mains sont terminés par un anneau. On passe dans cet anneau une corde qu'on fait glisser autour de la barre ; on tire sur la corde et on l'attache au moyen d'un ou de plusieurs nœuds au moment précis où les poignets du patient sont collés à ses talons.

Ils sont trois, là-bas, tout au bout du ravin, qui sont aux fers depuis plusieurs jours déjà, attachés comme on n'attache pas des bêtes fauves, les membres brisés, dévorés le jour par les mouches, la nuit transis de froid, mangés vivants par la vermine. Ils nous ont demandé, quand nous avons pris la garde, de verser un peu d'eau, par pitié, sur leurs chevilles en sang et sur leurs poignets gonflés et bleuis. Le Corse les a menacés, pour toute réponse, de leur mettre le bâillon s'ils disaient un mot de plus. Il a fallu que j'aille, tout à l'heure, à pas de loup, verser le contenu d'un bidon sur les chairs tuméfiées et meurtries de ces misérables qu'on torture, au nom de la discipline militaire, avec des raffinements de barbarie dignes de l'Inquisition.

Et maintenant, en écoutant leurs plaintes douloureuses et le grincement des fers qu'ils font crier en essayant de se retourner, je pense à toutes sortes de choses atroces qui m'ont été racontées, là-haut, par des hommes sur lesquels s'est exercée, depuis de longues années, la férocité des buveurs de sang. Les ateliers de Travaux Publics, les Pénitenciers militaires... tous ces bagnes que remplissent des tribunaux dont les sentences iniques eussent indigné Torquemada et fait rougir Laubardemont; ces bagnes dans lesquels les condamnés doivent produire une somme de travail déterminée par la cupidité des garde-chiourmes, intéressés aux bénéfices; ces bagnes dans lesquels les ressentiments des chaouchs se traduisent par des punitions épouvantables: trente, soixante jours de cellule, avec une soupe tous les deux jours ; les fers aux pieds, aux mains, la crapaudine, le *Camisard*. Le *Camisard*, un supplice qui dépasse en horreur tout ce qu'on pourrait imaginer : le détenu a les pieds pris dans des pédottes scellées au mur de sa cellule ; on lui passe une camisole qui lui maintient derrière le dos les bras qu'on tire verticalement et qu'on attache à un anneau scellé aussi au mur à la hauteur de la tête ; à cet anneau pend un collier qui enserre le cou. Il reste là, le patient, pendant quatre ou huit jours, au régime, au quart de pain, satisfaisant ses besoins sous lui, dormant debout...

Et le fort Barreau, dont on lit périodiquement le régime dans les Pénitenciers, et où sont envoyés les détenus contre lesquels ont été épuisées toutes les mesures disciplinaires ! Quatre-vingt-dix jours de cellule au quart de pain, dans une casemate absolument nue, avec bastonnades, aspersion de cellule, au moindre mot, au moindre signe ! Un régime tellement atroce que les malheureux qui doivent le subir y résistent à peine un mois et, épuisés, anémiés, tués à petit feu, doivent être dirigés sur un hôpital dont ils ne sortent, neuf fois sur dix, que les pieds en avant...

Ah ! bon Dieu ! Et dire qu'on a aboli le servage, la torture et les oubliettes !...

J'ai pensé toute la nuit à ces monstruosités.

Le lendemain matin, quand j'ai pris la faction, à six heures, les prisonniers s'alignaient, un énorme sac au dos, pour le peloton.

Ils sont huit.

— Garde à vos ! crie Bec-de-Puce en sortant de sa tente, le revolver au côté.

Et il passe devant le rang, inspectant la tenue, soulevant les sacs, pour s'assurer qu'ils ont bien le poids réglementaire — un poids incroyable.

— Pourquoi n'avez-vous pas astiqué les boutons de votre capote, vous ?

— Parce que j'ai peur de les user.

— Comment vous appelez-vous, déjà ?

— Hominard.

— Bien. Vous aurez huit jours de salle de police avec le motif. Vous verrez si ça fait des petits.

— Pourvu qu'ils soient moins vilains que toi, c'est tout ce qu'il me faut.

Le chaouch ne répond pas. Il fait mettre baïonnette au canon et commande du maniement d'armes en décomposant :

— Portez armes !... Deux !... Trois !

Et il espace ses commandements ! Chaque mouvement dure plus de cinq minutes. C'est qu'il est fait depuis longtemps, le pied-de-banc, à ces luttes quotidiennes entre gradés et disciplinaires qui, outrés, poussés à bout, se fichant de tout excepté du conseil de guerre, ont appris par cœur le code pénal et font essuyer à leurs bourreaux toutes les avanies, tous les outrages que la loi n'a pas prévus. Ce sont eux qui ont imaginé de ne jamais parler aux chaouchs qu'en les tutoyant, le tutoiement étant considéré comme un acte d'indiscipline, mais non comme une injure. Ils n'iront jamais, ceux-là, traiter un gradé d'imbécile ; mais ils lui diront, vingt-cinq fois par jour que, sur cent individus, lui compris, quatre-vingt-dix-neuf sont doués d'une intelligence de beaucoup supérieure à la sienne. Ils répondront à ses coups de fouet par des coups d'épingle et à ses brutalités par des vexations sanglantes. Picadores qui ont entrepris d'exciter le taureau et de le mettre en rage en le piquant d'aiguillons, sans que jamais la pointe acérée s'enfonce dans les chairs et fasse jaillir le sang.

Le chaouch, les dents serrées, reçoit, sans rien dire, les quolibets et les railleries qui le font blémir et les offenses qui le font trembler de colère. D'une voix saccadée, il continue à commander du maniement d'armes, en espaçant les temps de plus en plus. Il a l'air d'attendre quelque chose qui ne vient pas, et il attend, en effet. Il sait que la comédie se termine parfois en drame, et qu'il suffit d'un instant d'oubli pour que l'un des malheureux qu'il esquinte laisse échapper une parole un peu trop vive ou une exclamation irréfléchie. Il sait que, vaincu par la fatigue, à bout de forces, l'un d'eux refusera peut-être de continuer le peloton. C'est le conseil de guerre : cinq ans, dix ans de prison dans le premier cas, deux dans le second. Alors, il se frottera les mains ; il pourra s'arracher, pendant quelque temps, au pays perdu où il exerce son ignoble métier ; comme témoin à charge, il accompagnera sa victime à Tunis, où siège le tribunal ; là, il pourra s'amuser. Et il oubliera, entre les bouteilles d'absinthe et les filles à quinze sous, le malheureux qui gémit dans une cellule, seul avec la vision terrible de sa vie brisée.

Combien en ai-je vu, déjà, de ces gradés, le lendemain d'un rengagement, exciter et provoquer odieusement des hommes, dans le dessein, s'ils arrivaient à les faire mettre en prévention de conseil de guerre, de les suivre comme témoins jusqu'à Tunis où ils pourront rigoler, au moins, en dépensant le montant de leur prime !

— Pas gymnastique... marche ! crie le sergent.

Les huit hommes se mettent en mouvement et, en passant devant lui, chacun d'eux lui lance un coup de patte :

— Tiens, ce pauvre Bec-de-Puce, il est tout pâle ! On dirait qu'il va claquer !

— C'est vrai que tu répètes ton rôle pour aller figurer à la Morgue ?

— On ne voudrait pas de lui. On ne verrait plus que son nez dans l'établissement.

— Tais-toi donc. Ça et ses pieds, c'est ce qu'il a de plus beau dans la figure.

— Faut pas blaguer son tassot ; il sert de portemanteau à son camarade de lit.

— C'est égal, il ferait un fameux chien de chasse !

— Oui ! mais c'est dommage qu'on lui voie la cervelle par les narines. La pluie pourrait l'endommager.

— Faut-il tout de même qu'une femme soit malheureuse, pour être forcée de s'éreinter pendant neuf mois à porter un oiseau pareil !

Bec-de-Puce ne sourcille pas.

— Par le flanc gauche... halte ! Reposez.... armes !

Lentement, il passe devant le rang, les mains derrière le dos. Il rectifie les positions.

— La crosse en arrière... les doigts allongés... Tubois, huit jours de salle de police... le canon détaché du corps. Hominard, joignez les talons...

A chacune de ses observations répond un murmure dont je ne distingue guère le sens, bien que je ne sois qu'à cinq ou six pas.

— Sergent, dit Hominard sans quitter la position, j'ai quelque chose à vous demander.

— Après le peloton.

— Sergent, c'est très pressé et ça vous regarde.
— Qu'est-ce que c'est ?
— Est-ce que c'est vrai qu'en Corse, quand on a envie de manger du dessert, on s'en va flanquer des coups de pied dans les chênes, pour faire tomber des pralines à cochons ?
— Huit jours de salle de police, avec le motif.
— Vache !

L'exclamation m'est parvenue, très distincte, cette fois. Bec-de-Puce se tourne vers moi.
— Vous avez entendu, factionnaire ?
— Quoi donc, sergent ?
— Ce que cet homme vient de me dire.
— Oui, sergent ; il vous a demandé si c'était vrai qu'en Corse...
— Mais non, pas cela. Ce qu'il vient de dire. Il m'a appelé vache.
— Je n'ai pas entendu.
— Non ?
— Non.
— Très bien.

Il griffonne quelques mots sur un bout de papier et appelle un des hommes de garde qui sort en courant du marabout.
— Portez ça au capitaine. Vous attendrez la réponse.

Elle ne s'est pas fait attendre, la réponse. Elle est laconique, mais expressive : « Mettez immédiatement aux fers cet indiscipliné. »

On m'a mis aux fers.
— Ce n'est pas la peine de faire voir votre colère, allez ! ricane Bec-de-Puce, comme je grince des dents

en sentant la tringle, vissée sans pitié, me faire craquer les os.

Moi, en colère ? Allons donc ! Et contre qui ? contre toi, peut-être, vil instrument, tortionnaire inconscient ? Contre toi ? Mais je ne t'en veux même pas, entends-tu ? de tes brutalités idiotes et de tes lâches sarcasmes. Et certes, si jamais l'heure de la justice vient à sonner, ce ne sera ni à toi ni à tes semblables que je crèverai la paillasse ; mais je me ruerai comme un fauve sur le système abject qui t'a jeté sur le dos, à toi, une livrée de bourreau et qui m'a revêtu, moi, d'un costume de forçat ; je l'agripperai à la gorge et je ne lâcherai prise que quand je l'aurai étranglé. Et, si je ne réussis pas à étouffer le monstre, s'il me saigne avant que j'aie pu en faire un cadavre, j'aurai du moins montré à d'autres comment il faut s'y prendre pour arriver à terrasser l'ennemi et pour le jeter, étripé et sanglant, comme une charogne immonde, dans le cloaque de la voirie.

C'est pour cela que je ne me mets pas en colère. Je souffre... Je souffrirai encore longtemps, sans doute ; mais, tant que j'aurai un souffle, tant que je sentirai mon cœur d'homme battre sous ma capote grise de galérien, je résisterai à l'âpre montée des passions qui usent, des emportements stériles. Elle dure trop peu, vois-tu, la colère. Je n'ai que faire, moi, des délires que le vent emporte et des fureurs qu'une nuit abat.

Ce qu'il me faut, ce que je veux emporter d'ici, tout entière, terrible et me brûlant le cœur, c'est la haine ; la haine que je veux garder au dedans de moi, sous l'impassibilité de ma carcasse. Car la haine est forte et impitoyable ; le temps ne l'émousse pas ;

elle ne transige point. Elle s'accroît avec les années ; chaque jour d'abjection l'augmente ; chaque heure d'indignation la féconde, chaque larme la fait plus saine, chaque grincement de dents plus implacable.

La haine, c'est comme les balles : en la mâchant, on l'empoisonne.

## XVII

Voilà des mois que je ne sors pas de la prison. Quand les chaouchs ont pris un homme en grippe, ils ne le lâchent point.

Je souffre horriblement. Moralement d'abord. C'est une chose terrible que d'être obligé, avec un caractère violent, entier, d'avaler silencieusement tous les outrages et de ronger ses colères. Et puis, je suis seul. Personne, de près ni de loin, pour m'encourager, pour me mettre du cœur au ventre.

Eh bien ! j'aime mieux cela, au fond. Je préfère cet isolement, cet abandon, aux pitiés qui usent l'énergie et aux lamentations qui émasculent. Cela m'ôterait du courage, je crois, de savoir qu'on pleure sur mon sort; et je sais gré à tous ceux qui pourraient s'intéresser à moi de leur ingratitude égoïste ; je leur sais gré de n'avoir jamais fait luire à mes yeux ces feux follets de l'espérance menteuse qui ne brillent que pour vous faire tomber, en disparaissant, dans les fondrières de l'abattement. J'ai foulé aux pieds, depuis longtemps, les croyances bêtes de mon enfance et je n'écris plus à personne. Pas une seule fois, même dans les minutes les plus atroces, je n'ai pensé à appeler à mon aide les sentiments religieux ou le souvenir de la famille. Je ne veux pas donner à mes douleurs cette consolation puérile. Je serais obligé de l'enlever, plus tard, comme un appareil qu'on arrache brutalement d'une blessure mal fermée et qui laisse la plaie à vif. La rage seule me soutient. Je me repais de ma haine. J'irai jusqu'au bout ainsi, sans faiblir, car j'ai foi en l'avenir, car je sais que c'est avec les fers qu'il a trouvés dans les cachots de la Bastille que le peuple a forgé la Louisette.

Je souffre physiquement, aussi. Et la souffrance morale pèse peu, peut-être, à côté de cette souffrance-là. Le peloton de chasse, avec le ventre vide, la gorge sèche, la sueur qui inonde le corps et dont les gouttes salées viennent piquer les yeux ; l'immobilité, pendant des heures, dans les poses les plus fatigantes du maniement d'armes ou de l'escrime à la baïonnette, en plein soleil ; les séries de pas de course, avec une charge à faire reculer une bête de somme, sur une piste dont la poussière soulevée altère et aveugle ! Les fers qui brisent les membres ; le bâillon qui fend la bouche et ensanglante la lèvre qui ne peut même plus s'indigner ! Et surtout la faim, la faim atroce qui tord les entrailles, qui affole ; la soif dévorante qui fait hurler ! Quoi de plus terrible que la fatigue immense, presque invincible, qui s'appesantit sur le corps exténué ? Quelles luttes à soutenir contre les forces qui s'en vont, contre l'énergie qui disparaît, contre l'avachissement qui ne tarderait pas à avoir raison de l'esprit énervé !...

Il faut réagir, pourtant, résister jusqu'au dernier

moment et rire au nez du Code pénal, — ce canon chargé, mèche allumée, devant lequel je dois vivre.

Un homme de garde, en passant devant mon tombeau, laisse tomber un papier plié en quatre. Je le ramasse. C'est un billet de Queslier. Il m'avertit qu'il a pu disposer d'un pain et qu'il l'a caché, à mon intention, à un endroit qu'il m'indique. Je n'aurai qu'à m'esquiver, le soir, pour aller le chercher. C'est à deux cents mètres du ravin, tout au plus. Tant mieux, ma foi ! Je crève de faim, depuis huit jours que je suis en cellule, avec une soupe tous les deux jours. Je n'ai pas mangé depuis hier matin... Tiens, mais à propos, d'où provient-il, ce pain ?

— Quelle blague! me dit tout bas un de mes voisins, en cellule aussi et à qui j'ai promis d'en donner un morceau. Tu ne sais donc pas que, toutes les nuits, il y a des types qui vont chaparder des pains sur les rayons de la grande tente de l'administration ? Moi, je ne leur donne pas tort...

Moi non plus. Je ne donnerai jamais tort à l'homme qui dérobera une boule de son. Je laisserai cette canaillerie sauvage aux tribunaux militaires, qui n'auront pas honte, s'ils sont jamais surpris, ces affamés, de leur infliger une condamnation pour vol, — le vol de la nourriture que leurs supérieurs leur grinchissent.

Il fait presque nuit. J'allonge la tête pour examiner la place et voir la binette du factionnaire. Pourvu que ce ne soit pas une bourrique !... Non ; c'est Chaumiette. Avec lui, il n'y a pas de danger ; s'il me voit m'évader, il fera certainement semblant de ne pas me voir. Il est justement seul dehors. Les autres hommes de garde sont sous leur marabout, le pied-de-banc sous le sien. Allons-y. Je sors de mon tombeau en rampant ; je me glisse le long du mur sur lequel je me hisse sans bruit. Je prends mon élan pour sauter le fossé... Zut ! une pierre qui tombe et roule sur une vieille boîte de conserves... tant pis ! Je saute et je pars en courant, sans faire de bruit, sur la pointe des pieds ; j'ai déjà parcouru la moitié du chemin...

— Halte-là !... Halte-là !... Halte-là, où je fais feu.
Un gros olivier est à côté de moi. Instinctivement, je me jette derrière, à plat ventre. Le tonnerre d'un coup de fusil éclate et la balle s'enfonce dans l'arbre, à un mètre de terre, avec le bruit mat d'une pomme cuite qu'on colle le long d'un mur. Bien visé ! Je me relève vivement et je fais tourner mes bras, comme les ailes d'un moulin à vent, pour indiquer que je reviens.

On m'a mis aux fers. — Ils ont cru que je voulais déserter, les imbéciles !

Pendant la nuit, Chaumiette a repris la faction. Il s'est approché de mon tombeau.
— Est-ce que tu dors ?
— Non.
— Tu sais, tout à l'heure... je t'avais bien vu partir, mais je ne disais rien... c'est le sergent qui t'a entendu... Il m'a commandé de tirer... tu comprends... il était à côté de moi... j'ai tiré en l'air !...
— Lâche !

## XVIII

Lâche! Pourquoi? Est-ce que ce Chaumiette qui vient de tirer sur moi n'a pas risqué sa vie, il y a déjà quelques mois, pour retirer Lucas du puits où il était tombé? C'est un lâche, cet homme qui, pouvant se dérober aussi bien que les autres, presque convaincu qu'il ne remonterait du gouffre qu'un cadavre, n'a pas même voulu attendre, pour y descendre, qu'on eût préparé une corde solide? Un lâche, lui qui courait chance, en se laissant entraîner par sa générosité, de se briser le crâne, comme l'autre, contre la pointe d'un rocher? Un lâche, ce garçon hardi, aux sentiments mâles, que le danger n'effraye pas et que le péril ne fait pas blêmir? Allons donc!...

Non, ce n'est pas un lâche. C'est un peureux. Un peureux qui se jettera dans le feu, aujourd'hui, pour sauver un camarade, et qui lui cassera la tête, demain, au moindre mot d'un chaouch. Son cœur n'est point bas; il est timide. Son courage disparaît devant une consigne; sa hardiesse tombe devant un mot d'ordre. Il est trop brave pour reculer; il est trop poltron pour oser. Il a l'appréhension du châtiment, la crainte du règlement, la peur du galonné...

La peur, oui, c'est bien la principale colonne du temple soldatesque. L'armée : une boutique dans laquelle on passe les consciences à la lessive et où les caractères, tordus comme des linges mouillés, sont placés sous le battoir ignoble de la discipline abrutissante.

Ce n'est que par la peur que le système militaire a pu s'établir. Ce n'est que par la peur qu'il se maintient. Il doit peser sur les imaginations par la terreur, comme il doit remplir d'obscurité l'âme des peuples pour les empêcher de voir au delà de l'horizon stupide des frontières. Il doit s'entourer d'un appareil mystérieux, d'une sorte de pompe religieuse où l'horreur s'allie à la magnificence, où les fanfares retentissent au milieu des hurlements du carnage, où l'on distingue confusément, jetés pêle-mêle sur le manteau sanglant de la gloire, les panaches des généraux et les menottes des gendarmes, le bâton de maréchal et les douze balles du peloton d'exécution, les palmes du triomphe et les ossements des victimes.

Il lui faut cela pour que la foule s'étonne et le redoute, comme elle reste bouche bée devant un charlatan dont le clinquant et le panache l'attirent, mais dont elle se recule, craintive, aussitôt qu'elle a vu briller une pince dans la main de l'opérateur. Il faut cela pour que le peuple, toujours en extase devant le merveilleux qu'il ne cherche pas à approfondir, soit saisi, à son aspect, d'une frayeur vague qui confine parfois à l'admiration. Sauvage qui se prosterne, plein de terreur et de respect, devant l'arme à feu qu'il ne s'explique pas et qui doit le foudroyer.

Nous sommes ici trois cents hommes, l'écume de l'armée, le vomissement de tous les régiments, mélange confus de tous les caractères, scories de toutes les classes de la société. On peut trouver de tout, parmi nous, depuis le fils de famille jusqu'au rôdeur de barrières, depuis le lettré jusqu'à l'ignorant, depuis l'ouvrier jusqu'au mendigo tireur de pieds de biche, depuis le travailleur qui ne cane pas devant le turbin jusqu'au trimardeur qui va faire la chasse aux croûtes de pain avec un fusil de toile. Eh bien! sur ces trois cents hommes, je suis sûr qu'il n'y en a pas vingt qui soient conscients, qui sachent pourquoi ils se sont irrités contre les prescriptions bêtes et les règlements atroces, pourquoi ils se sont soulevés contre la discipline, qui ne soient pas, au fond, des insurgés pour rire, des révoltés à la manque...

La peur les mène encore par l'oreille, ces réfractaires; la peur, qui soutient tant d'abus et de préjugés pourris qu'on ficherait par terre en soufflant dessus, — s'ils n'étaient pas étayés par les dos terrifiés d'imbéciles qui ne raisonnent point.

## XIX

Je suis sorti de prison hier soir, avec cinq ou six autres. Le capitaine a gracié les hommes auxquels il ne restait pas plus de quinze jours à faire. Cette clémence inusitée a une cause. Le général commandant la division doit venir, aujourd'hui, inspecter la 5ᵉ Compagnie de Discipline.

Toute la compagnie, en grande tenue, est alignée, depuis près d'une heure, sur le front de bandière. Le capitaine, à pied, se promène avec les officiers, d'un air préoccupé. De temps en temps il jette un coup d'œil sur les rangs et crie à un chaouch :

— Faites descendre le pantalon de cet homme-là... Remontez la plaque du ceinturon...... Le képi droit !... Sergents, veillez à ce qu'ils aient leurs képis bien droits... et faites-leur dérouler leurs couvre-nuques, à tous !...

Toutes les trois minutes, il s'arrête et regarde attentivement à droite, du côté de la route de Gabès. Il frappe du pied, il fronce le sourcil. Il semble impatient, anxieux.

— Mais qu'est-ce que c'est donc que ce général-là ? me demande Hominard, qui est placé à côté de moi. Est-ce que c'est un phénomène en vacances ?

Je ne sais pas au juste. Je n'en ai entendu parler que par quelques journaux qui, je ne me rappelle plus comment, me sont tombés entre les mains et par les racontars des nouveaux arrivés de France. Il paraît qu'on ne parle que de lui, là-bas, de ses grandes capacités, de son patriotisme, de ses sentiments républicains, de toutes les qualités, enfin, qui mettent un homme hors de pair et en font la bête blanche d'un peuple. Je ne serais pas fâché de le voir. C'est peut-être un phénomène, réellement...

— Garde à vos !

Là-bas, tout au bout de la route, au milieu des manteaux rouges d'une trentaine de spahis, une voiture arrive au grand trot. Le capitaine se tourne vers l'adjudant et, lui frappant sur l'épaule :

— Vous le voyez, celui-là ? Eh bien ! il sera ministre de la guerre !

La voiture est à cinquante pas.

— Portez... armes ! Présentez... armes !

Prestement, le général est descendu et s'est avancé vers le capitaine. Nous l'avons vu. Nous avons vu sa belle barbe poivre et sel, ses bottes à éperons énormes et son képi à la Saumur, qui dissimule mal une coiffure de garçon boucher.

Après les compliments d'usage, il s'est décidé à passer devant les rangs. Notre uniforme, qu'il n'a jamais vu, paraît l'étonner fortement.

— Et de quelle couleur sont leurs képis ? demande-t-il au capitaine, intrigué qu'il est par la forme étrange de nos coiffures dont la nuance est cachée par nos couvre-nuques blancs.

— Il sont gris, mon général, comme leurs pantalons et leurs capotes.

— Pas possible! Alors, ils ne sont pas rouges?

— Non, mon général.

— Quelle naïveté! dis-je à mon voisin de droite, cet imbécile de Lecreux.

— Ça échappe à tout le monde, ces choses-là, me répond-il tout bas. Ça ne l'empêche pas d'être très fort — oui, très fort.

C'est possible. D'ailleurs, ça m'est égal. Mon enthousiasme n'a pas l'habitude de s'enflammer, pour éclater de tous les côtés, comme une chandelle romaine, à la moindre étincelle.

— Mettez sac à terre, vous, et installez rapidement.

Tiens, il est tout à côté de moi, le général, et c'est justement à Lecreux qu'il vient d'ordonner de placer, sur une serviette étendue par terre, le contenu de son sac. Il le regarde faire, tranquillement, les mains dans les poches, le képi en arrière, à la Jean-Jean. Je profite de l'occasion pour le dévisager à loisir.

Tout à coup, il se baisse et se relève en souriant, une brosse à graisse à la main.

— Pourriez-vous me dire, capitaine, pourquoi cette brosse n'est pas matriculée?

Le capitaine bredouille. Les officiers font des nez longs comme ça. Les chaouchs tremblent comme des feuilles. Ils ont oublié de matriculer une brosse!

Le général s'aperçoit de l'embarras des galonnés. Il a l'air d'en jouir; mais il ne veut pas se montrer féroce:

— C'est un oubli, je l'admets... Cependant, rappelez-vous, capitaine, qu'il faut tout matriculer, à ces gens-là, jusqu'aux clous des souliers. Ils ne doivent rien perdre, rien égarer. Sans ça, le conseil de guerre... La discipline, voyez-vous, il n'y a que ça... la discipline!... oh! moi, là-dessus, je me montrerai toujours impitoyable... moi, moi... je... voyez-vous... moi...

On lui a amené son cheval. Il l'enfourche.
— Lieutenant, prenez le commandement de la compagnie.

Tous les officiers nous ont fait manœuvrer, à tour de rôle. Ils n'y étaient plus. Ils donnaient des ordres saugrenus qui faisaient heurter les sections les unes contre les autres, au milieu d'un inextricable pêle-mêle. Ils perdaient la tête, visiblement ensorcelés par le charme qui se dégageait du dieu, éblouis par son éclat, fascinés par l'ascendant de son regard.
Et lui, tranquille, souriant, la jambe passée sur l'encolure de son cheval, les regardait de haut, paraissant leur savoir bon gré du trouble évident qu'il jetait dans leurs esprits, les remerciait du coin de l'œil — Louis XIV daignant se montrer charmé d'avoir embarrassé un pauvre homme.

— Eh bien! qu'en penses-tu, du général? vient me demander Lecreux quand la revue est terminée. Crois-tu qu'en voilà un, au moins? Ah! s'ils étaient tous comme lui!...
Il semble très content, Lecreux. Il a été choisi entre tous pour exposer aux yeux du grand chef ses chemises et ses godillots. Il en aurait reçu un coup de pied dans le derrière, qu'il paraîtrait peut-être

encore plus fier ; mais ce peu lui suffit. Il a l'air radieux. Il y a des gens comme ça.

Ce que je pense du général ? Beaucoup de choses ou rien du tout, comme on veut. Je le vois se promener, étalant ses grâces, ainsi qu'un paon qui fait la roue, devant le Cercle des officiers. Le capitaine l'accompagne, toujours à un pas en arrière, par déférence, ou peut-être pour éviter les grands gestes du personnage. Du reste, je n'ai plus besoin de le regarder, je l'ai bien examiné, tout à l'heure.

Une tête de gouapeur banal, de godailleur vulgaire, de poisseux à la mie de pain. Un front étroit et bas ; des yeux gris-bleu de larbin énigmatique, sournois et menteur, qui siffle le vin des singes dans l'escalier de la cave, et qui les débine, quand ils sont sortis ; l'allure louche et torse du laquais qui sait concilier toutes les complaisances et toutes les bassesses avec toutes les impertinences et tous les orgueils. Derrière la banatité du visage se cachent la duplicité et l'hypocrisie qu'on devine sous l'épiderme, comme des boutons malsains qui couvent sous la peau.

On sent que cet homme, qui pourrait être un crâne, n'est qu'un crâneur. Sa physionomie fait soupçonner des choses qui étonnent : la hardiesse probable du caractère étranglée par l'abâtardissement de la conscience et l'étroitesse de l'esprit, l'énergie conservée seulement pour le mensonge, — le balai sale avec lequel il doit, impassible et cynique, écarter tous les obstacles.

Il y a en lui du valet de bourreau patelin et du sacristain soûlard, de la culotte de peau et du rastaquouère. Il y a en lui l'étoffe d'un aventurier équivoque, d'un de ces Catilinas désossés auxquels le peuple, mastroquet stupide des gloires sophistiquées, est toujours disposé à flanquer, à l'œil, des mufées de vanité, des bitures de présomption...

Le peuple, ridicule victime, au bout du compte, dupe imbécile, irrémédiablement prostitué aux sauteurs à épaulettes, toujours prêt à couper dans la pommade patriotique — à la moelle de meurt-de-faim...

## XX

Je viens de m'étendre sur ma natte, fourbu, énervé, furieux comme je ne l'ai jamais été depuis les treize mois que je suis à la compagnie.

C'était aujourd'hui le 14 Juillet. On a célébré la Fête nationale, à Aïn-Halib. Il y a eu, le matin, une grande revue et un tir d'honneur, deux distributions de vin et trois distributions de café et, l'après-midi, des courses en sacs et des courses à pied, des jeux du baquet et de la poêle. Un poteau de télégraphe enduit de suif servait de mât de cocagne et, à un cercle de barrique accroché au sommet, pendaient des paquets de tabac et de la cire à astiquer, des boîtes de cirage et des saucisses, des bâtons de sucre de pomme et des fioles à tripoli.

Rien de profondément triste comme ces réjouissances de prisonniers, rien d'ironiquement lugubre comme cet anniversaire de la prise de la Bastille fêté dans un bagne !...

Écœurés et fatigués par le spectacle de ces divertissements stupides, nous nous étions retirés, trois ou quatre, vers la fin de l'après-midi, dans un marabout. Un pied-de-banc qui passait et qui nous a entendus parler s'est précipité dans la tente :

— Voulez-vous sortir, nom de Dieu ! et aller vous amuser avec les autres ? Est-ce que vous vous figurez que ç'a été inventé pour les chiens, le 14 juillet ?... Si je vous repince à ne pas vous amuser, je vous fiche dedans !...

Et il nous a fallu assister, le soir, à une représentation théâtrale donnée dans une baraque en planches et en toile, construite tout exprès. Les acteurs s'étaient grimés tant bien que mal et ont joué deux ou trois pièces quelconques au milieu des applaudissements. Deux d'entre eux, qui remplissaient les rôles de femmes et qui portaient des jupes et des chapeaux pêchés je ne sais où, excitaient des murmures d'admiration — et de rage. J'ai vu, à leur apparition, des visages se contracter et des doigts se crisper sur les bancs, j'ai entendu des cris bestiaux de fauves en rut se mêler aux *bis* d'enfiévrés qui se fichaient pas mal de la pièce, mais qui voulaient se repaître, encore et encore, du gonflement factice des corsages et de l'énormité des croupes, de cette illusion de la chair femelle dont la faim, depuis longtemps, les torturait. Un petit officier, arrivé de France depuis deux mois à peine, le lieutenant Ponchard, s'est levé de la chaise qu'il occupait auprès du capitaine et, sous prétexte de donner des conseils aux acteurs, est entré dans les coulisses.

— Ce qu'il fourgonne dans les jupes de celui qui fait la femme de chambre ! est venu nous dire un blagueur qui avait été regarder à travers une fente de la toile. Non, c'est rien que de le dire ! Dame ! c'est qu'ils sont aussi sevrés que nous, les officiers.

— Mais ils peuvent au moins, de temps en temps, faire un voyage à Gabès ou ailleurs, dans une ville où il y a des femmes ! s'est écrié un de mes voisins ; tandis que nous !... Ah ! bon Dieu !... Moi, ce soir, c'est pas de la blague, je coucherais avec une truie !...

J'ai ri — ou j'ai fait semblant de rire — de ces emportements furieux, de ces appétits que le jeûne n'a pas domptés, mais a rendus plus féroces.

Mais maintenant que je suis seul, rêvant tout éveillé à côté de mes camarades endormis, je me demande si une grande partie du désespoir qui s'est emparé de moi, depuis ma sortie de prison, n'est point faite de la privation de ces plaisirs physiques que réclamait tout à l'heure, à grands cris, devant l'étalage de formes en papier et en fil de fer, la surexcitation des spectateurs. Je me demande si l'énorme ennui qui m'accable est bien produit par l'absence de distractions intellectuelles, s'il n'est pas plutôt l'effet du manque de sensations naturelles — dont les flagellations des chaouchs m'ont empêché de souffrir jusqu'ici.

Perpétuellement en butte aux méchancetés sournoises des galonnés, sans cesse témoin et victime des iniquités rancunières des garde-chiourmes, je m'étais raidi contre les défaillances, et j'avais opposé aux faiblesses du corps et aux avachissements de l'esprit la surexcitation de la rage et la barrière d'airain de la haine. Je comptais jour par jour le temps qui me restait à faire et je regardais avec impatience, mais sans crainte, tourner l'aiguille sur le cadran de la liberté. Je savais que je finirais par entendre sonner l'heure de la délivrance — parce que je voulais l'entendre sonner — et voilà que ma force m'abandonne au moment où mes tourments diminuent, que mon énergie disparait avec les souffrances qui l'avaient fait naître et les coups de fouet qui l'irritaient! Voilà que je n'ai même plus la force de regarder en face les deux ans qui me restent à passer ici, devant ce code pénal dont je me moquais hier et qui me terrifie aujourd'hui ; voilà que j'aurais la lâcheté de les troquer, ces deux ans, tant j'ai peur du conseil de guerre, contre cinq années de bagne, avec la liberté assurée au bout !

Je n'avais encore jamais ressenti ce que j'éprouve à présent avec une intensité effrayante : le dégoût de tout, même de l'existence, ce dégoût énorme qui porterait un homme aux pires atrocités et le ferait marcher, tranquille et haussant les épaules, au devant des éventualités les plus terribles, les plus ignobles — ou les plus bêtes. — Je me sens, dans toute la force du terme, abruti...

Et qui sait si ce n'est pas pour venir plus facilement à bout de ma résistance qui les irrite, que les chaouchs ont résolu de ne plus me mettre en prison à propos de bottes et de me forcer à vivre avec des moutons et des abattus dont la fréquentation affaiblit? Qui sait si ce n'est pas pour me pousser à quelque extrémité qu'ils m'ont désigné pour aller, demain matin, avec une douzaine d'autres, renforcer le détachement d'El-Ksob? El-Ksob, le plus mauvais poste de la compagnie, commandé par un officier féroce, et d'où remontent toutes les semaines, pour être mis en prévention de conseil de guerre, des malheureux dont nous allons prendre la place. Ah! j'aimerais mieux la prison...

Je suis un torturé dont le courage consiste à braver

les bourreaux dans la chambre de la question, mais qui se laisse aller à la dernière des faiblesses aussitôt qu'on l'a réintégré dans son cachot aux guichets traîtres. Ma rage a besoin d'être alimentée tous les jours par une nouvelle injure. Ma haine des tortionnaires m'abandonne aussitôt que leurs tenailles ont cessé de me pincer la chair.

Ma haine!... Cette haine qui, ainsi qu'un roseau fragile, va se briser et me percer la main, et sur laquelle je pensais m'appuyer, comme sur un bâton, pour terminer l'étape horrible; cette haine que je n'ai voulu sacrifier à rien, ni au souvenir ni à l'espoir, qui m'a fait repousser les consolations que m'offrait la nature, la nature magnifique, que j'ai refusé de regarder. Je n'ai pas voulu que sa splendeur, qui aurait illuminé la noirceur de mes rêves, émoussât le tranchant de ma volonté, comme la rosée du soir, qui relève les fleurs couchées par la chaleur du jour, détend les cordes des arcs.

Ma haine... Je ne sais même plus si je hais. J'ai peur. Les ténèbres s'épaississent autour de moi. Toutes les formes du découragement se ruent à l'assaut de mon imagination fatiguée, malade. Et je me sens, peu à peu, rouler dans l'abîme du désespoir sans fond... J'ai froid à l'âme...

## XXI

— Est-ce que tu connais quelqu'un à El-Ksob? me demande Hominard, comme nous partons d'Aïn-Halib.

— Ma foi, Queslier vient de me dire que nous y trouverions quelques copains.

— Bien sûr, dit Queslier qui fait aussi partie du détachement. On a envoyé à El-Ksob une douzaine d'hommes d'El-Gatous, pour aider à la construction du bordj. Nous allons retrouver le Crocodile, Acajou, Rabasse...

— Et l'Amiral?

— L'Amiral aussi; c'est lui qui conduit le tombereau du Génie. Il est venu une fois à Aïn-Halib, pour chercher de la chaux, pendant que tu étais en prison. Il m'a dit qu'ils étaient là-bas quelques bonnes têtes, mais pas mal de jeunes arrivés de France... Tu sais, il paraît que ça pète sec à El-Ksob. Avec les gradés qu'il y a : le caporal Mouffe, l'ancien calotin défroqué, l'Homme-Kelb...

— Qu'est-ce que c'est que l'Homme-Kelb?

— Comment ! tu n'as pas entendu parler de l'Homme-Kelb ? L'Homme-Chien qui a du poil jusque dans les oreilles ?

— Non.

— Eh bien, tu ne vas pas tarder à faire sa connaissance, ainsi que celle de l'honorable capitaine Mafeugnat. Ah ! tu te figures que tu vas avoir affaire à des chaouchs ordinaires ? Pas du tout. Ce sont des chaouchs de choix, de première catégorie. On n'en fait plus comme ça. Le moule est perdu. Le capitaine d'abord : un capitaine en second qu'on a envoyé aux Compagnies de Discipline parce qu'il préférait les bouteilles pleines aux bouteilles vides et dont le nez ressemble à une pomme de terre pourrie ou à une poire blette...

— Queslier ! s'écrie le caporal qui nous commande et qui a entendu la dernière phrase, je vous porte quatre jours de salle de police avec le motif, si vous dites un mot de plus.

Queslier prend le parti de se taire et, haussant les épaules, force l'allure pour se porter en avant. Je le suis avec Hominard et bientôt nous marchons à une trentaine de pas de nos sept camarades ; entre leurs capotes et leurs képis gris, apparaissent le képi et le pantalon rouge du caporal.

Nous descendons une côte caillouteuse. La route, étroite, bordée de grosses pierres, s'engage dans un défilé, le long du lit raviné d'un oued dont les galets grisâtres et polis recouvrent à demi des amas de roseaux desséchés ou les troncs noirâtres d'arbres déracinés et apportés là par les eaux, à l'époque des grandes pluies. Puis, après un dernier détour, nous entrons dans une vallée aride, semée de loin en loin de buissons d'épines et encaissée entre des collines taillées à pic, au terrain rougeâtre, sur lequel des touffes d'alfa font l'effet de petits bouquets verts. Tout d'un coup, après le passage d'un oued qui dégringole des montagnes de droite, la chaîne des collines s'écarte à gauche et laisse apercevoir une plaine immense piquée de broussailles et de grands arbres, et bornée tout là-bas, au diable, par des montagnes d'un bleu cru. La route tourne à droite et, au pied d'une éminence qu'elle gravit, s'élève un bouquet de gommiers.

— Ouf! dit Queslier en laissant tomber son sac, voilà douze kilomètres de faits : la moitié de l'étape. Nous pouvons bien nous reposer un quart d'heure.

Hominard et moi nous mettons sac à terre et nous nous asseyons en attendant les camarades qui sont, maintenant, à plusieurs centaines de mètres en arrière.

— Dites donc! s'écrie le caporal en approchant, si vous profitez de ce que je ne suis pas méchant pour vous moquer de moi, je vous ficherai dedans, vous savez.

— Qui est-ce qui se moque de vous, caporal? demande Hominard. Est-ce pour moi que vous dites ça, par hasard?

— Pour vous, pour Froissard et pour Queslier. Je ne veux pas que vous marchiez en avant, comme vous venez de le faire. Nous n'aurions qu'à rencontrer un officier, sur la route... Je ne suis pas méchant, mais je n'aime pas qu'on ait l'air d'en avoir deux...

Pour toute réponse, Hominard tire sa pipe de sa poche et la bourre tranquillement. Il se retourne pour me demander une allumette; mais il reste le bras tendu, fixant les yeux sur la colline le long de laquelle serpente la route et que nous allons grimper tout à l'heure.

— Tiens, regarde donc là-haut ?

— Eh ! c'est le tombereau d'El-Ksob, dit Queslier, dont la vue perçante a reconnu l'attelage du génie. Et je parie que c'est l'Amiral qui le conduit... oui... oui..., c'est bien lui. Il va au moins chercher quelque chose à Aïn-Halib.

— Ma foi, tant mieux ; il pourra nous donner quelques renseignements sur El-Ksob.

Et je m'avance sur la route. Le tombereau descend lentement la côte. Au-dessus des ridelles on voit s'élever quelque chose qui ressemble à une perche... Tiens, c'est un fusil avec la baïonnette enfoncée dans le fourreau, au bout.

— Ohé ! l'Amiral !

L'Amiral esquisse un geste vague, mais ne répond pas. Il est accompagné par un sergent dans lequel je reconnais cet infâme Craponi qui avait attaché Palet à la queue d'un mulet.

— C'est cette rosse de Craponi qui lui défend de nous répondre, murmure Queslier. Mais qu'est-ce qu'il a donc dans sa voiture ?

Le tombereau n'est plus qu'à vingt pas. Je m'avance au devant du premier mulet, que je saisis par la bride.

— Voulez-vous lâcher cet animal ! s'écrie Craponi. Et vous, marchez ! en avant ! je vous défends de vous arrêter, entendez-vous ?

Mais l'Amiral n'a pas l'air de comprendre que c'est à lui que le Corse s'adresse. Il a saisi le cordeau qu'il retient d'une main ferme et a mis sa voiture en travers de la route.

— Vous pouvez regarder ce qu'il y a dedans, nous dit-il, sans serrer les mains que nous lui tendons. Ne vous pressez pas, allez ! je ne partirai pas avant que vous ayez vu.

Et, se tournant vers le pied-de-banc :

— Tu entends, toi, je ne partirai pas avant. Si ça ne te plaît pas, c'est le même prix.

— Caporal ! crie Craponi au cabot qui, assis sous les gommiers, regarde la scène de loin, sans y rien comprendre ; caporal ! rappelez vos hommes, où je vous porte une punition en arrivant à Aïn-Halib !

Le caporal s'élance en courant, mais Queslier est déjà monté sur une roue, moi sur l'autre. Au fond du tombereau un fusil dressé tout droit, un sac et un fourniment et, en travers, quelque chose comme un long paquet enveloppé de couvre-pieds gris.

— Qu'est-ce que c'est que ça ? demande Queslier qui se penche et tire à lui les couvertures. Ça a l'air lourd... Ah !...

Il pousse un cri et est obligé de se cramponner aux ridelles pour ne pas tomber à la renverse. Je me penche à mon tour, anxieux, et un cri d'horreur m'échappe aussi. Ce qu'enveloppent les couvre-pieds, c'est un cadavre. La tête amaigrie, aux joues creuses, au teint plombé, est collée dans un angle du tombereau et de cette face livide, affreusement contractée, aux yeux ouverts encore dans lesquels est restée figée l'expression d'une rage atroce, aux mâchoires fortement serrées l'une contre l'autre, se dégage une impression de souffrance épouvantable. Cette tête, je l'ai reconnue, Queslier aussi. C'est celle de Barnoux. Nous nous précipitons vers l'Amiral pour lui demander des détails, tandis que les huit hommes qui nous accompagnent, Hominard en tête, grimpent à l'envi sur la voiture. Le caporal, emporté par la curiosité, monte aussi sur un brancard.

— Tu peux regarder, va ! lui cria Queslier. Ce sont tes confrères qui l'ont assassiné, celui-là. Si tu avais deux sous de cœur, tu rendrais tes galons à ceux qui te les ont donnés, après avoir vu ça !

Le caporal bégaye, pleurniche.

— Pas de ma faute... moi... pas méchant...

— Mets-y un clou, eh ! cafard ! gueule Hominard qui a porté la main à sa cartouchière ; mets-y un clou, ou je te fous une balle dans la peau ! Les assassins n'ont qu'à fermer leur boîte, ici, ou on leur crève la gueule comme à des kelbs !

Le cabot, terrifié, jette les yeux autour de lui. Il est tout seul. Craponi, prévoyant la scène, s'est éclipsé aussitôt qu'il nous a vus monter sur le tombereau. On l'aperçoit, tout au bout de la route, silhouette ignoble d'animal lâche et fuyant.

— Je ne sais pas ce qui se passe en ce moment à El-Ksob, nous dit en terminant l'Amiral qui nous a expliqué comment Barnoux est mort, étranglé par les chaouchs ; mais ce que je puis vous assurer, c'est que, lorsque je suis parti, ça chauffait dur. Les hommes ne veulent pas sortir du camp et les gradés, qui sont réunis autour du capitaine, n'osent pas s'approcher d'eux. Ce matin, le Crocodile et une vingtaine d'autres parlaient de descendre le cadre et de déserter, avec armes et bagages, en Tripolitaine. Je ne sais pas comment ça a tourné, mais les gradés n'en mènent pas large. Moi, je ne voulais pas, d'abord, conduire le corps à Aïn-Halib, mais j'ai réfléchi. Autant valait moi qu'un autre, car moi, je n'aurai pas peur de raconter au capitaine comment les choses se sont passées...

— Ce n'est pas au capitaine qu'il faut aller porter plainte, s'écrie Queslier. Le capitaine ! Ah ! il s'en fiche pas mal ! C'est le général qu'il faudrait aller trouver, à Boufsa ! Et nous verrions bien s'il ne nous accorderait pas justice.

Je suis assez de cet avis, bien que je ne compte guère sur la justice du général — précisément parce qu'il est général.

— Le plus simple, ça serait encore de descendre toute la racaille à coups de flingot, insinue Hominard en fixant le cabot qui, tout pâle, flageolle sur ses jambes.

— C'est peut-être en bonne voie d'exécution, ce système-là, répond l'Amiral. Vous savez, après ce qui s'est passé ce matin, ça ne m'étonnerait pas qu'on ait déjà fait du bœuf à la mode avec la viande des pieds-de-banc... Tiens ! Eh bien ! où est-il passé mon Corsico ?... Ohé ! Craponi ! Fripouilli ! Macaroni !...

Le caporal, tremblant, s'approche de l'Amiral.

— Le sergent est parti depuis quelque temps déjà. Comme vous ne pouvez pas remonter sans escorte à Aïn-Halib, je vais vous accompagner. Les hommes iront bien tout seuls jusqu'à El-Ksob.

— C'est ça, dit Queslier, débarrasse-nous de toi. Il n'aurait qu'à nous prendre envie de te casser les pattes en route...

Mais Hominard se récrie.

— De quoi ? de quoi ? Monsieur a le flub ? Monsieur veut se trotter ? Ah ! mais non, par exemple ! Pas de ça ! On nous a donné un cabot pour nous conduire et je veux mon cabot. Un cabot comme ça, qui m'a menacé de me ficher dedans parce que je marchais trop vite ! Il n'y a pas de danger que je le lâche ! Et je vais le faire marcher devant moi, encore, avec accompagnement de coups de pied dans les talons s'il a l'air de vouloir caner... Ça ne marque pas, les coups de pied dans les talons... seulement, ça pince.

Le caporal essaye de protester.

— Je n'ai pas peur, je n'ai rien à redouter... Je n'ai jamais été méchant... c'est une justice à me rendre, je n'ai jamais été méchant...

— Elle n'est pas mauvaise ! Mais qu'est-ce que ça nous fout, tout ça? Méchant ou pas, si on décide de venger Barnoux sur la peau de tes copains d'El-Ksob, tu y passeras comme eux, en même temps... Ah ! maintenant, dans le cas où la représentation serait déjà finie quand nous arriverons, on jouerait une nouvelle pièce exprès pour toi... Plains-toi donc, eh ! taffeur !... Un duo à nous deux ! c'est moi qui jouerais de la clarinette !

— En route, nom de Dieu ! s'écrie Queslier. Et pas de halte jusqu'à El-Ksob? Nous verrons ce qu'il y a à faire, avec les autres ; il faudra qu'ils le payent, leur assassinat ! Au revoir, l'Amiral !

Nous avons repris nos sacs et nous nous sommes mis en marche. Elle ne nous a pas semblé longue, la seconde moitié de l'étape. Excités par l'indignation, la rage au cœur, nous avons marché à grands pas, silencieux, mornes, distendant seulement les mâchoires dans un rire féroce chaque fois qu'Hominard, ce farceur que la blague ne quitte pas, même dans la colère, engueulait son cabot.

Des impitoyables, souvent, ces rigoleurs qui dissimulent la violence de leur indignation sous les drôleries de la farce — comme on cache un stylet dans le manche d'un riflard — et qui jettent à pleines poignées, sur les éraflures que fait la pointe froide de la menace, le sel cuisant de l'ironie.

— Allons, trotte donc ; on dirait que tu as peur de t'user la plante des pieds ! Tu ne ferais jamais tort qu'aux vers. Ils ne te diront pas merci pour une demi-livre de viande que tu leur apporteras en plus. Après ça, Monsieur a peut-être passé un traité avec les astibloches ?

— Si tu ne marches pas plus vite, je ne te laisserai pas faire ton testament.

Au bout d'une heure et demie, du haut d'une éminence qui domine une vallée, nous apercevons El-Ksob. Il est neuf heures du matin. Le blanc des marabouts, rosé au sommet, éclate sur le bleu pur du ciel, à gauche, tandis qu'à droite, le soleil qui vient de jeter sa pourpre caligineuse sur la pointe des montagnes, commence à rougir les contours de constructions inachevées dont les formes s'effacent et ne semblent plus qu'une masse violacée et confuse au milieu de l'éblouissement doré des rayons.

## XXII

— Par ici ! caporal ! Par ici ! Ne laissez pas vos hommes entrer dans le camp, s'écrie le capitaine Mafeugnat aussitôt qu'il nous aperçoit.

Et il sort, en faisant de grands gestes, d'une des deux maisonnettes bâties sur la petite esplanade qui précède les retranchements élevés autour de l'emplacement des marabouts.

Les gradés, un sergent et un caporal, sortent aussi de leur cahute et font quelques pas au devant de nous.

— Mais, qu'est-ce qu'il a à nous appeler ? me demande Queslier. Est-ce qu'il se figure que nous arrivons avec l'intention de lui servir de gardes du corps ? Ah ! mais non ! Moi, d'abord, j'ai bien envie d'aller tout de suite retrouver les autres.

Ils nous appellent aussi, les autres. Ils sont réunis en groupe compact, au milieu du camp, devant les tentes et, par-dessus le parapet, nous font signe de venir les rejoindre. Pourquoi pas ? Le capitaine va évidemment nous faire camper à part, nous enjoindre de ne pas communiquer avec eux et, si nous enfreignons sa défense, il pourra nous accuser d'avoir refusé de lui obéir. Jusqu'à présent, nous n'avons reçu aucun ordre direct; le capitaine n'a parlé qu'au caporal qui nous conduit, — le caporal Fleur-de-Gourde, comme Hominard vient de le baptiser en route. — Queslier me pousse le coude... Nous sautons le fossé, lui et moi, et nous avons franchi le retranchement avant que le cabot ait eu le temps de se retourner.

— Voulez-vous revenir ici! s'écrie-t-il, furieux de s'être laissé manquer de respect devant un capitaine ; voulez-vous !...

L'émotion arrête la parole dans sa gorge. Les huit camarades, Hominard en tête, viennent de lui passer entre les jambes et ont pris le même chemin que nous.

— Vous aurez de mes nouvelles ! tas de bandits ! hurle le capitaine qui a vu de loin la scène et qui reprend le chemin de sa maison en nous tendant le poing.

— Ses menaces et rien, dit le Crocodile en haussant les épaules, c'est absolument le même tabac.

— Depuis ce matin, ajoute Acajou en ricanant, chaque fois qu'il nous donne un ordre, c'est comme s'il pissait dans un violon pour faire de la musique. Quand on a un frère à venger, conclut-il tragiquement, on ne connaît plus rien.

Encore un drôle de type, ce gamin, dont l'impudence effrontée couvre la résolution audacieuse et qui écrase honteusement, entre deux phrases de mélodrame ou deux couplets de beuglant, sa sensibilité de petite fille. On sent qu'il a au plus haut degré la rancune de l'injure subie, cet avorton, qu'il l'a conservera pendant des années, s'il le faut, mais qu'il ne l'effacera complètement que lorsqu'il aura fait payer l'insulte à l'insulteur, par une mauvaise plaisanterie, un mauvais tour — ou un mauvais coup. — Pour le moment, il demande l'abatage immédiat des chaouchs, capitaine en tête.

— Œil pour œil, dent pour dent ! Qu'est-ce que tu en penses, Rabasse ?

Rabasse nous explique comment Barnoux a été assassiné. Il avait, paraît-il, parmi les sapeurs du génie qui dirigent les travaux du bordj qu'on construit à côté du camp, un camarade, un Bordelais comme lui. Ce camarade est parvenu, hier, 14 Juillet, à la faveur du désordre qu'avaient produit les différents jeux organisés pour célébrer la fête, à lui passer quelques bouteilles de liqueur. Barnoux était en train de les vider, le soir, après l'extinction des feux, avec les hommes de son marabout, quand le sergent Craponi, faisant une ronde, a entendu du bruit et est entré dans la tente. Il s'est aperçu de ce qui se passait et a fait sortir Barnoux qu'il a amené devant le capitaine.

— Dites-moi de qui vous tenez ces bouteilles, lui a dit Mafeugnat.

Barnoux, naturellement, a refusé. Le capitaine a donné l'ordre de le mettre aux fers. Comme il résistait, Craponi, l'Homme-Kelb et Mouffe se sont précipités sur lui et l'ont mis à la crapaudine ; puis, pour que personne ne vînt le détacher, ils l'ont transporté devant leur maison. Là, Barnoux ayant poussé quelques plaintes, les trois brutes ont été prévenir le capitaine qui est venu demander au patient s'il voulait se taire.

— Vos cris empêchent tout le monde de dormir. Voilà les sergents qui assurent que vous ne leur laissez pas fermer l'œil.

— Mon capitaine, je ne crie et je ne me plains que parce que je souffre. On a serré les fers tellement fort que j'ai les poignets brisés. Vous pouvez regarder si ce n'est pas vrai.

— Je m'en moque, vous n'avez que ce que vous méritez.

— Mon capitaine, un homme ne mérite jamais d'être traité comme je le suis. Si vous aviez un peu de cœur, vous le comprendriez...

— Le bâillon! mettez-lui le bâillon! s'est écrié le tortionnaire aux trois galons.

Et les chaouchs, après avoir enfoncé de force un chiffon sale dans la bouche de leur victime, lui ont entouré la tête avec des serviettes et des cordes.

— Toute la nuit, nous dit Rabasse, il est resté là, jeté sur le sable comme un paquet. Et ce matin, au jour, le factionnaire, ne le voyant pas remuer, s'est approché. Il l'a secoué et s'est aperçu qu'il était mort étouffé. Aussitôt, le capitaine l'a fait mettre dans le tombereau du génie et...

— Oui, nous avons rencontré l'Amiral en route.

— Ah! si tu avais vu le camp ce matin! s'écrie le Crocodile. Tout le monde était en révolution. Vrai! je ne sais pas comment ils sont encore en vie, les chaouchs!

— Il faudrait pourtant se décider, dit Acajou. Moi, je mets une boule noire, et toi?

Moi, je mets une boule blanche. Oui, une boule blanche. Je viens de jeter un coup d'œil sur les visages des individus qui m'entourent et, certes, si j'ai découvert quelques faces décidées, j'ai vu bien des physionomies d'indécis et d'irrésolus. Je devine que j'ai devant moi des abêtis qui n'ont même pas eu le courage d'être lâches tout de suite et qui se sont emballés, ce matin, surtout parce qu'ils ont vu éclater l'indignation de quelques crânes. Leur demi-journée d'insoumission commence à leur peser, et je sens que, malgré eux peut-être, d'un instant à l'autre, leur colère va tomber à plat. Ces moutons transformés subitement en loups vont redevenir des moutons. Je sens qu'il n'y a rien à tenter avec ces molasses. Je sens que, si nous levions nos fusils contre les assassins de Barnoux, ils se précipiteraient pour nous retenir les bras,—heureux de racheter leur rébellion par de l'aplatissement,— ou nous casseraient la tête par derrière.

Et puis, je ne suis pas d'avis de recourir à la violence. Si j'avais été là ce matin, à quatre heures, quand on a relevé le cadavre, j'aurais été le premier à prêcher la révolte et peut-être à envoyer une balle dans la peau d'un des étrangleurs. Maintenant il est trop tard.

Il y a une autre raison encore. En dehors de la vengeance immédiate, toujours excusable, je ne comprends la mort d'un homme que comme sanction d'une idée juste. Ici, l'exécution des misérables ne prouverait rien. Elle serait la conséquence méritée de leur férocité, et voilà tout. Si, un jour, quand l'heure sera venue de jeter par terre le système militaire, il faut répandre du sang, — et il le faudra, — on les retrouvera, les tortionnaires. Eux ou d'autres, peu importe. Tous les individus qui composent une caste sont solidaires les uns des autres.

Le fait brutal est là, pourtant. Il y a eu rébellion. Depuis le matin, le camp entier refuse d'obéir aux ordres donnés par les chefs. On a poussé des cris d'indignation, on a proféré des menaces. Il est temps de mettre un terme à cette situation fausse. Se soumettre sans rien dire? Ils sont là une douzaine qui ne le voudraient pas; et puis, ce serait avouer implicitement qu'on a eu tort. Se plaindre? Oui, mais à qui?

— Au général, parbleu! s'écrie Queslier, comme je le disais pendant la route!

Je saute sur cette idée. Je sais d'avance à quoi m'en tenir sur les résultats de la visite que nous allons faire au commandant du cercle. Je ne me fais pas d'illusion sur la portée des réclamations que nous pourrons lui adresser et qu'il sera à peu près forcé de prendre, pour la forme, en considération. Seulement, le projet de Queslier a un bon côté. Le général sera obligé d'admettre, si nous poussons jusqu'à lui, que le camp d'El-Ksob a agi de bonne foi et ne s'est révolté que sous l'influence de l'indignation. Rester là, ce serait risquer de se voir accuser d'avoir tout simplement obéi à des chefs de complot dont le plan a avorté et dont on demanderait les noms,— qui seraient livrés, indubitablement. Et puis, qui sait? c'est peut-être un brave homme, ce général? Il est capable de forcer Mafeugnat et ses acolytes à changer de corps; il est capable de les faire passer au conseil de guerre... Il est capable... De quoi n'est-il pas capable?

— Parbleu! s'écrient les hommes qui m'entourent et auxquels je viens d'exposer ces dernières idées; allons, en route tout de suite.

Tout le détachement veut se mettre en marche, immédiatement, pour arriver à Boufsa, où se trouve le général, après-demain matin. Il a fallu faire entendre raison à ces enragés,—des enragés qui commençaient à voir tout en rouge, après avoir vu tout en noir, et qui ne parlaient de rien moins que de la condamnation à mort de Mafeugnat, au conseil de guerre devant lequel le ferait passer le général.

Il est décidé que nous partons à six, Queslier, le Crocodile, Acajou, moi et deux autres. Nous faisons la quête pour avoir du pain pendant les deux jours que nous aurons à marcher. Chacun nous apporte un croûton ou un morceau de biscuit. Nos musettes sont à peu près pleines.

— Assez comme ça, dit Acajou. Sans ça, nous engraisserions et nous ne pourrions plus doubler les étapes. Quand on n'a pas l'habitude de manger à sa faim, vous comprenez...

Nous empoignons nos fusils et nous sortons du camp à la queue leu-leu. Le capitaine, qui cause sur sa porte avec les chaouchs, nous aperçoit.

— Halte-là ! où allez-vous ?
— Nous allons à Boufsa, porter une lettre pressée au général, répond le Crocodile.

Le capitaine devient tout pâle.

— Rentrez dans le camp ! Je vous défends de faire un pas de plus !

Pour toute réponse, nous nous remettons en marche. D'un bond, Mafeugnat rentre chez lui et sort avec un revolver à la main. Il lève le bras.

— Si vous ne vous arrêtez pas, je fais feu !

Nous sommes à dix pas de lui et il met en joue le Crocodile. Tous ensemble, nous prenons à la main nos fusils chargés pendant que les chaouchs, Fleur-de-Gourde en tête, se précipitent dans leur cahute sous prétexte de chercher leurs armes.

—Allons, va donc raccrocher ton crucifix à ressort, dit Acajou au capitaine, tu vois bien qu'il ne nous fait pas peur. C'est des noyaux de cerises qu'il y a dedans.

Mafeugnat est vert de rage. Il murmure, d'une voix brisée par la colère :

— Je vous ferai tous passer en conseil de guerre !
— Après toi ! crie le Crocodile.

Et Acajou, qui est resté le dernier, se retourne pour lui dire en riant :

— A quoi ça te sert-il de faire tes yeux en boules de loto ? On sait bien que tu n'es pas méchant ; tu ne ferais pas de mal à un lion ; tu aimerais mieux lui donner un morceau de pain qu'un coup de pied...

## XXIII

Le général, à Boufsa, a paru indigné de ce que nous lui avons appris. Il a prescrit une enquête et nous a promis, s'il y a lieu de le faire, de punir sévèrement les coupables. En attendant, il nous a fait reconduire à El-Ksob. Nous sommes retombés sous la coupe du capitaine Mafeugnat et de ses séides, qui nous en font voir de dures.

Quelle canaille, que ce Mafeugnat! Une face jaunie par la bile, percée de petits yeux de cochon et agrémentée d'un nez enflé, pourri, en décomposition, constamment enduit d'onguents ou de pommade; une physionomie répugnante, rongée par le vice et crispée par la méchanceté; une tête de bourreau malade, de tortionnaire galeux, d'inquisiteur constipé. Il est toujours en train de rôder, la tête baissée, comme une hyène dans sa cage, autour de sa maisonnette. On dirait qu'il est en quête d'une étrille ou qu'il est à la recherche d'un clysopompe. L'autre jour, je suis passé à dix pas de lui. Il s'est arrêté net et m'a lancé un regard furieux. Ce n'est pourtant pas de ma faute si ses pustules ne veulent pas guérir et si les hommes de corvée trouvent vide, tous les matins, le Jules qui lui est réservé. La maladie rend irritable et injuste, je le sais bien, mais ce n'est pas une raison pour avoir l'air d'accuser les gens d'avoir jeté un sort sur vos tumeurs et d'avoir enchanté votre S' iliaque.

— Vous, vous m'avez l'air de filer un mauvais coton, m'a dit hier le sergent qu'on appelle l'Homme-Kelb ; avec votre air de vous ficher du monde, je crois que vous n'irez pas loin... Et ne me regardez pas comme cela, quand je vous interloque... Je n'en veux pas, de ces coups de z'yeux!...

Il ne veut pas qu'on le regarde, ce sauvage poilu, moulé dans un cor de chasse. Quel dommage ! Il est pourtant bien intéressant à voir, avec sa figure blafarde d'assassin lâche, son nez en pied de marmite où pend une roupie infecte et son poil roux de Judas hirsute qui lui envahit les yeux et cache ses larges oreilles aplaties.

Et le caporal Mouffe, un ignoramus aux yeux morts de poisson vidé, qui a jeté le froc aux orties pour endosser une livrée de geôlier !

C'est lui, ce Mouffe, qui a fait saisir l'autre jour un malade atteint de dyssenterie qui, n'ayant pas le temps d'aller au dehors du camp, avait posé culotte à quelques pas de sa tente. Il l'a fait renverser par terre et lui a fait traîner la figure dans les excréments. Il a trouvé un homme pour accomplir cette besogne lâche, un nommé Prey, sorte de brute inconsciente, qui porte ces mots tatoués sur le front : « Pas de chance. » Quand le malade s'est relevé, il avait les mains et les bras déchirés par les pointes des cailloux sur lesquels il était tombé, et du sang coulait à travers l'ordure dont était souillé son visage.

C'est lui, ce Mouffe, qui, tous les soirs, après l'appel, chaussé de chaussons de lisière, rampe autour des marabouts pour épier le moindre bruit, et qui répète toutes les cinq minutes, d'une voix nasillarde de prêtre idiot :

— Je veux entendre le plus profond silence !

Quels êtres, mon Dieu ! Ah ! mieux vaudrait mille fois vivre dans les montagnes, avec les bêtes, avec les chacals et les hyènes dont on entend les hurlements, la nuit, que de passer son existence avec ces brutes qui croient être des hommes !

Et il faut trimer, avec ça, comme des nègres. Nous travaillons à la construction d'un bordj, à côté du camp. Cinq heures de terrassement le matin, quatre le soir, avec les chaouchs, revolver au côté, se promenant sans cesse le long de la tranchée, punissant ceux qui lèvent la tête, punissant ceux qui travaillent mollement, punissant ceux qui n'arrivent pas à terminer leur tâche, engueulant tout le monde à tort et à travers.

Je me moque de leurs menaces ; je me fiche de leurs engueulades. D'ailleurs, ils se sont décidés à me laisser assez tranquille ; ils se sont aperçus que j'abattais ma part de turbin assez consciencieusement. Le travail ne me fait plus peur, en effet. Je me suis habitué au maniement de la pioche et de la pelle, et la multiplicité des calus a rendu la peau de mes mains aussi dure et aussi rugueuse que de la peau de crocodile. C'est très utile, de ne pas avoir l'épiderme trop délicat lorsqu'on a à remuer un sol aussi rocheux et aussi rude à entamer que celui que nous éventrons, terrain pierreux dans lequel la pioche porte à faux et rebondit sur le roc, en envoyant dans les bras des contre-coups douloureux. Il ne manque pas de gens qui n'ont pas autant de chance que moi et qui se donnent un mal du diable sans arriver à des résultats appréciables.

Il y a ainsi dans mon équipe un certain Dubuisson qui pourrait facilement emporter dans ses poches, à la fin de chaque séance, toute la terre qu'il a piochée. Il a commencé par travailler avec acharnement, mais, voyant que son courage ne lui servait à rien, il s'est ralenti peu à peu et se contente maintenant de gratter légèrement le sol avec la pointe de sa pioche. Quand il a abattu de quoi remplir un képi, il prend sa pelle et se met en devoir de débarrasser la fouille.

— Dubuisson ! lui crie l'Homme-Kelb, voulez-vous lancer la terre plus fort que ça ! Elle retombe toute dans la tranchée.

— Sergent, ce n'est pas de ma faute. Il y a un crochet au bout de ma pelle.

— Tâchez de la charger un peu plus, votre pelle ! Et baissez-vous pour ramasser ces pierres !

— Impossible, sergent ; la terre est trop basse. Mettez-la d'abord sur un billard et nous verrons.

— Huit jours de salle de police !... Avec le motif... Impertinence flagrante !

Dubuisson, sans rien dire, continue à tapoter autour d'une grosse pierre. Voilà trois jours qu'il la gratte, cette pierre, tout doucement. On dirait qu'il a peur de lui faire du mal. Il prétend qu'elle est collée.

— Oui, sergent, collée. Ou plutôt, voulez-vous que

je vous dise ? Cette pierre-là, elle n'en a pas l'air, n'est-ce pas ? Eh bien! c'est le commencement d'un banc. On s'en aperçoit bien quand on tape dessus. Tenez... pif! paf! Entendez-vous comme ça résonne ? Il n'y a pas à s'y tromper, c'est la tête d'un banc de pierre. Ça s'étend peut-être à plusieurs lieues...

— Huit jours de salle de police... Fichez de ma fiole, nom de Dieu !

L'Homme-Kelb s'en va, furieux. Le caporal Mouffe s'approche à son tour.

— Dubuisson, je commence par vous mettre quatre jours pour nonchalance au travail, et je vais vous en mettre huit si vous ne piochez pas plus fort que ça.

— Je ne peux pas, caporal ; je n'ai pas les bras assez longs. Jugez vous-même. Ce n'est pas mauvaise volonté. Vous comprenez bien que je n'y peux rien, si maman m'a fait les bras courts.

L'équipe a éclaté de rire au nez du cabot et l'on a surnommé Dubuisson : Bras-Court. Sacré Bras-Court! Petit à petit, il est arrivé à imposer sa flemme. Les chaouchs continuent à le fourrer dedans, mais ont complètement renoncé à exiger de lui un travail sérieux. Comme il est musicien, il passe son temps, sur les chantiers, à nous chanter, à demi-voix, des morceaux en vogue au moment de son départ de France. De temps en temps, quand les pieds-de-banc ont le dos tourné, il place le manche de sa pelle sur son bras gauche, comme une guitare, tandis que, de la main droite, il pince des cordes imaginaires.

Je suis heureux de l'avoir à côté de moi, ce fainéant obstiné. Il me met de la joie au cœur, avec ses morceaux de romances et ses bribes d'opéra-comique. Et nous ne nous plaignons pas de faire sa tâche, d'enlever un peu plus de terre ou d'aller vider quelques chignoles de plus, pourvu qu'il nous donne ses chansons. Un peu de gaîté fait oublier tant de choses ! Nous sommes si malheureux !

D'abord, nous crevons de faim. Depuis que je suis à El-Ksob, je n'ai pas fait encore un seul repas avec du pain. Ce sont des chameaux qui nous l'apportent d'Aïn-Halib, le pain, tous les deux jours, à onze heures. On se jette dessus, littéralement. A midi, je crois qu'il serait impossible de trouver, dans tout le camp, de quoi reconstituer la moitié d'une boule de son. En garder un peu pour manger avec les gamelles, ce n'est pas la peine d'y songer. D'abord, la faim fait taire la prévoyance ; elle a besoin d'être calmée immédiatement. Et puis, entre nous, nous nous volons les croûtes qui restent. On m'en a volé, j'en ai volé. La morale ? Les affamés s'assoient dessus.

Pendant une demi-heure, après la distribution du pain, on n'entend sous les marabouts qu'un grand bruit de mâchoires. Chacun, en silence, tortore son bricheton jusqu'à la dernière miette. Ce n'est pas long à avaler, les trois livres de gringle !

Ce qu'il y a de malheureux, c'est qu'il ne tient pas au corps, ce pain frais. Il s'en va avec une rapidité !... On a beau faire des efforts pour le conserver, c'est comme si l'on chantait.

— C'est la faute de cette cochonnerie d'eau que nous avalons, déclarent, en hochant douloureusement la tête, des désolés qui, une heure à peine après avoir briffé leur boule, reviennent d'un endroit écarté en boutonnant leurs pantalons.

C'est vrai, c'est la faute de l'eau que nous buvons, une eau saturée de magnésie, que les mulets vont chercher à un puits creusé dans une coupure, au pied d'une montagne. Elle débilite d'une façon effrayante, cette eau ; elle vous flanque des diarrhées atroces — quand ce n'est pas la dysenterie. — On a toujours l'estomac vide avec cette eau-là. On digère en mangeant. On fait la pige aux canards. Ah ! ils seraient à leur aise, ici, ceux qui prétendent que la liberté du ventre est la première des libertés !

La gamelle ne contient qu'une chopine d'eau chaude sur laquelle flottent deux tranches de pain et qui recouvre un morceau de viande gros comme le pouce. On trouve aussi, quelquefois, tout au fond, une douzaine de haricots qui, après avoir passé vingt-quatre heures dans la marmite, pourraient encore servir pour tuer des piafs, avec une fronde.

« Comme les hommes sont bien nourris, a le toupet d'écrire le capitaine Mafeugnat dans les rapports que le caporal Fleur-de-Gourde, qui fait fonction de secrétaire, nous lit tous les jours, à midi, on peut exiger d'eux une grande somme de travail. Sur les quatre heures de repos ou de sieste, on prendra tous les jours une ou deux heures qui seront consacrées à des travaux nécessaires à l'amélioration du camp. »

Et, quotidiennement, une décision ridicule émaillée de citations latines nous indique l'ouvrage à entreprendre. « Aujourd'hui, le détachement ira faire une corvée de bois ; les hommes seront envoyés de différents côtés, deux par deux. *Numero Deus impare gaudet.* » — « Aujourd'hui, le détachement divisé en trois parties *coram populo*, muni d'outils *ex æquo*, se rendra sur la route d'Aïn-Halib pour arracher des pierres *ad hoc*. »

— Quel idiot ! s'écrie Rabasse ; ce qui me fait rager, moi, ce n'est pas tant d'être sur pied du matin au soir, que de me voir commandé par un imbécile de cette trempe-là ! Dire qu'on flanque des galons à des ânes pareils !

Moi, ce qui me fait rager, dans cet affreux camp d'El-Ksob, c'est chaque chose en particulier et tout en général. Je ne suis pas le seul, d'ailleurs ; presque tous les hommes du détachement, surmenés et agacés, sont surexcités d'une façon effrayante. Nous sentons peser sur nous la surveillance la plus étroite, l'espionnage le plus atroce. La moindre faute, le moindre écart, sont punis avec une sévérité exagérée. La fatigue et la faim sont érigées en système. Nous ne dormons qu'une nuit sur deux : tous les soirs, sur les cinquante hommes présents à l'effectif, on en commande vingt-quatre pour la garde. Il faut aller monter la faction à tous les coins du camp et jusque sur les montagnes, pour se remettre, le lendemain, au travail éreintant.

Il devient de plus en plus dur, ce travail. Les chaouchs, au lieu d'avoir le revolver au côté, l'ont maintenant à la main et parlent, cinquante fois par séance, de vous brûler la cervelle. Craponi, qui est revenu d'Aïn-Halib, et qui nous a pris en grippe, Rabasse et moi, nous met régulièrement en joue deux fois par heure. Seulement, ils n'osent guère mettre leurs menaces à exécution, les couards. Ils lisent dans nos yeux notre exaspération. Ils savent bien qu'au premier coup de revolver toutes les pioches se lèveraient et que ce n'est pas dans le sol que leurs pics iraient s'enfoncer.

— Mais tire donc ! a crié le Crocodile au caporal

Mouffe qui le couchait en joue, tire donc, si tu as du cœur !... Hein ! tu canes ! taffeur ! Ah ! ah ! ça serait plus vite fait qu'une horloge, va, de te faire un talus dans le dos, si tu me manquais !

Le capitaine Mafeugnat, informé de l'irritation des esprits, n'a pas cédé. De l'intérieur de sa maison où il se tient enfermé, deux revolvers chargés sans cesse à sa portée, il continue à prescrire les mesures les plus rigoureuses. Il vient d'envoyer au Dépôt, en prévention de conseil, pour vol de vivres, deux malheureux qui avaient ramassé, autour de la cuisine, une dizaine de pommes de terre avariées. Il a eu aussi une idée de génie : il a interdit l'usage du pas accéléré ; nous ne devons plus marcher qu'au pas gymnastique. Le pas gymnastique partout : à l'intérieur ou à l'extérieur du camp, au travail, en corvée ; il faut courir pour aller chercher sa gamelle, courir pour la rapporter, courir pour aller remplacer un camarade en faction, courir pour aller aux cabinets, courir pour porter du mortier aux maçons. Nous vivons les coudes collés au corps, les jarrets raidis, les cuisses successivement levées horizontalement. On nous prendrait pour des fous. Nous semblons des monomanes de la course. Nous avons l'air d'avoir le délire de l'allure rapide.

Et il ne faut pas s'amuser à jouer avec cette décision stupide. Les peines à appliquer aux délinquants sont arrêtées d'avance : quatre jours de prison au premier qui use du pas accéléré ; huit jours en cas de récidive ; quinze jours à la troisième fois.

C'est très joli, tout ça, évidemment. C'est même trop beau pour durer. Justement les chaouchs redoublent de méchanceté ; ils viennent, paraît-il, de recevoir de mauvaises nouvelles. L'affaire Barnoux n'a pu être étouffée et le conseil de guerre réclame les bourreaux.

L'Homme-Kelb, qui ce soir est chef de poste, se promène de long en large, en tirant rageusement les poils de sa barbe, devant les tombeaux sous lesquels sont étendus une douzaine de prisonniers. Acajou, qui est du nombre, lui demande la permission de sortir un instant pour aller satisfaire ses besoins.

— Non ! vous profitez de cela pour aller causer avec les autres. C'est interdit par les règlements. Un homme puni ne doit pas avoir de rapports avec ses camarades.

— Cependant, sergent...
— Foutez-moi la paix. Chiez au pied de votre tente ; un homme de garde enlèvera ça avec une pelle.

Acajou s'exécute. Et, quand il a fini, il interpelle le sergent qui a continué sa promenade et se trouve au bout du camp.

— Sergent !... sergent !...
— Qu'est-ce que vous voulez ? nom de Dieu ! vocifère l'Homme-Kelb.
— Une poignée de ta barbe pour me torcher le cul.

Le pied-de-banc s'est précipité sur l'avorton et, au milieu des huées générales, lui a mis les fers aux pieds et aux mains.

— Tue-moi donc aussi, comme Barnoux ! crie Acajou. Va donc ! Un crime de plus ou de moins, qu'est-ce ça te fait ? Mets-moi donc le bâillon, eh ! barbe à poux !

— Oui ! je vous le mettrai, le bâillon, nom de Dieu !

hurle le chaouch. Ah! vous avez l'air de vous moquer de moi parce qu'on vous a dit que je passais au conseil de guerre pour avoir fait mon devoir? Ça ne m'empêchera pas de le faire, mon devoir, nom de Dieu! et jusqu'au bout, sacré nom de Dieu! Et j'en bâillonnerai encore, des Camisards!

Tous les hommes sont sortis des tentes et, au milieu du camp, se sont mis à hurler :

— A l'assassin! à l'assassin! à l'assassin!

L'homme-Kelb, pris de peur, a abandonné sa victime et s'est sauvé.

Le lendemain matin, nous sommes entrés vingt en prison. Nous avions l'intention de nous rebiffer, mais, réflexion faite, nous n'avons rien dit. Qu'est-ce que ça peut nous fiche, la prison? Nous sommes sûrs maintenant que les tortionnaires vont passer devant le conseil de guerre. Nous sommes contents.

Nous sommes restés quinze jours sous les tombeaux, faisant sept heures par jour d'un peloton de chasse épouvantable, crevant de faim.

— Ce qu'on déclare ballon! s'écrie de temps en temps Bras-Court qui fait sans doute allusion, en employant cette expression métaphorique, au gaz qui contribue seul à gonfler son abdomen. Sérieusement, je commence à avoir les dents gelées.

C'est vrai ; je ne sais vraiment pas comment nous arrivons à nous soutenir. Nous souffrons de la soif, aussi, car la chaleur est accablante, et nous recevons à peine, par jour, le litre d'eau réglementaire. Mafeugnat a défendu expressément de nous en donner une goutte de plus, même pour laver notre linge. Nous ne le lavons pas. Nous sommes mangés vivants par les mies de pain à ressorts et par les pépins mécaniques.

Un beau matin, un convoi est passé, qui a emmené les bourreaux à Tunis. L'officier qui a remplacé le capitaine Mafeugnat a fait sortir de prison tous les hommes punis.

— Qu'est-ce que tu crois qu'ils attraperont, Mafeugnat et ses acolytes? me demande Queslier d'un air gouailleur.

— Ma foi, je ne sais pas.

— Moi je le sais. Ils seront acquittés, comme je te l'ai déjà dit. Veux-tu parier? Je parie un demi-biscuit.

Il a eu raison, le sceptique. Deux mois après, nous avons appris qu'ils avaient été non seulement acquittés, mais qu'on les avait fait passer dans un régiment, en leur accordant des éloges pour leur conduite intrépide.

## XXIV

C'est le lieutenant Ponchard, cet officier que j'avais vu pour la première fois à Aïn-Alib, le 14 juillet, qui a remplacé à El-Ksob le capitaine Mafeugnat. Tout nouvellement arrivé de France, n'étant jamais sorti du Dépôt où il n'avait pas exercé de commandement direct, il n'a pas eu le temps d'acquérir la dureté et la sécheresse de cœur dont ses collègues se font gloire. On a fait descendre d'Aïn-Alib, avec lui, des gradés dont la sévérité et la violence n'ont rien d'exagéré. La fleur des pois des chaouchs.

Par le fait, eu égard surtout au triste état dans lequel nous nous trouvions il y a quelques jours à peine, nous ne sommes pas trop malheureux. En dehors des heures de travail, on nous laisse à peu près tranquilles. Nous jouissons d'une certaine liberté — la liberté au bout d'une chaîne.

Nous continuons à déclarer ballon, par exemple, Ah ! oui, nous claquons du bec sérieusement.

— Maintenant, si l'on pouvait manger à peu près à sa faim, disait l'autre jour Rabasse, on n'aurait pas trop à se plaindre... Mais comment faire pour arriver à un pareil résultat ?

A force de se creuser la tête et de retourner la question sous toutes ses faces, il est arrivé à découvrir un moyen : il s'est abouché en secret avec l'un des sapeurs du génie qui surveillent les travaux du bordj, et le sapeur, alléché par la promesse d'une forte prime, a consenti à se laisser adresser une certaine somme dont il remettra, en nature, le montant au disciplinaire.

— Oui, mon cher, m'a dit Rabasse qui m'a fait part de sa combinaison, j'ai été obligé de lui promettre vingt-cinq pour cent. Et encore, il s'est fait tirer l'oreille, l'animal. Crois-tu que c'est assez salaud, des individus pareils ? Dame ! c'est un bon soldat, celui-là ; il est inscrit sur le tableau d'avancement ! Il verrait crever de soif un Camisard qu'il ne lui donnerait pas un verre d'eau, mais pour dix francs, il lui passera un litre d'absinthe. C'est joli, la solidarité dans l'armée.

— A ta place, ai-je répondu, je le dénoncerais, quitte à perdre mon argent. Il ne l'aurait pas volé.

— Bah ! qu'est-ce que tu veux ? Mieux vaut encore passer par là et ne pas crever de faim. Je commence à en avoir assez, vois-tu, d'entendre hurler mes boyaux.

Moi aussi. Je pourrais, un jour sur deux, mettre mon estomac en location ou laisser mon tube digestif au vestiaire. Ce que j'ai souffert de la faim, dans ce satané pays !...

— Tu devrais faire comme moi, a conclu Rabasse, et te faire envoyer de l'argent.

Pourquoi pas ? Seulement, voilà : je ne sais pas par qui m'en faire envoyer. Mes parents ? Je les ai saqués d'une sale façon, il y a déjà longtemps ; d'ailleurs, pour rien au monde, je ne voudrais leur demander un sou... Alors, quoi ?... Paf ! voilà que mes souvenirs qui se sont mis à danser une sarabande dans mon cerveau d'affamé s'abattent sur la figure d'un cousin éloigné ; un brave garçon, que je n'ai pas vu depuis longtemps, mais qui m'a toujours porté un certain intérêt. Est-ce une raison pour croire qu'il va s'empresser de déposer son offrande sur l'autel de ma fringale ? Puis-je espérer que la victime viendra elle-même tendre au couteau, qui ne demande qu'à l'ouvrir, non pas sa gorge, mais sa bourse ?

Essayons. Je joue du cousin. Je lui écris une lettre insidieuse et apitoyante. Je le prends par tous les bouts ; je le tâte de tous les côtés. J'ai l'air d'un rétiaire qui cherche à envelopper l'ennemi de son filet pour le percer de son trident.

Quatre pages ! c'est assez. Je ne lui dis pas, dans ces quatre pages, que je suis aux Compagnies de Discipline. Je ne veux pas effaroucher sa pudeur, mettre en déroute ses instincts honnêtes de bon bourgeois, le forcer à coller les mains sur ses yeux... — J'aime bien mieux qu'il les mette à sa poche. — Je lui raconte une petite histoire : J'ai été envoyé dans le Sud, tout dans le Sud, pour escorter une mission scientifique chargée d'étudier les inscriptions romaines gravées sur les sables du désert. Il n'y a pas de bureaux de poste, dans ce pays-là. « Il y en aura peut-être un jour ; espérons-le du moins, cher cousin. » En attendant, je serais très heureux si mon excellent parent consentait à m'envoyer une certaine somme au nom du sapeur Bompané qui me la fera parvenir sans faute.

J'esquisse même un léger portrait du sapeur : la crème des honnêtes gens, un cœur d'or; tout est sacré pour lui, etc. Je n'écris pas à mon père, ni à mon oncle, parce que je ne voudrais pas qu'ils se fissent du mauvais sang en me sachant si loin; je ne sais pas au juste quand se terminera notre voyage. J'ai tout lieu de croire, cependant, que nous ne pousserons pas jusqu'aux sources du Nil.

Relisons un peu, pour voir. C'est ça, c'est ça... tout y est : la chaleur, les gazelles, les palmiers, les chameaux. « Tous les jours, nous mangeons un bifteck de chameau... Quelquefois, nous sommes pressés par la soif. Que faisons-nous ? Nous ouvrons la bosse d'un chameau, ce réservoir dont la Providence a gratifié le vaisseau du désert, et nous nous désaltérons en remerciant Dieu... Les chameaux restent quarante jours sans manger. C'est très curieux. » Je parle aussi des lions ; je consacre deux lignes à la hyène et une phrase entière au boa constrictor. Allons, ça n'a pas l'air d'aller mal... Ah! sacré nom d'une pipe! j'ai oublié l'autruche! Ça fait pourtant rudement bien, l'autruche! Vite : « A l'approche du chasseur, l'autruche enfouit sa tête dans le sable. » Maintenant, ça peut marcher. Voilà une lettre, au moins, qui prouve que les pays que je visite font quelque impression sur moi. J'éprouve des sensations. Je ressens quelque chose là, là, au spectacle des tableaux grandioses de la nature. Je ne vais pas le nez en l'air, comme un imbécile, sans rien voir, sans penser à rien. Ah! mais non. Je sens, je vois, je vois même très bien ; et la preuve, c'est que je vois absolument comme tous ceux qui ont vu avant moi. En relisant Buffon, mon cousin pourra constater que je ne le trompe pas.

Je porte ma lettre au vaguemestre et j'attends. Je

sais que je ne pourrai pas avoir de réponse avant une dizaine de jours.

Nous travaillons toujours à la construction du bordj, un quadrilatère garni de casemates couvertes de voûtes en pierres et défendu par des bastions, aux deux angles opposés. Le travail est moins dur, maintenant que nous n'avons plus sur le dos la bande des étrangleurs; seulement, il est plus compliqué. Le lieutenant du génie, qui est un roublard, a embauché quelques Italiens pour la maçonnerie et nous a chargés, nous, d'extraire la pierre des carrières et de fabriquer la chaux et le plâtre nécessaires. Nous avons établi des fours et, pendant que les uns les remplissent, les autres s'en vont faire dans la montagne la provision de bois indispensable. On ne nous escorte pas dans nos pérégrinations et, pourvu que nous revenions avec un fagot à peu près raisonnable, personne ne nous chicane. Nous n'abusons pas outre mesure de la liberté qui nous est laissée ; nous en abusons un peu, naturellement, car l'homme n'est pas parfait et l'affamé moins que tout autre ; mais nous nous bornons à dévaliser par-ci par-là un Arabe dont les bourricots sont chargés de dattes, ou à enlever un agneau que nous faisons rôtir dans un ravin. Il y a aussi, derrière les montagnes, des jardins plantés de figuiers où nous allons pousser des reconnaissances assez souvent. Les Arabes se sont aperçus que leurs fruits disparaissaient comme par enchantement et se sont mis à monter la garde. Au lieu de les détrousser en cachette, nous les avons détroussés en leur présence et, comme ils ont fait mine de se rebiffer, nous leur avons flanqué une volée. Là-dessus, ils ont été se plaindre au camp, où le factionnaire, naturellement, les a reçus à coups de crosse. Les indigènes l'ont trouvée mauvaise ; ils ont pris le parti de déposer une plainte au bureau arabe, à Aïn-Halib. Et, lorsque nous sommes retournés dans les jardins pour faire notre petite provision, nous avons trouvé un vieil Arabe qui nous a fait voir de loin un bout de papier sortant à demi d'un étui de cuir qu'il portait sur la poitrine. Le vieillard nous a fait comprendre que ce papier lui donnait le droit de nous faire mettre en prison, si nous persistions à pénétrer sur ses terrains sans son autorisation.

— Tiens, c'est drôle, me dit le Crocodile. Qu'est-ce que ça peut-être que ce papier-là ?

— Je ne sais pas, mais c'est bien facile à voir.

Et je m'approche du vieux, qui recule en faisant de grands gestes. Il déclare qu'il a payé son papier cent sous au bureau arabe et qu'il ne le laissera pas prendre. Je lui explique que je ne tiens pas du tout à le lui prendre, mais que je voudrais bien le voir, même d'un peu loin. L'Arabe se retire à l'écart, sort son papier de l'étui, le déplie soigneusement et me le montre, à trois pas.

J'en reste bleu. C'est une page de la *Dame de Montsoreau !*

— Et tu as payé ça cent sous ?

L'Arabe me fait un signe affirmatif.

— Douro, douro.

Le Crocodile me frappe sur l'épaule.

— Épatant, hein ? Et dire qu'on fait passer des hommes au conseil de guerre pour avoir perdu une brosse ou volé des pommes de terre.

Un beau jour, on nous remplace dans nos fonctions de bûcherons et de chaufourniers par des indigènes qui rapportent du bois sur des bourricots et qui font de la chaux à la grâce de Dieu. Pour nous, nous sommes employés simplement à servir les maçons. Qu'est-ce que ce changement peut signifier?

Un sapeur, sur les chantiers, nous donne la clef de l'énigme. Le lieutenant du génie attend un général inspecteur des travaux. Or, comme il marque régulièrement et quotidiennement sur ses livres de comptes trente journées d'indigènes porteurs de bois et trente journées d'indigènes chaufourniers, il ne se soucie guère d'être pris en flagrant délit de contradiction avec lui-même. Il tient à établir, pour un ou deux jours, dans la pratique, l'équilibre qu'il a établi théoriquement entre les recettes et les dépenses.

Le général est passé, a examiné, a félicité et s'est retiré on ne peut plus satisfait, promettant au lieutenant la croix qu'il a si bien méritée.

Le soir même, les Arabes ont été congédiés et n'ont plus figuré, à l'état d'auxiliaires, que sur les livres où des états de solde sont dressés périodiquement. Quel roublard, cet officier du génie!

— Il la connaît dans les coins, dit Bras-Court en hochant la tête, le soir, quand nous sommes réunis dans un coin du camp pour causer ou écouter des contes.

— Tout ça, voyez-vous, dit Acajou d'un ton sentencieux, c'est voleur et compagnie. Seulement, il vaut mieux ne pas dire tout haut ce qu'on en pense... Ah! à qui le tour de raser? A toi, l'Amiral!

L'Amiral secoue la tête. Ce n'est pas à son tour. Queslier qui est assis sur une pierre, dans un coin, pensif, a l'air de se réveiller en sursaut.

— A qui le tour ?... C'est une histoire que vous voulez ? Eh bien ! je vais vous en raconter une. Elle est drôle ; vous allez voir. Et puis, c'est une histoire de voleurs, ça fera votre affaire. Ecoutez :

« Il y avait une fois un juif arabe qui s'appelait Choumka. Il était de Karmouan, une grande ville dont vous devez avoir entendu parler, si vous ne la connaissez pas. C'était un de ces industriels comme vous avez pu en voir partout, surtout au commencement de l'expédition ; suivant les colonnes, se promenant dans les villes de garnison porteur d'un méchant éventaire, criant : « Grand bazar ! A la bon « marché ! A la concurrence ! Kif-kif madame la « France ! » vendant du papier à cigarettes, l'article de Paris, la goutte et l'épicerie ; — la graine des mercantis, enfin, pelotant les soldats, les sous-officiers et les officiers, à mesure qu'ils avancent dans le commerce et devenant parfois fournisseurs des denrées d'ordinaire en même temps que procureurs pour les états-majors.

« En 1883, les fonctionnaires compétents de la subdivision de Jouffe et le général E... qui la commandait, devaient adjuger à un ou plusieurs particuliers la fourniture des subsistances et des moyens de transport pour tous les postes situés entre Jouffe et Karmouan, sur un parcours d'environ 150 kilomètres. Il y avait là des millions à extorquer à l'Etat. Les gros bonnets le comprirent bien et se demandèrent pourquoi ils ne s'adjugeraient pas à eux-mêmes cette entreprise à laquelle on pouvait ajouter, d'ailleurs, celle de toutes les fournitures militaires : viande, alfa, orge et fourrages. Il n'y avait qu'une difficulté : l'adjudication était publique et il était difficile d'être en même temps adjudicateur et adjudicataire. L'état-major de Karmouan eut une idée splendide : il désigna à celui de Jouffe un individu qui pourrait servir d'homme de paille. Cet individu était Choumka. L'idée fut fort goûtée et Choumka fut accepté avec enthousiasme, entre la poire et le fromage d'une orgie dont il avait sans doute procuré l'élément féminin.

« Tout le monde était émerveillé. Ce que c'était que le commerce ! Choumka, le mercanti, celui qui avait vendu la goutte aux soldats derrière la Kasbah, était devenu fournisseur de toutes les subsistances militaires et des moyens de transport ! Il avait un parc d'arabas à Jouffe, un autre à Karmouan ! Que n'avait-il pas ? Il avait tout !

« Ça alla bien assez longtemps. Les bailleurs de fonds et le titulaire de l'adjudication s'entendaient comme larrons en foire. Ce dernier se contentait de la part que le lion voulait bien lui laisser, sans préjudice de la vente — combien de fois répétée — des mêmes bottes d'alfa ou de foin et des mêmes sacs d'orge, qui ne sortaient de ses magasins que pour y revenir, le soir même, sur des prolonges escortées d'un maréchal des logis ou autre adjudant. Choumka était aussi fournisseur des matériaux pour le génie, pierres, chaux, plâtre, etc. Il sut obtenir les bonnes grâces du commandant supérieur du cercle et se fit donner des hommes de corvée qui travaillèrent à lui construire une maison sur une des places de la ville. Un bataillon d'infanterie fournissait les hommes ; le génie, les plans et devis, les outils et les matériaux ; la maison avançait rapidement ; c'était une sorte de villa que devait habiter plus tard l'état-major...

« Quelle mouche les piqua tous, tout d'un coup ? Quelle est la moukère que Choumka ne put ou ne voulut procurer pour une petite soirée à la Poste ?— C'était là qu'avaient lieu les orgies et tous les hommes de mon bataillon qui ont pris la faction au Trésor ont vu défiler les bacchanales. — Toujours est-il qu'on se fâcha. On enleva les outils du génie qui se trouvaient dans la bâtisse, on supprima les hommes de corvée. Choumka, qui était évidemment devenu quelqu'un et qui s'était enrichi à nombre de tripotages, eut l'air de se moquer carrément de ces messieurs. Il prit des ouvriers italiens et arabes et continua tranquillement sa maison.

« L'état-major fut piqué au vif. Il résolut de se venger et de jouer quelque bon tour à l'insolent qui le narguait. Une occasion magnifique se présentait; un sergent-major du génie venait justement de déserter avec une forte somme d'argent, et s'était embarqué à Jouffe dans un tonneau. On fit un inventaire au génie; il manquait des outils. On fit des perquisitions et l'on trouva chez Choumka quelques pelles ou quelques pioches qui y avaient été oubliées — ou rapportées intentionnellement. — On mit Choumka en prison. Il se rebiffa, menaça de vendre la mèche. Alors, on voulut le faire sortir. Mais, tout d'un coup, il refusa. Il déclara que, puisqu'on l'avait mis en prison pour vol, il voulait qu'il y eût jugement; et, malgré toutes les démarches tentées pour le dissuader, il ne voulut pas en démordre. Il intenta enfin un procès au général E. et à ses acolytes, et fit venir à Jouffe un grand avocat de Paris. On se figurait que Choumka n'avait ni livres ni comptabilité; tout au contraire, il produisit des registres d'entrée, de sortie, de doit et d'avoir on ne peut plus en règle. On avait devant soi un véritable négociant. L'affaire vint devant le conseil de guerre séant à Jouffe qui, quoi qu'il en eût, fut forcé d'accorder à Choumka des dommages-intérêts très considérables payables par le général E. et consorts, qui ne tardèrent pas à se voir rappelés en France.

« Choumka, lui, est toujours adjudicataire de toutes les fournitures ; mais, maintenant, c'est parce que, grâce à sa fortune, il n'a plus de concurrents à redouter ; il détient tous les moyens de transport. Il va par Karmouan en burnons de soie, avec montre, chaîne et breloques en or massif au gousset. Sa maison est superbement finie et les officiers de la garnison y sont ses très humbles locataires. — Voilà ».

Acajou, riant d'un rire sardonique, donne la moralité :

— C'est un adroit filou qui en a roulé d'autres comme des chapeaux d'Auvergnats.

— Ah ! parbleu ! s'écrie Rabasse, on l'a dit et c'est rudement vrai : les armées permanentes sont une cause permanente de démoralisation. Tant qu'elles existeront...

— Oui, dit Queslier. Et elles existeront tant que la Révolution sociale ne les aura pas flanquées par terre. Ah ! ça ne serait pas malin, pourtant, vois-tu ; il y en a tant, de malheureux, qui ne demandent qu'à laisser là le pantalon rouge pour retourner chez eux ! Je suis sûr qu'avec un simple décret...

J'interviens.

— Laisse-moi faire une supposition, Queslier. Je suppose que la Révolution soit faite. On a décrété l'abolition des armées permanentes. Le décret est porté à la connaissance d'un colonel commandant un régiment dans une ville quelconque. Aussitôt, il fait réunir ses deux mille hommes et leur lit la décision en question. Les deux mille hommes sont disposés à partir, n'est-ce pas, Queslier ? et joyeusement, encore ?

— Naturellement.

— Oui. Mais le colonel fait suivre sa lecture de ces quelques mots : « Que ceux qui veulent abandonner le drapeau, délaisser les intérêts supérieurs de la patrie, que ceux-là s'en aillent. Mais qu'ils restent, ceux qui ne veulent pas déserter le champ d'honneur, qui veulent rester fidèles au devoir militaire et bien mériter de leur pays ! » Alors, sur ces deux mille, sais-tu combien sortiront des rangs ? Cinquante, à peine ! Et si le colonel crie aux autres : « Fusillez-moi ces cinquante hommes ! » ce sera à qui, parmi les dix-neuf cent cinquante, se précipitera pour les coller au mur !

Queslier réfléchit un instant.

— Oui. C'est vrai. A moins que, sur les cinquante hommes, il ne s'en trouve un qui lève son fusil et envoie une balle dans la peau du colonel. Alors, tout le régiment partirait. Oui, il faudrait ça... c'est malheureux, pourtant !...

Peut-être. Mais à qui la faute si, aux yeux de la foule, le Droit lui-même doit chercher sa sanction dans la force — la force inutile souvent, et bête quelquefois ? — A qui la faute si le peuple ne comprend pas encore qu'on puisse imprimer le sceau de l'éternité, autrement qu'avec du sang, sur la face des révolutions ?

C'est l'aveuglement des peuples — ces parias hébétés par la misère et l'ignorance, ces souffrants dont les passions ont toujours, au fond, quelque chose de religieux — qui réclame de la foi révolutionnaire des sacrifices sanglants et des scapulaires rouges.

## XXV

— Dis donc, toi, pourquoi as-tu cassé le manche de ta pioche, hier?

— Moi! j'ai cassé un manche de pioche?

— Viens voir un peu ici, si ce n'est pas vrai.

C'est le sapeur du génie Bompané qui m'interpelle et qui m'entraîne dans la casemate où l'on serre les outils tous les soirs. Qu'est-ce qu'il me chante, avec sa pioche?

— C'est une blague. Seulement, je voulais te parler sans attirer l'attention des pieds-de-banc. J'ai reçu ce matin une lettre d'un de tes parents, avec un mandat. Il y a une feuille pour toi. Tiens, la voilà.

C'est la réponse du cousin. Il se déclare prêt à me faire parvenir tous les mois une certaine somme, par les voies que je lui ai indiquées. Il me souhaite une bonne santé et m'engage à manger du chameau le moins souvent possible. On lui a dit que c'était échauffant. Brave cousin! Il me demande aussi un peu plus de détails sur le pays. Je lui en donnerai des flottes. Je lui apprendrai comment on fabrique la couscouss.

Un post-scriptum : « Tu me rembourseras les sommes que je t'avancerai jusqu'à ta libération, à ton retour, lorsque tu auras réglé tes comptes ». C'est entendu.

Maintenant, je vais pouvoir mastiquer à ma fantaisie. Il n'est vraiment pas trop tôt. Bompané doit me passer un pain tous les deux jours et, de temps en temps, un litre de vin ou d'absinthe.

Après la misère, l'orgie.

Je ne suis pas le seul, d'ailleurs, qui jouisse du bien-être, qui me plonge dans les délices. Plusieurs de mes camarades ont usé du même moyen que moi et, soit par l'entremise des sapeurs du génie, soit par celle des ouvriers italiens, se sont fait envoyer de l'argent.

— Est-ce que les purotains peuvent y mettre un doigt ? est venu demander Acajou qui, les dents longues et l'estomac creux, est entré l'autre jour dans le marabout où nous recevons mystérieusement nos provisions.

Bien entendu. Pique dans le tas, mon gars, et avec la fourchette du père Adam, encore. Seulement, ne boulotte pas tout ; il faut que tout le monde vive. C'est Voltaire qui a dit ça.

Ça n'étonne pas Acajou ; du reste, il est trop bien élevé pour se flanquer une indigestion. Il prétend que, rien que pour la santé, il vaut mieux *rester sur sa faim.* — Drôle de monture !

Nous sommes une cinquantaine, maintenant, au détachement, depuis qu'on y a fait descendre une douzaine de bleus récemment arrivés de France ; et sur ces cinquante, je ne crois pas qu'on en trouverait cinq disposés à se plaindre du régime que nous supportons. Nous n'avons presque rien à faire en dehors des heures de travail au bordj, nous nous arrangeons de façon à ne pas crever de faim ; nous buvons un petit coup de temps en temps et nous fumons comme des locomotives. Réellement, pour des forçats, nous ne sommes pas mal.

Le lieutenant Ponchard, satisfait probablement de se voir chef de détachement et de ne relever que de lui-même, se confine de plus en plus dans sa maison où, paraît-il, il se flanque de jolies cuites avec les pieds-de-banc qui, de leur côté, nous laissent à peu près livrés à nous-mêmes. Nous l'apercevons de temps à autre, se promenant dans les environs du camp, bras dessus, bras dessous, avec son ordonnance. Un soldat de l'armée régulière, cette ordonnance, comme toutes celles des officiers sans troupes — et les Compagnies de Discipline ne sont considérées que comme des troupes irrégulières.

Depuis quelque temps, il tranche du maître, ce larbin louche ; il prend l'habitude de nous surveiller du coin de l'œil et de fournir sur nous, à son patron, des rapports plus ou moins exacts. Il a même eu le talent de faire mettre en prison cette brute de Prey qui lui avait fait un compliment équivoque.

— C'est moi que vous injuriez en insultant mon ordonnance! est venu dire, d'une voix empâtée, le lieutenant Ponchard, ivre à ne pas se tenir debout. Prey, je vous mets quinze jours de prison.

Et Prey a monté son tombeau... d'où l'officier l'a fait sortir le lendemain, après lui avoir fait subir un interrogatoire.

— Vous êtes-vous bien rendu compte de ce que vous avez dit hier?

— Non, mon lieutenant.

— Alors, vous êtes fou?

— J'sais pas, mon lieutenant.

J'étais de faction, à deux pas. L'officier s'est tourné vers moi, l'œil encore allumé par la soulographie de la veille.

— Et vous, factionnaire, croyez-vous qu'il soit fou?

— Oui, mon lieutenant, je le crois.

— Alors, qu'il s'en aille... El-Ksob n'est pas une succursale de Charenton.

Et il est parti en riant.

Je n'ai pas menti. Prey est bien un fou, un pauvre fou. Aucune proportion entre les lignes de cette face bestiale qui porte tatoué : « Pas de chance » sur le front où descendent des cheveux hérissés; le maxillaire inférieur avançant sur le supérieur et laissant entrevoir la pointe acérée des canines ; les yeux injectés de sang. On sent que, chez cet être au cerveau déséquilibré, la conscience n'existe pas. On sent que, dans sa naïveté cynique, il n'hésiterait pas à se servir, pour étendre du fromage sur son pain, du lingre à la virole encore rouge avec lequel il aurait suriné, la veille, un pante au coin d'une borne. — Un de ces prédestinés des fins lugubres, poussés vers le crime par une fatalité inéluctable, et sur le berceau desquels le couperet sinistre de la guillotine a projeté son ombre triangulaire.

Je connais peu de sa vie. Le peu qu'il en sait lui-même et qu'il m'a raconté en riant, d'un air triste, avec des expressions baroques, magnifiques et atroces, qui font couler dans le dos le froid d'une lame de couteau et qui jettent parfois comme un rayon d'or sur des remuements de boue : le père au bagne, la mère indigne, la maison de correction à treize ans... Toute l'épopée lamentable d'un de ces parias dans la pauvre âme desquels la société ne sait pas voir et dont elle jette un jour le cadavre, la bourgeoise jouisseuse, dans le panier sanglant du bourreau.

Il tuera, ce Prey, il tuera ; et, quand il aura payé sa dette — la dette de l'hérédité sombre et de son organisme morbide — des savants viendront, qui pèseront soigneusement son cerveau d'assassin, qui l'étudieront au microscope, qui déclareront que le criminel n'était que l'instrument aveugle d'une cause hors de lui et qu'il était irresponsable. Pauvre homme !...

Ça ne fait rien, l'officier me prend pour un blagueur ; il me l'a dit carrément.

— Vous croyiez que j'étais saoûl, l'autre jour, quand vous m'avez dit que Prey était fou ? Vous êtes un fumiste... Mais vous avez raison d'essayer de tirer vos camarades de prison. A votre place, j'en ferais autant.

C'est bien possible. D'autant plus possible qu'il a l'air de s'abrutir de jour en jour davantage. Un abrutissement doux d'ivrogne larmoyant, un laisser-aller compatissant de gaga expansif. Presque tous les soirs, après la soupe, il vient nous retrouver dans le coin du camp où nous avons pris l'habitude de nous réunir. Il écoute nos histoires, nous distribue du tabac et, quand il est gris comme un Polonais, nous fait chanter en chœur.

— Chantez quelque chose de cochon... Moi, je n'aime que ce qui est cochon...

Il accompagne au refrain.

— Allons, encore une fois! Je vous donnerai trois paquets de gros tabac...

> On dit que la reine des garces est morte,
> Est morte comme elle a vécu.....

A la fin, il essuie une larme d'attendrissement qui roule au bord de sa paupière rouge.

— C'est tout de même trop cochon... Enfin, moi, je n'aime que ce qui est cochon... Heureusement qu'il n'y a pas de demoiselles ici, n'est-ce pas, toi ?

Et il regarde son ordonnance qui est venu lui nouer un foulard autour du cou pour l'empêcher d'attraper un rhume...

Après les chansons, on fait de longs récits, — des récits pornographiques. Ils se prolongent souvent très avant dans la nuit, ces contes sales, bien après l'heure du coucher, après l'heure de l'appel du soir qu'on ne sonne pas, le plus souvent. Et, au milieu de l'obscurité grandissante, dans la nuit que percent les feux des prunelles enflammées, on voit de temps en temps se lever des hommes qui se prétendent fatigués, qui se retirent dans leurs marabouts, qui sortent du camp, par couples, l'un suivant l'autre rapidement, sous des prétextes quelconques. On les blaguait, tout d'abord ; maintenant, on ne les blague plus. C'est tout au plus si l'on se pousse du coude quand on les voit partir. Le mépris a fait place à l'envie.

— Pourquoi que tu ne te fais pas une gigolette? m'a demandé l'autre jour le Crocodile, *qui en est*. Dame ! je sais bien, c'est un peu... Enfin, quoi? ce n'est pas de notre faute si nous n'avons pas de grives et si nous sommes forcés de prendre des merles...

## XXVI

Je suis plus malheureux que les pierres.

Il s'agrandit de jour en jour, le trou que creuse depuis si longtemps dans mon âme le pic impitoyable de l'ennui.

Ce trou me fait peur, mais je n'ai rien pour le combler. Rien, pas même la haine. Elle disparaît peu à peu, elle aussi, lorsque s'efface le souvenir de l'indignation qui l'avait fait sortir tout armée du cerveau, comme Athénée portant la lance.

Il y a des moments où je ne me sens pas assez misérable, où je voudrais souffrir davantage, où je voudrais être torturé comme je ne l'ai pas encore été. J'ai soif de la douleur, parce que la douleur me donne la rage et que je suis assez fort pour triompher de l'abattement lorsque je suis plein d'amertume et que j'ai trempé dans le fiel la débilité de mon cœur.

Oh ! si l'on pouvait haïr toujours !

Je me suis sondé et éprouvé, et j'ai reconnu ma faiblesse.

D'abord, je suis seul,—tout seul. Je n'ai même pas ces compagnons qu'on appelle des souvenirs, ces remémorances qui font tressaillir et qui amènent, malgré lui parfois, la détente du sourire sur la face crispée de l'abandonné. Tous les jours de ma vie se sont engloutis les uns après les autres dans le même bourbier fangeux.

C'est ma faute, peut-être. J'ai mal fait, sans doute, de me dépouiller toujours de mes émotions et de les précipiter dans le puits où je les écoutais, penché en riant sur la margelle, rebondir le long des parois avant de crever la prunelle glauque du grand œil qui brillait au fond.

Je porte la peine de mon insensibilité voulue.

J'ai toujours été un replié et un rétif. Mon enfance n'a point été gaie.

Je n'ai jamais aimé ma famille où je n'avais trouvé que des sympathies insuffisantes, des effarouchements bébêtes et des défiances trop peu voilées. En butte aux animosités que j'avais excitées, profondément affecté par les injustices et plus encore par les mauvais traitements mérités, mais entêté comme un âne rouge, je lui ai fait une guerre sans merci, quitte à en souffrir moi-même, — comme je crevais les encriers de plomb du collège, nerveusement, par besoin de nuire, au risque de me noircir les doigts.

Je lui en voulais moins de ses colères et de ses méchancetés que de ses ridicules et de ses tentatives de réconciliation. J'avais bien du mal, quelquefois, à résister à l'assaut des apitoiements bêtes, à me raidir contre la poussée des *bons sentiments*, ces béliers à têtes d'ânes des éducations idiotes qui battent en brèche les énergies, et avec lesquels on essayait de mettre à néant mes résistances. Je tenais bon, pourtant, gardant au dedans de moi un secrète rancune contre ceux qui avaient été sur le point de m'arracher une capitulation. J'aurais eu tellement honte de me laisser dompter !

Mes premières haines viennent de là.

Je nourrissais aussi une aversion énorme contre ceux qui avaient de l'autorité sur moi, mes maîtres, les gens qui essayaient d'étouffer, sous le couvercle des bons conseils, mes aspirations vers un inconnu qui m'attirait, contre ceux surtout qui posaient, sur mes irritations douloureuses, le cataplasme émollient de leur bonté, — que je prenais, de parti pris, pour de l'hypocrisie.

Plus tard, je me suis aperçu que j'étais devenu la proie de mon insensibilité moqueuse. J'étais assez sceptique pour ne croire à rien et assez cynique pour en rire. L'indifférence ironique était entrée en moi, peu à peu, comme un coin serré par le tronc dans lequel on l'enfonce et qu'on ne peut plus arracher. A ce moment-là, peut-être, par dégoût et par fatigue, j'aurais été capable de me faire trouer la peau pour une idée creuse quelconque — mais à condition de pouvoir blaguer, cinq minutes, l'utopie qui aurait causé ma mort, avant de tourner de l'œil.

J'aurais été heureux, pourtant, de pouvoir croire, d'avoir une conviction qui fût à moi, bien à moi, qui me remplît le cerveau, que je ne pusse arriver à m'enlever à moi-même. J'ai tout fait pour cela, tout. J'ai compris qu'on ne guérissait pas le doute, cet ulcère, en le grattant avec ces tessons qui sont des raisonnements, quand ils ne sont pas des sophismes.

J'ai voulu croire bêtement, aveuglement — parce que je voulais croire — avec la foi du charbonnier. Je n'ai pas pu.

J'ai passé ainsi deux ans ; deux années sur le noir desquelles je ne pourrais plus rien voir si je n'avais sali leur voile sombre, de loin en loin, voluptueusement, de la tache rouge d'une cochonnerie ou de l'accroc d'une méchanceté. Il me fallait cela, de temps en temps.

Ma foi, oui ! J'éprouvais un besoin énorme, irrésistible, de faire saigner un cœur qui s'était ouvert à moi, de cracher dans une main qu'on me tendait et que j'avais serrée bien des fois avec effusion. Les haines étaient trop lourdes à porter, le dégoût me pesait trop fort pour qu'il me fût possible de garder au dedans de moi, bien longtemps, une dépravation d'autant plus profonde que j'en avais parfaitement conscience. J'en arrivais fatalement à détester les gens qui me montraient de l'affection. Leur bonté m'agaçait, leur confiance m'énervait. J'avais envie de leur crier : « Mais vous ne me comprenez donc pas ?.. Vous ne voyez donc pas que je suis fatigué de faire patte de velours et qu'il va falloir que j'étende les griffes ? » Puis, une idée me saisissait, implacablement me torturait. « Est-ce qu'ils me prennent pour un mouton, ces imbéciles ? Ils ne se doutent même pas que toute la douceur qu'ils me font avaler se change en fiel dans mes entrailles ! » Et un jour, n'en pouvant plus, exaspéré, je leur lançais au visage la giclée sale de ma méchanceté !

Alors, j'éprouvais une joie intense, véhémente, grandie encore par un serrement de cœur avec lequel je ne cherchais par à lutter, car il irritait ma jouissance. Je ressentais une volupté âpre à me rappeler tous les détails de ma conduite indigne — plaisir d'assassin qui va et vient, fiévreusement, dans la rue où il a suriné sa victime.

Je pourrais passer au crible tout le limon de mon enfance et de mon adolescence sans trouver une seule de ces paillettes d'or qu'on appelle des heures de joie. J'ai lutté longtemps avec les autres et avec moi-même, voilà tout.

Je me suis engagé...

Et maintenant, maintenant que j'ai l'âge de comprendre, maintenant que j'ai souffert, où en suis-je? Ai-je trouvé le flambeau qui doit me guider dans la route sombre que j'ai choisie? Pourrais-je placer une réponse après les interrogations qui, devant mon esprit d'enfant, venaient suspendre leurs silhouettes tordues par l'ironie et gonflées par le dédain au-dessus du point final des honnêtes phrases convenues? Ai-je appris quelque chose, moi qui ai renié la famille parce que j'étouffais dans son atmosphère? Je dois être fort, à présent, je dois être armé pour la lutte, cette lutte dont j'ai rêvé vaguement depuis si longtemps, je dois être descendu au fond des choses, je dois savoir...

Hélas! même aux questions que j'ai le plus creusées, j'ai à peine trouvé une réponse, tellement les solutions se démentent, tellement les contradictions se heurtent. J'ai pensé bien des fois aux dernières paroles de mon père, le jour où il m'a quitté, et je ne sais pas encore pourquoi il ne suffit point à un père d'aimer ses enfants. Je ne sais même pas s'il ne vaudrait pas mieux, pour lui et pour eux, qu'il ne les aimât point du tout. J'ai seulement pu entrevoir, au flanc de la famille, cette plaie puante et corrompue : l'héritage, l'argent...

Non, je ne sais rien. Ma pauvre science, dont j'avais rêvé de faire une armure forgée de toutes pièces sur l'enclume de la souffrance avec le marteau de la haine, n'est toujours, malgré tout, qu'un assemblage de haillons et de morceaux graissés de la graisse du pot-au-feu et salis de l'encre de l'école — décroche-moi-ça lamentable de loques bourgeoises étiquetées par des pions. — C'est si dur à faire disparaître, les sornettes que l'on vous a fourrées de force dans la boule — vieux clous rouillés dans un mur et qu'on ne peut arracher qu'en faisant éclater le plâtre.

Je suis toujours l'enfant que pousse son instinct, mais qui ne sait pas voir. La douleur ne m'a pas éclairé, la souffrance ne m'a pas ouvert les yeux...

Ah ! Misère ! les épaules me saignent, cependant, d'avoir tiré ton dur collier ! Ah ! Vache enragée ! j'en ai bouffé, pourtant, de ta sale carne !...

Oh ! avoir une vision nette ! avoir une perception juste ! Avoir la foi !

La foi ! oh ! si je l'avais, je n'éprouverais pas ce que j'éprouve, je ne me laisserais pas agripper, comme un pâle malfaiteur, par le désespoir et le découragement, ces gendarmes blêmes des consciences lâches. — Je ne hausserais pas les épaules devant les rages passées, je n'aurais pas le petit rire sec de la pitié moqueuse au souvenir des grands élancements qui si souvent m'ont brisé.

Car j'en suis là, à présent. J'en suis à me demander si je n'ai pas été le cabotin qui se laisse empoigner par son rôle, le rhéteur qui se laisse emballer par ses sophismes ! J'en suis à me demander si ma haine du militarisme n'est pas une haine de carton, si ce n'est pas l'écho du rappel qu'a battu la Famine, avec ses doigts maigres, sur mon ventre creux, et si ce rappel ne va pas en s'assourdissant et en s'atténuant, aussitôt qu'on a mouillé la peau lâche avec un litre de vin ou une chopine d'absinthe !

De la blague, alors, mes cris de colère ? Du battage, mes emportements furieux ? Du chiqué, les frissons qui me glaçaient les moelles ?

Quelle pitié ! Et comme c'est lugubre, tout de même, de ne pouvoir comprendre ce que l'on a dans le ventre, de ne pouvoir croire en soi ! Se figurer qu'on porte au cœur une plaie vive, quand on n'a peut-être sur la poitrine que l'emplâtre menteur d'un estropié à la flan !

Ah ! bon Dieu ! dire que j'ai été si misérable, pendant des années, parce qu'on voulait me forcer à voir les choses à travers un carreau brouillé ! Et voilà que je viens de m'apercevoir que, sur le trou qu'avait fait dans cette vitre mon poing d'enfant, j'ai collé, de mes mains d'homme, le papier huilé de la déclamation !...

Je suis plus malheureux que les pierres.

Je sens mon âme se fondre... Insensé ! Au lieu de vivre dédaigneux et sombre, les yeux fixés sur un avenir menteur, si tu avais pris ta part des joies saines de la famille, si tu n'avais pas étranglé tes émotions et fermé ton cœur, tu ne serais pas harcelé par le doute impitoyable, ou tu pourrais du moins trouver une consolation dans la tranquillité de tes souvenirs et la sérénité de tes espoirs. Ce serait si bon, de pouvoir calmer tes peines avec les réminiscences des affections anciennes ! Ce serait...

Mensonge !... Ce n'est pas avec cette huile rance qu'il me faut panser la large blessure que m'ont faite à petits coups les stylets empoisonnés du dégoût et de la solitude. Ah ! je m'en fous pas mal, par exemple, du sourire béat des espérances à gueules plates ! Et comme je m'en bats l'œil, de ne pas avoir roulé ma jeunesse, ainsi qu'un merlan à frire, dans la farine fadasse des épanchements familiaux !...

Ah ! c'est bien le doute qui me fait souffrir, vraiment !... C'est étrange, comme on aime à se tromper soi-même, comme on aime à transformer en palimpseste, aussitôt qu'on en a lu deux lignes, le livre grand ouvert de son cœur !
Car je sais quel est mon mal, à présent. Je la connais, l'affreuse bête qui se démène en moi, qui me surexcite et me torture, et plonge mon esprit dans la nuit. Oh ! il faut que je le hurle, que je fasse retentir mes cris de rage impuissante, comme le fauve qui, la nuit, dans la montagne, les flancs serrés et la gorge sèche, lance vers les étoiles impassibles le rugissement désespéré des ruts inassouvis.

Une vision m'obsède. Un cauchemar me poursuit. Du jour où j'ai commencé à songer à l'amour, j'ai été perdu.
C'est en vain que j'ai essayé d'étouffer le cri à la chair, c'est en vain que j'ai tenté de maîtriser mes crispations angoissantes. Toujours, de plus en plus impérieux, l'appel se faisait entendre, et je frémissais

malgré moi, sursautant au milieu d'une accalmie, ainsi qu'au premier coup de langue de la diane, les dormeurs, réveillés en sursaut, ouvrent les yeux, effarés.

Voilà des mois que cela dure, des mois que je roule ce rocher qui retombe sans cesse sur moi, au milieu des éclats de rire des corrompus qui m'entourent. Elles ont fini par me couper les bras, leurs railleries, et je viens de me coucher à côté du roc que, Sisyphe esquinté, je n'ai même plus la force de soulever.

Ma cervelle est imbibée de luxure. C'est une éponge qu'il m'est impossible de presser sans faire couler à travers mes doigts le pus des passions sales.

L'affreuse image qui s'y est incrustée devient de plus en plus confuse, comme celle d'un objet qui a posé trop longtemps devant l'appareil finit par se brouiller sur la plaque.

Il est des choses que je voudrais taire, des abominations que je voudrais pouvoir passer sous silence. Je ressemble à l'un de ces arbres malingres et rabougris, couverts de végétations hideuses, de lèpres ignobles, de mousses galeuses, qui se tordent au fond d'un ravin sans air, au bord d'un fangeux marécage, et qui, plantés dans la vastitude solitaire de la plaine ou dans le resserrement fraternel de la forêt, auraient crevé le ciel libre de la saine poussée de leurs branches.

Ah ! oui, je voudrais qu'ils se cachent, les infâmes qui, à mes côtés, se prêtent à la satisfaction des désirs que la privation de femmes a surexcités ! Je voudrais qu'ils se cachent, car il y a longtemps déjà que mon sang bouillonne en leur présence, et j'ai été pris, trop de fois, de l'envie terrible de les tuer — ou de les aimer. Ce n'est plus eux que je vois, ce n'est plus leur physionomie que je regarde avec dédain ; ce sont des intonations féminines que je recherche dans leurs voix, ce sont des traits de femmes que j'épie fiévreusement — et que je découvre — sur leurs visages ; ce sont des faces de passionnées et des profils d'amoureuses que je taille dans ces figures dont l'ignominie disparaît.

Cette cristallisation infâme me remplit d'une joie âpre qui me brise.

Oh ! les rêves que je fais, somnambule lubrique, dans ces interminables journées où mon corps s'affaiblit peu à peu sous l'action de l'idée troublante ! Oh ! les hallucinations qui m'étreignent dans ces nuits sans sommeil où les extravagances du délire s'attachent brûlantes à ma peau, comme la tunique du Centaure ! Ces nuits où j'écume de rage comme un fou, où je pleure comme un enfant ; ces nuits pleines d'accès frénétiques, d'espoirs ardents, de convulsions douloureuses, d'attentes insensées et d'anxiétés poignantes, où mon cœur cesse de battre tout à coup, ainsi qu'à un susurrement d'amour, au moindre bruissement du vent — où je me suis surpris, tressaillant de honte, à étendre mes mains tremblantes de désir vers les paillasses où les lueurs pâles de la lune, perçant la toile, me faisaient entrevoir, dans les corps étendus des dormeurs, de libidineuses apophyses !...

Ah ! je ne veux point céder à la tentation ! N'importe quoi, plutôt...

Ma foi, oui, n'importe quoi ! Je suis descendu au ravin où paissent les bourriques que mon voisin appelle ses mômes, et j'ai fait la cour, moi aussi, à mademoiselle Peau-d'Ane...

Autant aurait valu essayer d'étancher ma soif avec du vinaigre.

Maintenant, c'est fini... Je suis la proie du rêve malsain. Je ne suis plus moi ; j'appartiens à ce bourreau : l'Idée abjecte. Je ne vois plus rien qu'une chose : la femme ; pas même la femme, l'organe ; pas même l'organe, quelque chose de monstrueux, de vague, d'innommable, la résultante affreuse de la rêverie infâme : deux cuisses ouvertes et, dans l'écartement attractif du compas de chair, le vide sans forme, sans nom, la chose quelconque, mais vivante, intelligente, humaine, consolante, celle qui seule peut donner : la Satisfaction...

Oh ! qui me délivrera de cette obsession ? Qui brisera cette griffe immonde qui étreint mon cerveau ! Qui arrachera de devant mes yeux cette image qui m'exaspère, cet i grec de viande — qui me rendra fou !...

## XXVII

J'ai de la veine. On vient de rendre justice à mon mérite.

Le conducteur des mulets qui vont chercher de l'eau au puits ayant perdu l'estime des *grosses* légumes, a été destitué. C'est moi qu'on a choisi pour le remplacer.

— Chançard, est venu me dire Rabasse, le poète, qui prétend savoir mener les bourdons, lui aussi, et qui aurait bien voulu se voir promu au grade de porteur d'eau ; tu n'as plus qu'à te battre les flancs, à présent !

Pas tout à fait. Il faut que je fasse au puits six voyages par jour : trois le matin, trois le soir. Un homme de corvée doit m'accompagner pour remplir les tonneaux que nous plaçons sur les bâts. Ce n'est pas éreintant. Nous avons le temps de nous amuser en route.

Je n'en ai justement pas, d'homme de corvée. Il m'en faut un. Je n'aurai pas été préposé à la lavasse, comme dit Acajou, et investi d'une autorité — limitée — sur deux bêtes de somme et un subalterne, sans avoir usé des prérogatives que me confère ma charge. Il m'en faut un.

— Sergent, je n'ai pas d'homme de corvée.

— Je vais vous en désigner un. Le premier qui sortira de sa tente... Gabriel! venez ici. Vous allez vous rendre au puits, avec Froissard ; jusqu'à nouvel ordre, vous continuerez.

— Oui, sergent.

Je reste cloué à ma place, stupide. Gabriel! lui! *elle!*... Mais je n'en veux pas !... Je...

Et, tout d'un coup, je sens mes mains qui se glacent, tout mon sang qui me remonte au cœur. *Il vient de me regarder en souriant...*

. . . . . . . . . . . . . . . . . . .
. . . . . . . . . . . . . . . . . . .

## XXVIII

Je l'adore...

Ah ! si je pouvais les passer ici, comme cela, les neuf mois qui me restent à faire !...

C'est pour rire... Le lieutenant Ponchard vient d'être appelé au commandement d'une compagnie d'un bataillon d'Afrique, en Algérie, et c'est un sergent qui va le remplacer comme chef de détachement. Un Corse, ce sergent, et un Corse qui m'en veut, un Corse qui m'a gardé rancune : Craponi.

Gare à moi !

Il n'y a pas une semaine qu'il est en fonctions que j'ai déjà pour plusieurs mois de bloc sur la planche. Je ne suis pas le seul, d'ailleurs, sur lequel se soit appesantie sa vengeance : nous sommes une douzaine en prison. Les gradés, que maintenait la bonhomie du lieutenant, ont repris courage et ont complètement changé d'allures, depuis l'arrivée de Craponi.

— Quel tas de vaches! me dit Acajou, le soir, quand nous rentrons sous notre tombeau, après avoir fait le peloton.

Il a raison, Acajou. Mais je n'ai plus que neuf mois à tirer, et je les défie bien de me faire faire un jour de plus.

— Ne défie personne, me souffle le factionnaire qui nous garde et qui m'a entendu. Craponi parlait de toi tout à l'heure, avec Norvi ; tu sais, le pied-de-banc qui vient de se rengager ?

J'insiste. Qu'ont-ils dit ?

— Presque rien. Norvi a touché sa prime de rengagement et veut aller la manger — ou la boire — à Tunis. Pour arriver à ce beau résultat, il faut qu'il fasse passer un homme au conseil de guerre.

— Et il a parlé de moi ?

— De toi et du Crocodile.

— Les canailles !

— Ils ne sont pas décidés. Ils vont jouer votre tête au piquet, en cent cinquante : Norvi joue pour le Crocodile et Craponi pour toi. J'ai entendu ça il y a cinq minutes, en passant devant leur baraque. Ils sont en train de jouer, à présent.

— Promène-toi encore, sans avoir l'air de rien, et tâche de savoir...

Un brusque éclat de voix me coupe la parole.

— Quinte et quatorze, quatre-vingt-quatorze ! j'ai gagné de trente !...

— C'est Craponi qui a gagné, me dit le factionnaire, qui pâlit.

Je ne pâlis peut-être pas — je ne sais pas — mais j'ai un petit tremblement nerveux.

— Oui, c'est lui, mon vieux, tu as raison ! Seulement, tout n'est pas dit. A nous deux, la belle ! Ça va être drôle !...

Ça n'a pas été drôle du tout.

Pendant un mois, les chaouchs m'ont *cherché* de toutes les façons, sans arriver à aucun résultat, malgré leur méchanceté hypocrite. J'étais sûr de moi, certain d'aller jusqu'au bout, sans plier. Et je répétais la phrase lamentable du soldat martyrisé par ses chefs : « Ils auront la graisse, mais pas la peau. »

Un soir, mon pied a tourné sur un caillou. Le lendemain matin j'avais la cheville gonflée et je pouvais à peine me tenir debout. J'ai vu qu'il me serait impossible de faire le peloton.

— Va montrer ton pied au sergent, m'a dit un camarade. Comme il n'y a pas de médecin ici, il sera forcé de te faire remonter à Aïn-Halib et, pendant qu'on te soignera, tu seras mieux qu'ici, en prison.

Je monte clopin-clopant jusqu'à la baraque des chaouchs.

— Qu'est-ce que vous voulez ? vient me demander Craponi qui, étonné de me voir là, fait deux pas au-delà du seuil.

— Sergent, je me suis foulé le pied et je viens vous demander...

— Attendez-moi là un moment.

Il est rentré dans la maison, et en est sorti deux minutes après.

— Qu'est-ce que vous dites que vous avez ?

— J'ai le pied foulé, sergent, et je voudrais monter à Aïn-Halib, pour me présenter devant le major, avec le convoi qui part aujourd'hui.

— Empoignez-moi cet homme-là, Cristo ! — Vous m'insultez ! vous m'insultez !

Trois gradés, deux sergents et un caporal, se sont précipités hors de la baraque. Ils m'ont saisi par les bras et par le cou et m'ont traîné jusqu'à un gros arbre qui s'élève, seul et desséché, à une cinquantaine de pas de la route.

— Apportez-moi des cordes ! crie Norvi à un homme de garde.

— Mais qu'est-ce que j'ai fait, sergent ? Pourquoi m'attachez-vous ?

— Silence ! porco ! ou je vous mets le bâillon !

Ils m'ont attaché les pieds, les mains, et m'ont lié étroitement à l'arbre ; puis ils m'ont laissé seul.

Que penser ? que croire ? J'ai passé quatre heures à me les poser, ces deux questions, sans trouver de réponse, ou en trouvant trop ; ne sentant pas la morsure des cordes qui m'entraient dans les chairs, mais avec la sensation d'une douleur sourde, causée par un coup de masse, sur la tête.

A neuf heures, le clairon sonne pour la lecture du rapport. Je tends l'oreille, mais il m'est impossible de surprendre autre chose qu'un bredouillement indécis.

— Rompez les rangs, marche !

Craponi se dirige vers moi, son cahier de rapports à la main. Il s'arrête à trois pas, remuant deux secondes ses lèvres blêmes.

— Froissard — huit jours de prison — lorsque le sergent chef de détachement lui faisait une observation, a répondu à ce dernier : « Tu me fais chier, bougre d'idiot ! »

J'ai un hurlement.

— C'est faux ! Je ne vous ai pas dit ça ! C'est faux !
— C'est vrai.

Le Corse me regarde en dessous, une placidité douce dans ses deux yeux noirs d'hypocrite imperturbable. Il fait un demi-tour par principes et, en s'en allant :

— Insulte à un supérieur pendant ou à l'occasion du service, dix ans de travaux publics.

J'ai senti le froid d'une lame de couteau m'entrer entre les deux épaules.

Je suis perdu !

## XXIX

Je suis perdu ! Cette pensée ne me quitte pas. Elle me harcèle ; je ne vois pas autre chose, rien, rien. Et, chaque fois que je m'écrie en moi-même, indigné :

—Mais l'accusation portée contre moi est un infâme mensonge ! C'est faux !

J'entends la voix blanche du Corse qui répond : « C'est vrai ! »

Et je sens que le Corse aura raison, toujours raison, et que mon témoignage à moi, Camisard revêtu de la capote grise, ne pèse pas plus, devant l'affirmation du galonné, qu'une plume devant un coup de vent... C'est à se briser la tête contre les murs !

Perdu !... Je me redis ce mot tout le long des vingt-cinq kilomètres que j'ai à faire, les mains attachées, pour arriver à Aïn-Halib.

Perdu !... Je me le redis encore quand, le soir, on m'a mis les fers aux pieds et aux mains et qu'on m'a jeté dans le coin du ravin où l'on relègue les hommes en prévention.

Dix ans de travaux publics ! Ah ! mieux vaudrait la mort, mille fois !... La mort... Et je me souviens de la réponse de Queslier, un jour où nous parlions du conseil de guerre : « Si jamais, par malheur, ils m'y faisaient passer, ce n'est ni à cinq ans ni à dix ans de prison qu'ils me condamneraient. » Et je vois son geste rapide mettant en joue un chaouch.

— Est-ce un cadenas anglais que tu as à tes fers ? murmure une voix qui sort du tombeau voisin du mien.

Je me retourne, tant bien que mal, et j'aperçois sous la toile relevée la moitié d'un visage qui ne m'est pas connu.

— Oui, c'est un cadenas anglais. Pourquoi ?

— Parce que j'ai une fausse clef que je me suis faite avec un morceau de fil de fer. Tu ne me connais pas, mais moi, je te connais, ou plutôt j'ai entendu parler de toi. Je vais aller te détacher.

Et, en effet, rampant, avec des précautions de sauvage, l'homme se glisse le long de mon tombeau et se met à travailler le cadenas.

— Ça y est. Défaisons quatre ou cinq tours et refermons. Maintenant, tu peux mettre tes mains là dedans et les retirer à volonté. Tu es en prévention de conseil de guerre ? Tu viens d'El-Ksob ?

— Oui.

— Alors, on n'instruira ton affaire que demain dans l'après-midi. Moi, j'ai déjà été appelé chez le capiston. Mon flanche est dans le sac. Je pars à la fin de la semaine pour passer au tourniquet.

— Pourquoi passes-tu au conseil de guerre?
— Pour refus d'obéissance. J'attraperai deux ans de prison. Je l'ai fait exprès. Je m'embêtais ici...
Il a un rire idiot.

— Tu comprends, quand j'aurai fini mes deux ans, je serai versé dans une autre compagnie... J'y serai peut-être moins mal qu'ici... Tu sais, je t'ai détaché, mais tâche de ne pas le faire voir. Ne profite pas de ça pour aller te promener...

Non, mon ami, non, je n'irai pas me promener. Pas aujourd'hui, du moins ; mais demain, après la confrontation avec les témoins chez le capitaine, si je vois que l'ignoble complot qu'on a formé contre moi réussit, si je vois que le crime que les abjects chaouchs ont depuis si longtemps prémédité est sur le point de s'accomplir, eh bien! il se pourrait que j'aille faire une petite promenade, la nuit, quand on n'y voit point à trois pas. Il se pourrait que je monte là-haut, au camp, que je prenne une baïonnette dans un marabout et que j'entre tout doucement, sans me laisser voir de personne, dans la baraque où ronflent les pieds-de-banc, ou dans le bordj où dort le capitaine. Et il pourrait se faire aussi, vois-tu, que j'aie du sang aux mains lorsque je viendrai réveiller le chef de poste, après ma promenade nocturne, pour le prier de m'écrouer.

Tu ne m'aurais pas détaché, n'est-ce pas, si tu t'étais douté de ça? Et si je te livrais mon secret maintenant, tu appellerais le chaouch de garde à grands cris, n'est-ce pas? Mais tu ne te doutes de rien; tu dors peut-être tranquillement, avec tes deux ans de prison en perspective, toi qui *fais exprès* de passer au conseil de guerre! Et tu ne supposes pas qu'il y ait des gens assez fous pour ne vouloir y passer à aucun prix et pour préférer, lorsque les buveurs de sang ont résolu de leur voler dix années de leur vie, douze balles dans la peau à dix ans de travaux publics.

## XXX

— Oui, mon capitaine, oui ! j'ai tout entendu. C'était moi qui faisais la cuisine des gradés, à El-Ksob. Vous savez probablement que, dans le mur de leur baraque, on a pratiqué une petite fenêtre, un guichet, pour passer les plats. Eh bien ! ce guichet était resté ouvert. Quand j'ai vu Froissard arriver, je me suis douté de quelque chose. Je me suis dissimulé le long du mur et j'ai prêté l'oreille...

C'est Queslier qui parle, Queslier qui a fait des pieds et des mains pour remonter d'El-Ksob au dépôt, car il sait quelle infâme machination a été ourdie contre moi, car il ne veut pas, lui qui a vu tendre le traquenard dans lequel je suis tombé, que je sois la victime des imposteurs galonnés qui ont juré ma perte. Il dit tout, — et sans ménager ses expressions, ma foi : — la partie de piquet au sanglant enjeu jouée un mois auparavant ; la rentrée subite de Craponi dans sa maison, lorsque je me suis présenté sur le seuil, et la consigne atroce qu'il a donnée à ses sous-ordres.

— Voici ses propres paroles, mon capitaine :

« Froissard est là. Je vais ressortir et lui demander ce qui l'amène; aussitôt qu'il aura dit cinq ou six mots, je crierai : « Vous m'insultez, misérable ! » Vous sortirez et vous le saisirez solidement. Nous le ferons passer au conseil et vous me servirez de témoins. *Sarà divertevole.* Comme ça, nous pourrons aller à Tunis. »

— Vous mentez! s'écrie le capitaine qui, assis devant le pupitre de la salle des rapports, a bondi sur sa chaise.

Queslier étend la main.

— Mon capitaine, je jure que je dis la vérité.

— Prenez garde à ce que vous dites! Si vous essayez de tromper la justice, de calomnier vos supérieurs, un châtiment épouvantable vous attend! Réfléchissez à ce que vous allez dire. Jusqu'à présent je n'ai rien entendu. Je vous interrogerai encore dans cinq minutes. Réfléchissez, Queslier, réfléchissez! Vous voulez sauver un camarade, malheureux! Savez-vous s'il est digne de votre dévouement, d'abord? Savez-vous s'il ne va pas faire des aveux, tout à l'heure? Savez-vous s'il n'en a pas fait déjà? Ah! mon pauvre enfant! Tenez, allez-vous-en! sortez d'ici! Profitez d'un moment d'indulgence. J'ai pitié de vous. Je ne suis pas seulement votre capitaine, votre commandant, je suis aussi votre père; vous retournerez ce soir à votre détachement et j'ignorerai que vous êtes venu ici. Suivez le bon conseil que je vous donne, ne vous compromettez pas davantage, ne persistez pas...

— Mon capitaine, ma place est ici.

— Indiscipliné! mauvaise tête! rebelle! canaille! Gare à votre peau! on ne rit pas avec moi! Vous entendez?... On ne rit pas!... Je vous le ferai voir, moi! Bougre!...

Le capitaine écume. Subitement, il se calme. Il croise les bras sur le pupitre.

— A vous, Froissard. Qu'avez-vous à dire pour vous justifier?

On m'a fait asseoir sur une chaise dont la paille me brûle le derrière. J'ai des picotements par tout le corps, des fourmis dans les jambes. Je ne peux pas rester en place. C'est impossible. Pour cent mille francs et une montre en or, je ne demeurerais pas sur cette chaise. Je me lève.

— Mon...
— Asseyez-vous!
Je me rassieds.
— Mon capitaine...
C'est plus fort que moi, je me lève encore.
— Asseyez-vous!
Je me rassieds. Oh! cette chaise!...
— Mon capitaine, lorsque je me suis présenté...
— Asseyez-vous!
C'est vrai, je me suis encore levé.
— Lorsque je me suis présenté devant...
Je ne suis plus assis que sur une fesse.
— ...Devant le sergent Craponi...
Je ne suis plus assis du tout; je suis à moitié courbé, comme si je faisais une révérence, et j'ai crispé mon poing derrière mon dos, sur le dossier du siège d'angoisse.
— Je lui ai dit simplement...
J'ai lâché le dossier et je me suis redressé.

— ... Sergent, je suis...
— Asseyez-vous !

J'empoigne la chaise à deux mains et, à toute volée, je la lance contre le mur. On entend un craquement.

—Vous avez brisé cette chaise, vous payerez ça. Tout se paye, ici. Sergent, donnez une autre chaise au prévenu.

Ah! non! Qu'on me donne la question, si l'on veut, mais pas de chaise ! La commodité de la conversation, peut-être ; mais l'incommodité de la défense, pour sûr !

Et, afin que ça finisse plus vite, je m'écrie, sans faire semblant de m'apercevoir que l'horrible meuble est déjà derrière moi :

— Je suis innocent ! Je n'ai insulté personne : la déposition de vos gardes-chiourme est un affreux mensonge !

— Vous payerez tout ça !... Asseyez-vous !

Si l'on veut. Maintenant, ça m'est égal. Le capitaine se tourne vers Queslier.

— Persistez-vous dans vos précédentes déclarations ? Ce que vous avez dit est-il vrai ?

— C'est vrai.

— Sergent Craponi, est-ce vrai ?

— C'est faux.

Oh! quelle différence d'intonation entre la voix franche de Queslier et la voix fausse du Corse ! Comme l'une a la clarté de la vérité et l'autre l'accent sourd du mensonge !

— Sergent Norvi, est-ce vrai ?

— C'est faux.

— Sergent Balanzi, est-ce vrai ?

— C'est faux.
— Caporal Balteux...
J'entends d'avance sa réponse... Je suis foutu !

Mais Queslier s'est élancé vers le caporal et l'a saisi par le bras.
— Caporal, vous êtes Français, vous ! Vous n'êtes par Corse ! Les Français ne savent pas mentir ! Vous ne voudrez pas faire condamner un innocent, prêter la main...
Le capitaine s'est levé. Il frappe du poing sur le pupitre et ses hurlements se croisent avec les exclamations de Queslier.
— Caporal ! Suivez l'exemple de vos chefs... la hiérarchie !... la famille !... Vous retournerez voir votre famille avec des galons d'or... Vous serez sergent ! Vous êtes un des premiers sur le tableau d'avancement...
— Vous savez tout ; ne soyez pas sergent, soyez honnête homme. Ça vaut mieux, allez !
Le caporal étend la main. Il fait signe qu'il veut parler.
Un grand silence.

— Les sergents vous ont trompé, mon capitaine. Froissard est innocent. Queslier a dit la vérité. Je le jure !...
On nous a fait sortir, Queslier et moi.

Je ne passerai pas au conseil de guerre. Seulement, j'aurai soixante jours de prison pour bris d'un ustensile appartenant à l'Etat. Ce qu'il est veinard, l'Etat ! Je voudrais bien être à sa place.
Non, j'aimerais mieux avoir ce qui reste de la

chaise, pour la casser tout à fait. Queslier aussi a soixante jours de prison. Lui, par exemple, c'est pour s'être permis de saisir familièrement par le bras un supérieur, pendant le service.

— Qu'est-ce que ça fiche? me dit-il au moment où l'on nous boucle. Pourvu que ça compte sur le congé...

. . . . . . . . . . . . . . . .

Voilà trois mois, déjà, que l'affreux cauchemar est passé ; trois mois qu'il s'est effacé, l'horrible rêve de l'existence brisée comme une lame d'épée par le bâton d'un manant ; trois mois que le spectre du crime à accomplir a disparu de devant mes yeux.

Ah ! je suis soulagé d'un grand poids. Il m'a rendu bien vil, l'infâme métier. J'ai volé, j'ai forniqué. Mais j'ai pu au moins écarter de mes doigts souillés et tremblants le fantôme de l'assassinat...

... Cette phrase que je viens d'écrire me fait honte. Elle ment. Je ne l'efface pas, je la laisse. Je n'ai pas le courage, vraiment, de la biffer d'un trait de plume, car c'est bien dur de tout dire, même quand on s'est promis de faire une confession sincère — même quand on n'a pas de remords.

Pas de remords, non. Je n'ai été, là encore, que l'agent contraint et aveugle d'une cause hors de moi. Avoir des ménagements pour moi, affolé qui, inconsciemment, ai agi en brute, ce serait avoir des égards pour ceux qui, depuis si longtemps, appuient sur mon esprit leur lourd talon. Et ce n'est que justice, après tout, si je secoue, sur leurs faces viles, mes mains tachées de sanie et de sang.

J'ai assassiné.

Ah ! je veux me hâter, maintenant. J'en ai assez de

ces horreurs ; j'en ai trop de ces ignominies. Je sens que je ne pourrai bientôt plus dégorger goutte à goutte toute la honte qu'on m'a fait boire et plaquer de larges taches, sur le papier blanc, avec toutes les infamies qu'on m'a forcé à commettre...

Il a fallu aller nettoyer les puits, à Bir-Tala. Travail dur, répugnant. On a choisi, pour l'accomplir, une équipe de prisonniers. Nous, partons, douze, à huit heures du soir, pour faire, pendant la nuit, l'étape de quarante kilomètres, dans les montagnes où aucun chemin n'est tracé. Nous nous apercevons, en arrivant, le lendemain matin, que l'un de nous manque à l'appel. C'est un jeune soldat, peu habitué à la marche, qui a dû rester en arrière. Nous l'attendons en vain toute la journée et, la nuit venue, nous allumons de grands feux.

— Ce saligaud-là s'est au moins fait pincer par les Arabes, ronchonne l'adjudant qui nous commande. Il n'est guère admissible qu'il soit resté dans la montagne. Enfin, si demain, à dix heures, il n'est pas là, je donnerai la demi-journée à six d'entre vous pour aller à sa recherche.

La nuit et la matinée se passent. Personne.

— Vous allez partir deux par deux, chacun d'un côté. Vous, Froissard, avec l'Amiral, par là ; vous, dans cette direction.

— Mon adjudant, il nous faudrait de l'eau.

On la mesure, l'eau. Celle qu'on pourrait tirer du puits n'est pas buvable, et il reste à peine un petit tonneau sur les quatre que les mulets ont apportés d'Aïn-Halib. La chaleur est accablante, justement.

— Ce ne sera pas trop d'un bidon, dit l'Amiral.

— Un bidon ! comme vous y allez ! s'écrie l'adjudant. Un demi-bidon, s'il vous plaît.

— Mais, mon adjudant, puisque le tonneau était encore plein tout à l'heure...

— Et ce qu'il m'a fallu pour ma toilette ?

Nous avons un cri de stupéfaction.

— Sa toilette ! le moment est bien choisi...

— Qu'est-ce que c'est ? Demi-tour ! et vite !

Et nous partons, sous le soleil de plomb, gravissant les montagnes abruptes, dégringolant les pentes caillouteuses des oueds, avec cette chopine d'eau, bientôt bouillante, et dont il ne reste pas une goutte au bout d'une heure.

Combien de temps avons-nous marché, l'Amiral et moi ? Je l'ignore. Mais je sais que jamais je n'ai tant souffert de la chaleur, que jamais la soif ne m'a torturé ainsi. Il vient un moment où, le corps en sueur, exténués, la gorge sèche, nous laissons tomber nos fusils par terre et nous nous étendons, haletants, sur le sable brûlant. Nous avons un doigt d'écume desséchée sur les lèvres ; nous ne pouvons plus parler. L'Amiral me tire par le bras et me fait signe de nous remettre en route. Où allons-nous ? Droit devant nous. Nous n'avons plus l'espoir de retrouver le camarade égaré. Il est mort, sans doute ; il est tombé entre les mains des Arabes et l'on n'entendra plus jamais parler de lui, pas plus que de ces traînards qui, à la queue des colonnes, disparaissent mystérieusement.

Nous n'en pouvons plus. Il ne nous reste qu'à regagner le camp. Nous gravissons une crête pour nous orienter. L'Amiral marche à dix pas devant moi. Brusquement, il pousse un cri strident et, derrière un rocher, disparaît en courant. Je le suis...

Alors, que s'est-il passé? Comment dire cette chose? Comment rendre cette image que j'ai là, devant les yeux?

Un puits avec une margelle de pierres rouges ; deux Arabes, un vieux et un jeune, un enfant de quinze ans, tirant de l'eau dont ils remplissent des outres placées sur un ânon ; l'Amiral saisissant le vieillard par le bras, le vieillard levant sa faucille dans un geste désespéré, une lame qui brille et l'Arabe tombant à la renverse, sa grande barbe blanche toute droite. Et je me vois aussi, moi, saisissant à la gorge l'enfant qui n'a pas le temps de jeter un cri et lui enfonçant, à trois reprises, ma baïonnette dans la poitrine...

En moins d'une minute, tout cela. Et quoi encore? Je ne me rappelle pas ; je ne sais plus. Les avons-nous précipités dans le puits, les cadavres? Je l'ignore. En vérité, je l'ignore. Et je ne sais même pas si nous en avons bu beaucoup, de cette eau qui avait une petite teinte rouge et qui nous a semblé si bonne, quand la soif, qui nous avait subitement quittés, un instant, nous est revenue plus ardente...

Ce que je vois bien, par exemple, — oh! très distinctement! — c'est l'Amiral assis près du puits dans lequel il s'amuse à jeter des cailloux en disant :

— Ah! le vieux chameau! Il ne voulait pas me laisser boire dans sa *guerba!*

Et je ris doucement, moi, car je viens de faire reluire au soleil ma baïonnette que j'ai frottée avec du sable après l'avoir passée dans des touffes d'alfa. Parole d'honneur! elle est plus propre et plus nette que si elle sortait de chez l'armurier.

## XXXI

Je suis en prison — encore — et je fais le peloton — toujours.

Ce n'est plus El-Ksob, ici. Je n'ai plus de vin, plus d'alcool, plus de tabac, plus de Louis-Quinze — plus même de pain. Je suis retombé dans la misère noire.

Eh bien ! tant mieux ! Je suis content de m'être débarrassé de tout cela, d'avoir secoué toute cette honte.

J'ai reconquis ma haine d'autrefois, la rage qui me met le feu au ventre, ma volonté d'énergumène. Je veux sortir du Barathre. Du courage, il m'en faut encore pendant une demi-année. J'en aurai.

Je suis bien portant, d'ailleurs, malgré les fers, malgré les mauvais traitements, malgré les privations du régime cellulaire. Je me suis rhabitué à ne plus manger qu'une soupe sur quatre. De la blague, tout ça, lorsqu'on sait qu'on sera libre au bout de six mois !

Je me sens fort, en dépit de tout. Et j'ai même une

pointe de vanité égoïste en jetant un coup d'œil, parmi les vingt hommes qui me suivent, sur deux ou trois malheureux qui clochent du pied et se traînent difficilement. Car c'est moi qui tiens la tête, c'est moi qui mène *le bal*, allant toujours, tant et plus, du même pas régulier, habitué à la charge énorme que je porte et qui ne pèse plus sur mes épaules, les bras rompus aux mouvements les plus pénibles et les plus prolongés du maniement d'armes que j'exécute machinalement, sans gêne.

Je crois qu'un homme, lorsqu'il a pu dépasser un certain degré de fatigue et d'abattement, franchir, par un effort tenace de résolution, la limite qu'il s'est d'abord figuré ne pouvoir atteindre, est capable de continuer, sans plus souffrir, l'exercice qui lui a semblé impossible, de sauter, maintes et maintes fois, par dessus l'obstacle qu'il a pensé refuser. On arrive à s'insensibiliser.

J'éprouve un serrement de cœur, pourtant, lorsque, à chaque tour de piste, j'arrive devant la petite butte de gazon sur laquelle est monté le sergent de garde qui nous fait manœuvrer. Un homme est assis, au pied du tertre, son sac à terre, à côté de lui, son fusil entre les jambes. C'est Queslier.

Pauvre garçon ! Brave cœur ! Il y a longtemps qu'il souffre, déjà, car le climat meurtrier l'a anémié, car les tourments qu'on lui a fait endurer l'ont affaibli à tel point qu'il n'a pas pu continuer le peloton, ce matin, et qu'il a été forcé de se faire porter malade. On a été cherché le médecin-major.

Il arrive.

— C'est vous qui vous êtes fait porter malade ? Où avez-vous mal ?

— Partout, monsieur le major.

— Mais enfin, de quoi vous plaignez-vous ? De quoi souffrez-vous ?

— De la fatigue. Je n'en puis plus.

— Ce n'est pas une maladie, cela. Voyons, vous n'avez pas autre chose ?

— Mais, monsieur le major, examinez-moi. Je vous assure que je suis exténué, brisé, éreinté. Je n'ai plus trois gouttes de sang dans les veines. Mes jambes ne peuvent plus me porter...

Un flot de paroles désespérées.

— Mon ami, vous êtes peut-être fatigué, je n'en disconviens pas. Seulement, pour moi, cela ne suffit point. Je ne puis vous reconnaître malade.

Et, se tournant vers le chef de poste, le major ajoute :

— Sergent, vous pouvez commander à cet homme de continuer son exercice.

Et il s'en va, tranquillement, les paillettes d'or de son képi éclatant au soleil au-dessus de la bande de velours ; frappant sa botte, à petits coups, de sa cravache à pomme d'argent.

— Queslier, placez-vous le premier... en tête !... Pas gymnastique, marche !

Le malheureux fait cinq ou six pas en titubant.

— Nom de Dieu ! Plus vite que ça ! Marchez-lui sur les talons, Froissard.

Queslier s'arrête et laisse tomber son fusil. J'essaye de lui donner du courage ; mais je sens qu'il ne peut plus faire un pas. Ses jambes raidies flageollent sous lui. Ah ! bon Dieu !

— Queslier ! pour vous tout seul !... pas gymnastique, marche !

Queslier ne bouge pas.

— Les deux premiers, arrivez ici... Froissard et le suivant.

Nous nous approchons du sergent qui est descendu du tertre et qui s'est dirigé vers Queslier.

— Vous savez qu'aux termes d'une circulaire promulguée par le général commandant la division d'occupation de Tunisie, tout homme qui se fait porter malade au cours d'un exercice quelconque et qui n'est pas reconnu tel par le major, doit être considéré comme ayant refusé l'obéissance à son supérieur..... Froissard et vous, vous êtes témoins que cet homme s'est fait porter malade au cours d'un exercice et n'a pas été reconnu tel ?

Que faire ?... Il me vient une idée :

— Sergent, vous ne lui avez pas lu le Code pénal.

— C'est inutile. J'aurais même pu le faire mettre en prévention de conseil de guerre aussitôt après le départ du major. La circulaire du général m'y autorise.

— Cependant, sergent, le code est déjà assez sévère...

— Ce n'est pas l'avis du général, probablement..... D'ailleurs, taisez-vous !

— N'insiste pas, me dit Queslier, qui sourit tristement. Je ne peux plus mettre un pied devant l'autre.

Et il me lance un regard que je comprends...

— Vous êtes témoins, n'est-ce pas ?
— Oui, sergent.

On a emmené Queslier auquel on a mis, sous *son tombeau*, les fers aux pieds et aux mains.

Le peloton est fini. Si je pouvais ne pas être aperçu !...

Justement une bande de gradés fait son entrée dans le ravin avec un saladier de fer-blanc, énorme, plein de punch. Ils pénètrent dans le marabout du sergent de garde pour trinquer avec leur collègue de service. Il y a eu une promotion ce matin, paraît-il ; un des pieds-de-banc, Balanzi, a été nommé sergent-major. C'est le factionnaire qui, tout bas, vient de me jeter cette nouvelle.

Il a raison. J'entends des hurlements, mêlés à des éclats de rire, sortir du marabout. En chœur, les chaouchs entonnent une chanson :

> Nous avons un sergent-major...
> ... Il a cinq pieds, six pouces,
>    Et des galons en or !

Des galons en or ! Dire que c'est avec ça qu'on étrangle un peuple !

Personne ? Pas de danger ? La sentinelle tourne le dos. Sans bruit, je me glisse jusqu'au tombeau de Queslier.

— Rien n'est perdu, vois-tu, rien. Je passerai au conseil, mais je m'en tirerai. Il n'est pas possible qu'ils osent me condamner. Si je croyais le contraire... Mais non, ce n'est pas possible... Tu as compris mon coup d'œil, tout à l'heure ? J'aime bien mieux que ce soit toi qui me serves de témoin. Tu me défendras, au moins, et tu pourras m'aider à me tirer de leurs pattes, à Tunis. Avec toi, je peux tout espérer, au lieu qu'avec une bourrique, j'aurais été frais !... Allons, mon vieux, ne te fais pas de bile, va ; ça n'en vaut pas la peine, tout ça. Nous retournerons à Paris, malgré eux, les crapules ! Et nous irons voir s'il y a encore de la place dans un jardin de la rue des Rosiers où l'on colle autre chose que des espaliers, le long des murs.

## XXXII

On nous a mis en subsistance, à Tunis, à la caserne des zouaves et — naturellement — on nous a fourrés en prison. Queslier, lui, avec les hommes en prévention, est détenu à la Kasbah.

Je m'y morfonds, dans cette prison, d'où je ne peux sortir qu'une heure et demie par jour, pour prendre l'air, et où je me trouve en tête-à-tête avec des hommes de différents corps qui passent leur temps à comparer les uns aux autres, partialement, les régiments auxquels ils appartiennent. Presque toujours ils se disputent. Quelquefois ils se battent. On dirait qu'il s'agit de choses sérieuses. Pauvres diables !

— L'affaire Queslier ne sera pas probablement appelée avant une quinzaine de jours, m'a dit un zouave, qui a un copain employé au tribunal, et qui vient d'entrer à la malle.

Il n'y est resté que deux jours. Malheureusement, car il était moins bête que les autres et, dans mon égoïsme de reclus, j'aurais préféré le garder plus longtemps — pour pouvoir causer avec lui.

— Je te ferai passer des journaux, m'a-t-il dit en s'en allant. Ça te distraira.

Je l'ai remercié d'avance — tout en ne comptant guère sur lui.

J'ai eu tort. Un des hommes de corvée qui nous apportent la soupe m'a remis ce soir, de sa part, un paquet de papiers. De vieux journaux de France, un roman-feuilleton et deux numéros d'un journal local, imprimé moitié en arabe, moitié en français.

Voyons le dernier numéro... Tiens : « Conseil de guerre de Tunis. » Ce doit être intéressant.

« Hier, le soldat Passaré, du 4e tirailleurs, ayant lancé son soulier à la tête du commissaire pendant que celui-ci lui lisait le jugement qui le condamnait aux travaux publics, a été, séance tenante, frappé d'une condamnation à mort. »

Quels singuliers magistrats, que ces membres d'un tribunal qui s'érige en juge et en partie, dans sa propre cause ! Quelle drôle de justice, tout de même, que cette justice qui n'a même pas la pudeur de se considérer comme au-dessus des offenses et qui inflige la monstrueuse peine de mort à un malheureux exaspéré !

Poursuivons.

« Avant-hier a eu lieu l'exécution d'un jeune soldat du 175e de ligne. Ce soldat s'était, à la suite d'une simple punition de deux jours de consigne, jeté sur son caporal et l'avait souffleté. Le coupable a été fusillé devant des détachements des divers corps de troupe de la garnison. Une foule énorme d'indigènes étaient accourus de la ville et des environs pour assister au spectacle. L'exécution d'un Français par des Français éveillait quelque peu la curiosité. Le condamné a fait preuve du plus grand courage et a conservé devant le peloton la plus ferme des attitudes. Au point de vue du prestige moral du nom français en Afrique, nous ne saurions que nous en féliciter... »

Quel est le plus misérable, le plus vil, du Code qui *condamne à mort* un homme qui en a giflé un autre, ou du journal qui déclare n'avoir *qu'à se féliciter* d'un semblable assassinat ?...

# XXXIII

La salle banale d'un conseil de guerre.

J'ai éprouvé, en entrant dans cette salle, non pas l'impression de respect craintif qu'on ressent en entrant dans un prétoire, mais la sensation de dégoût terrible et de défiance répulsive qui fait hésiter sur le seuil d'un abattoir, à l'entrée d'un corridor obscur dont on ignore l'issue et où le pied glisse sur les dalles gluantes.

La composition ordinaire du tribunal : Un colonel de zouaves, président; un commandant, un lieutenant et un sous-lieutenant d'autres corps ; un adjudant de chasseurs d'Afrique. Comme commissaire, un lieutenant de tirailleurs assisté d'un maréchal des logis de chasseurs, greffier. La défense est présentée par un avocat ou un officier quelconque.

Le public? Les témoins des différentes causes inscrites au rôle de l'audience. Derrière, des soldats d'infanterie, baïonnette au canon.

Un tirailleur indigène, d'abord. Il a déserté. Il parle mal français, et un sergent de son régiment lui sert d'interprète. Ça ne dure pas longtemps, nom d'une pipe ! Cinq minutes à peine. Trois ans de travaux publics. Le Bico s'en va en pleurant.

Un fantassin, ensuite. Attitude morne, abattue. Il est accusé d'avoir dit à son adjudant qui refusait de le laisser sortir du quartier : « Je te casserais bien une patte. » C'est un garçon très bien, à ce qu'on dit, de famille riche. Le fait est qu'il s'est payé un avocat civil qui a mis sa toque de travers et qui fait de grands gestes pour se débarrasser des manches de sa toge, beaucoup trop longues.

Il plaide l'enfantillage, l'avocat civil. Ça ne réussit pas à son client : cinq ans de prison. C'est le minimum, après tout.

— Affaire Queslier !

On nous a fait sortir, l'autre témoin et moi ; mais, de l'endroit où l'on nous a relégués, je puis entendre à peu près tout. Queslier, simplement, explique l'affaire. Il assure qu'au moment où il a dû cesser de faire le peloton, il était très malade et que, du reste, il l'est encore. Depuis qu'il est à Tunis, il a demandé la visite d'un médecin qui pourrait constater la véracité de ses affirmations. On lui a refusé cette visite.

La voix du président s'élève, hargneuse.

— Abrégez ! abrégez ! Le fait de se faire porter malade au cours d'un exercice est assimilé à un refus d'obéissance, lorsque le major ne reconnaît pas la maladie. Vous êtes-vous fait porter malade ?

— Oui, mon colonel.

— Que faisiez-vous en ce moment-là ?

— Le peloton de punition.

— Le major a-t-il constaté votre maladie?
— Non, mon colonel, mais...
— Asseyez-vous!

On nous fait rentrer dans la salle pendant que le greffier lit l'acte d'accusation.

Le colonel nous interroge, mon camarade et moi. Trois questions à chacun; celles qu'il a déjà posées à Queslier. Impossible de placer un mot. Brutalement, il nous coupe la parole.

Queslier sera condamné, le malheureux; c'est certain. Le parti pris est gravé sur toutes ces faces de galonnés qui sont nos supérieurs,—et qui sont aussi nos juges.

Le commissaire a la parole. Il n'en abuse point. Il se contente de lire les punitions du prévenu qui, affirme-t-il, est un sujet dangereux.

C'est ainsi qu'il soutient une accusation, ce commissaire-là.

Il est vrai qu'il demande le maximum de la peine.

Le défenseur s'avance. C'est un sous-lieutenant de zouaves, tout jeune, qui tremble, devant son colonel, un peu plus fort que la feuille de papier qu'il tient à la main. C'est pourtant difficile. Il la lit, cette feuille de papier, en bredouillant, en mâchant les mots, en avalant des phrases entières. Oh! la belle plaidoirie! Et comme la confiance doit descendre dans l'âme d'un inculpé, lorsqu'il voit sa liberté ou sa vie disputée aux membres d'un tribunal par un orateur de cette force!

Tiens! c'est fini... A propos, quelles sont ses conclusions, à l'avocat? Moi, je ne sais pas. J'ai des bourdonnements dans les oreilles. Je n'entends plus. Que demande-t-il? Le minimum, ou l'acquittement — ou le maximum?

Pourquoi pas? puisque son supérieur — le commissaire — l'a demandé...

— Queslier, avez-vous quelque chose à dire pour votre défense?

— J'ai à dire que je n'ai refusé d'obéir à personne. Étant malade, je n'ai pu continuer un exercice que j'accomplissais. Malheureusement pour moi, le major...

— Asseyez-vous.

Les juges font semblant de délibérer. Ils rendent le verdict : Deux ans de prison.

Deux ans !...

# XXXIV

Je suis revenu à Aïn-Halib, profondément écœuré, indigné.

Ah ! je ne m'étais jamais fait d'illusions sur l'ignominie du système militaire; mais c'est égal, il est des choses qu'on ne peut croire que lorsqu'on les a vues ; et j'en vois de drôles, depuis quelque temps.

La sonde que j'ai laissée tomber dans la fange soldatesque n'a pas pu trouver le fond ; quel bourbier de vilenies, quelle sentine de bassesses ! Je sens que le mépris m'empoigne et que le dégoût me monte au cœur. C'est curieux, cela : le militarisme arrive à concilier dans mon esprit ces choses inconciliables d'ordinaire : la haine et le mépris, le dégoût et la crainte.

Oui, la crainte. Une crainte particulière, par exemple. Celle probablement que peut faire éprouver l'appréhension du contact de l'ignoble chauve-souris ou du crapaud visqueux. Je n'avais pas ressenti cela, jusqu'à présent. Il est vrai que je n'avais guère eu connaissance que de la partie brutale du système, et que la partie plus particulièrement jésuitique était restée voilée à mes yeux. Maintenant que j'ai tout vu, maintenant que j'ai vu Tartufe porter des épaulettes et Laubardemont un panache, maintenant que je sais qu'il me faut redouter non seulement la griffe du tigre, mais la dent de la vipère et le dard du scorpion, j'ai peur.

Sortirai-je jamais d'ici ? Encore quatre mois, mon Dieu !... comme c'est long ! Je passe des jours bien tristes et des nuits bien lugubres ! J'essaye, pourtant, d'atténuer la sensation trop forte du présent avec la vision de l'avenir. Je voudrais que cette image pût abolir dans mon esprit toutes les autres images et que le rose dont je l'enlumine mît un éclair de gaîté sur le fond noir de mes pensées... Un rien me trouble, le moindre incident me bouleverse. Les nerfs s'en mêlent.

Les petites peurs, les grandes craintes, les crâneries passagères, les longs affaissements, les vigoureux espoirs qui vous enlèvent avec l'élasticité d'un tremplin, et le filet lâche de la désespérance dans lequel on retombe, mou et flasque — sans pouvoir se briser les os...

Je me suis fait un petit calendrier sur lequel, tous les soirs, j'efface une journée. J'en ai encore, des coups de crayon à donner !... Une superstition stupide s'est emparée de moi, aussi. Partout je cherche des présages, heureux ou malheureux, des indices d'une libération prochaine ou d'un événement cruel.

— Si le gros nuage gris, à gauche, a atteint la montagne avant le petit nuage blanc, à droite, ce sera bon signe pour moi.

Et, si c'est le nuage blanc qui arrive premier, j'ai

16

toujours d'assez bons yeux pour m'apercevoir qu'un coin du nuage gris — très léger, c'est vrai — a atteint le but avant lui. Dans ce dernier cas, pourtant, je ne suis pas parfaitement tranquille. Ma conscience me reproche tout bas une indélicatesse coupable.

Je voudrais avoir un sou, pour jouer la chose à pile ou face. Comme ça, je ne pourrais pas tricher.

Je n'ai pas un sou — heureusement. — Car, si j'avais le malheur de perdre, je sens bien que je n'aurais pas la force de me rebiffer contre la décision de l'oracle, et que je serais sans aucun doute la victime de ma crédulité idiote, mais forcenée.

— Froissard, une lettre pour vous.

Le vaguemestre me tend une enveloppe que je dois ouvrir devant lui. Tiens, une lettre de mon cousin, du cousin qui m'envoyait de l'argent à El-Ksob, au temps des orgies sardanapalesques avec les Gitons callipyges. Mais, à propos, comment a-t-il pu savoir mon adresse, le cousin? Qui diable a pu lui apprendre... Voyons la lettre.

« Mon cher cousin, ton secret est enfin dévoilé. Je sais tout. N'ayant pas reçu de tes nouvelles depuis quelque temps, j'ai été demander des renseignements au ministère de la guerre. Ces renseignements sont épouvantables... »

Et patati et patata. On lui a dit que j'avais été envoyé aux Compagnies de Discipline pour mauvaise conduite et indiscipline, etc. — Un tas d'horreurs, quoi !

Le cousin se déclare scandalisé. Pauvre cousin !

« Personne n'y va, à ces Compagnies de Discipline. »

Ça, c'est exagéré, cousin. Il vaudrait beaucoup mieux dire que tout le monde n'y va pas.

« Quel malheur que tu n'aies pas pu sortir de là ! Quelle tache sur ton existence ! Tu n'as pour ainsi dire plus de famille, maintenant... »

Et il entre dans de longs détails pour finir par me déclarer qu'à Paris, toutes les personnes que je connais me tourneront le dos...

Ça me permettra de leur flanquer plus facilement mon pied quelque part, si elles ne sont pas polies.

« Et qu'il faudra que j'aie un fier toupet pour oser me montrer dans les rues. »

J'aurai ce toupet-là, cousin — et je ne mettrai pas de masque.

Allons, une feuille de papier, une plume, et vite, vite, une réponse à l'aimable parent. Il pourrait, malgré tout, avoir conservé des illusions sur mon compte, et je ne veux point lui en laisser. Ce serait abuser de sa candeur. Et puis, ça me fera du bien, d'écrire un peu ce que je pense. C'est capable de me remonter.

« On t'a dit vrai, cousin, on t'a dit vrai. Je t'avais monté un bateau. Je t'avais tiré une carotte... Je suis aux Compagnies de Discipline depuis bientôt trois ans. J'y ai été et j'y suis encore, physiquement et moralement, aussi malheureux qu'il est possible de l'être. On m'y a envoyé, t'a-t-on dit, d'abord pour mauvaise conduite, — une expression assez élastique, entre parenthèses — ce qui est à moitié faux ; ensuite pour indiscipline, ce qui est entièrement vrai.

« J'ai bu un coup par-ci par là, c'est exact ; j'ai fait la noce quelquefois, je l'avoue. C'est tout.

« Si j'étais un mauvais sujet invétéré, j'en ferais

carrément l'aveu, car les potins et les cancans, vois-tu, je m'en fiche comme de Colin-Tampon. Voilà donc une des causes pour lesquelles m'ont envoyé à la Discipline — tu peux lire bagne, avec la condamnation en moins, mais les tortures en plus — des gens dont l'état d'ébriété est continuel, dix-neuf fois sur vingt grossiers par habitude et bêtes par nature, et chez lesquels l'absinthe et les règlements militaires combinés ont produit cette élévation intellectuelle et morale, et cette abnégation patriotique que nous aimons à admirer dans Bazaine — et compagnie.

« La seconde cause de ma relégation — passe-moi le mot, il est à la mode depuis que les bourgeois qui nous gouvernent ont pris le parti de reléguer — surtout ne va pas lire : transporter — à Cayenne, les récidivistes, leurs victimes — la seconde cause de ma relégation loin des rangs de l'armée régulière, dis-je, c'est mon indiscipline. Ici, ma foi, je ne me défends point, oh ! point du tout. Je suis un indiscipliné, c'est vrai. Pas pour longtemps, pourtant ; car l'indiscipline ne pouvant exister qu'avec l'esclavage et le jour de la délivrance devant prochainement luire pour moi, j'espère être bientôt, non plus un indiscipliné, mais un insurgé.

« ... Si je n'ai pas écrit plus tôt, si je suis resté si longtemps sans donner de mes nouvelles, si je n'ai pas avoué la vérité, je l'ai fait pour deux raisons que voici : d'abord, quand j'ai un verre de fiel à boire, j'aime à le boire seul ; ensuite, j'ai craint que l'un de vous n'eût l'idée d'aller intercéder en ma faveur, pleurer ma grâce auprès de tel ou tel empanaché influent. Voilà surtout ce que je redoutais, car je tiens à la garder tout entière, ma haine contre les tortionnaires à galons d'or et les voleurs à culotte de peau. Je n'ai jamais courbé l'échine devant eux et j'aurais eu honte de voir quelqu'un le faire pour moi... Ce sont des bandits, vois-tu, et ils m'ont fait souffrir autant qu'on peut faire souffrir un homme. Mais, au moins, je partirai d'ici en espérant que, de même qu'on a hissé le dernier pirate à la grande vergue de son navire, on pendra le dernier buveur de sang à la hampe du chiffon ensanglanté qui lui sert de drapeau. Je partirai avec l'espoir d'entendre bientôt sonner l'heure de la justice — et la vengeance est le corollaire de la justice — pour tous ceux qui ont eu faim, pour tous ceux qui ont souffert, pour tous ceux qui ont pleuré... »

Je viens de jeter la lettre à la boîte et je regrette presque, maintenant, de l'avoir envoyée. Ce pauvre cousin !... Et puis, tant pis, après tout ! Au diable la famille !

Ah ! la famille ! Elle peut se vanter d'avoir trouvé un fameux dissolvant dans l'armée.

Ce ne sont jamais les quatre pages couvertes du gribouillage paternel ou des pattes de mouche de la mère qu'il cherche dans l'enveloppe qu'il vient d'ouvrir, le militaire. Et, s'il ne trouve pas, entre les deux feuilles de papier, le mandat qu'il espère, il ne se donne guère la peine de la lire, la lettre. Il s'en moque pas mal, allez !

Et les réponses ! — ces réponses qui sont des demandes — des demandes qu'on passe une heure à entourer de cinq ou six phrases qui veulent avoir l'air d'être affectueuses !

La famille, elle est plus loin du soldat, soyez-en sûrs, que la France des Polonais.

Et, si vous ne le croyez pas, vous n'avez qu'à demander à un illettré, qui vous a prié d'écrire une lettre, ce qu'il désire que vous y mettiez.

— Ce que tu voudras, comme pour toi...

Comme pour toi, — je n'ai jamais pu en tirer autre chose.

Comme pour toi !

## XXXV


Le dernier jour est arrivé !

Il y en a qui chantent ça, en descendant du magasin d'habillement. Moi, je ne chante pas. Je ne porte plus la triste livrée de la Compagnie, pourtant. On vient de me la retirer, en même temps que les fers — que je gardais depuis dix jours. J'ai un uniforme d'artilleur avec lequel je vais rentrer en France. Nous partons demain, dix ou douze libérables, à la pointe du jour, pour faire les six étapes qui doivent nous mener à Gabès, où nous prendrons le bateau.

Je ne chante pas, non, que je sois triste — au contraire ! — mais j'ai peur. Je suis comme le marin à qui le sol sur lequel il met le pied, après un long voyage, paraît chancelant. Et puis, une crainte folle m'a saisi, il y a un grand quart d'heure, au moment où je pénétrais dans le magasin d'habillement, sans retirer mon képi.

— Voulez-vous vous découvrir, insolent ! m'a crié le sergent d'habillement d'une voix furieuse.

J'ai compris que cet homme, outre de me voir partir, moi qu'il déteste, cherchait une querelle d'Allemand. Je n'ai rien dit. Je ne veux rien dire de toute la soirée. Il est six heures ; je vais aller me coucher sous un marabout dont je ne bougerai pas jusqu'à demain. Je ne veux pas me donner à moi-même l'occasion de faire une sottise, de compromettre ma liberté que je touche — enfin.

Je suis étendu sous une tente. Je fais semblant de dormir, pour qu'on me laisse tranquille, mais je ne dors pas. Je pense.
Je pense à cette armée que je vais quitter. Je l'envisage froidement, laissant de côté toutes mes haines.

C'est une chose mauvaise. C'est une institution malsaine, néfaste.
L'armée incarne la nation. L'histoire nous met ça dans la tête, de force, au moyen de toutes les tricheries, de tous les mensonges. Drôle d'histoire que celle-là ! Dix anecdotes y résument un siècle, une gasconnade y remplit un règne. Batailles ! batailles ! combats ! Elle a osé fourrer la Révolution dans la sabretache des généraux à plumets et jusque dans le chapeau de Bonaparte, comme elle a fait bouillir le grand mouvement des Communes qui précéda la bataille de Bouvines dans le chaudron où les marmitons de Philippe-Auguste ont écumé une soupe au vin. Elle prêche la haine des peuples, le respect du soudard, la sanctification de la guerre, la glorification du carnage...
Ah ! Mascarille ! toi qui voulais la mettre en madrigaux, l'Histoire !
Elle nous a donné le chauvinisme, cette histoire-là ;

le chauvinisme, cette épidémie qui s'abat sur les masses et les pousse, affolées, à la recherche d'un dictateur.

L'armée incarne la nation ! Elle la diminue. Elle incarne la force brutale et aveugle, la force au service de celui qui sait lui plaire et — c'est triste à dire, mais c'est vrai — de celui qui peut la payer.

« Cela s'est fait, mais ne se fera plus. » Si, la blessure ne se guérira point. La gangrène y est.

L'armée, c'est le réceptacle de toutes les mauvaises passions, la sentine de tous les vices. Tout le monde vole, là-dedans, depuis le caporal d'ordinaire, depuis l'homme de corvée qui tient une anse du panier, jusqu'à l'intendant général, jusqu'au ministre. Ce qui se nomme *gratte* et *rabiau* en bas s'appelle en haut *boni* et *pot-de-vin*. Tout le monde s'y déteste, tout le monde s'y envie, tout le monde s'y torture, tout le monde s'y espionne, tout le monde s'y dénonce. Cela, au nom de soi-disant principes de discipline dégradante, de hiérarchie inutile. Avoir un grade, c'est avoir le droit de punir. Punir toujours, punir pour tout. De peines corporelles, naturellement ; celles-là seules sont en vigueur... Ah ! c'est triste qu'un bout de galon permette à un homme de mettre en prison son ennemi — ou de faire fusiller son camarade.

L'armée, c'est le cancer social, c'est la pieuvre dont les tentacules pompent le sang des peuples et dont ils devront couper les cent bras, à coups de hache, s'ils veulent vivre.

Ah ! je sais bien : le patriotisme !... Le patriotisme n'a rien à faire avec l'armée, rien ; et ce serait grand bien, vraiment, s'il n'était plus l'apanage d'une caste, la chose d'une coterie, l'objet curieux que des escamoteurs ont caché dans leur gibecière, et qu'ils montrent de temps en temps, mystérieux et dignes, à la foule béante qui applaudit. Ce sentiment-là, je crois, n'est pas forcément cousu au fond d'un pantalon rouge. Il y a peut-être autant de patriotisme dans l'écrasement banal d'un maçon qui tombe d'un échafaudage ou dans la crevaison ignorée d'un mineur foudroyé par un coup de grisou, que dans la mort glorieuse d'un général tué à l'ennemi. Et il y a de bons patriotes, voyez-vous, qui haïssent la guerre, mais qui la feraient avec joie — si l'on tentait d'assassiner la France — parce qu'ils auraient l'espoir grandiose, ceux-là, non pas d'écraser un peuple, mais d'anéantir, avec le gouvernement qui le régit, toutes les tendances rétrogrades, féodales, anachroniques — le caporalisme.

Je réfléchis longtemps à ces choses. Je pense aussi aux trois années que j'ai passées ici, à mon existence de paria ! Quelle vie ! quel spectacle !...

Et, lorsqu'ils ont défilé devant mes yeux, bien en lumière, tous ces affreux tableaux que j'évoque avec horreur, je m'aperçois que je n'en ai vu nettement qu'un côté, jusqu'à présent, et qu'une partie m'en a échappé, — la partie la plus ignoble, sans doute, de ces conséquences de la compression.

Emporté par la passion, aveuglé par la haine, je n'ai jamais senti à mes côtés, parmi mes compagnons de servitude, que les insoumis, que ceux qui résistaient, ne voulaient pas plier ; les seuls événements qui aient frappé mon esprit sont ceux grâce auxquels s'est affirmée la lutte de l'homme qui veut rester libre contre la discipline abjecte. Les journées remplies de la farce grossière de l'existence servile n'ont rien laissé en moi. Je les ai subies, tout simplement. Et quant au grand troupeau des disciplinés, des soumis, des domestiqués, je ne l'ai même pas dédaigné, je ne l'ai point vu. Qu'une bassesse de ces malheureux, par-ci par-là, m'ait fait hausser les épaules, qu'une de leurs vilenies m'ait fait lever le cœur, c'est possible. Rien de plus.

C'est pour cela que je les ai badigeonnés en rouge, tous les fonds couleur de cendre ; et je sens que je n'aurai jamais le courage, maintenant, de plaquer des rappels de gris sur les vigueurs des premiers plans.
Ah! c'est bien la platitude et la banalité, pourtant, qui s'étalent, comme de larges nappes d'eau croupissante, au-dessus desquelles font saillie, de loin en loin, les aspérités des caractères forts.

Ce côté-là m'a échappé... Ma foi, tant mieux! J'ai déjà remué tant de boue pour les retirer de la fange où ils gisaient, tous ces souvenirs amers...

— Froissard, tu dors ?
Ce sont des camarades qui viennent me faire leurs adieux et me souhaiter un bon voyage. Quelques-uns, des Parisiens, me donnent des commissions...
Le clairon ! Un coup de langue prolongé : c'est l'extinction des feux.
Encore une nuit et je serai libre.

Libre !... Demain !

## XXXVI

— Fontainebleau !... Melun !...
Le train va vite. Dans une heure, nous serons à Paris... Oh ! Paris !... Paris !...

C'est depuis Marseille seulement que j'ai commencé à librement respirer. Jusque-là, j'avais souffert, j'avais tremblé, m'attendant à chaque instant à une catastrophe ; intimement convaincu que quelque épouvantable difficulté allait s'élever, qu'un obstacle insurmontable s'opposerait à mon retour en France, que quelque chose de terrible allait me clouer, pour jamais, sur ce sol d'Afrique qui, j'en étais sûr, devait me garder. Je me trouvais dans la situation du chrétien livré aux bêtes, dans le cirque, et qui ne peut détacher ses yeux de la porte de la fosse qu'on va soulever tout à l'heure, et par où la bête va sortir.
La bête ne s'est pas montrée, c'est un gendarme qui a paru. Un brave gendarme qui ne pensait pas à mal, certainement, et qui s'est trouvé subitement devant moi, sur le paquebot, au détour d'un rouf. J'ai eu

une horrible peur. J'ai trébuché. J'ai été forcé de me retenir à un palan pour ne pas tomber à la renverse.

— On voit que le vin du cambusier n'est pas mauvais, m'a dit le Pandore, qui m'a cru ivre, et qui s'est mis à rire, grassement…

Deux ou trois frayeurs comme celle-là, et j'aurais perdu la boule. J'aurais été atteint, pour de bon, du délire de la persécution…

Nous sommes partis de Marseille à trois heures de l'après-midi, et, dans ma joie de me sentir enfin seul, livré à moi-même, débarrassé du sous-officier qui nous avait escortés jusque-là, je n'ai vu ni la gare, ni la grande salle d'attente retentissante des exclamations méridionales; je suis passé rapidement devant le jardin planté d'arbres où se promènent, un panier au bras, des marchandes de provisions.

Un jardin, une gare, des paniers, des marchands? C'est possible. Je ne sais pas.

Je suis entré tout droit dans la salle du départ et je me suis assis, contre la porte qui donne sur le quai, sur un banc. Mon cœur battait très fort, mes genoux tremblaient, un flot de sang me montait au visage. — Je n'avais plus de sang qu'à la tête.

J'avais mon billet dans la poche de mon dolman et je le sentais, — oui, je le sentais, à travers la doublure, à travers la toile de ma chemise, comme s'il avait voulu m'entrer dans la chair! Il me brûlait la peau, ce morceau de carton.

Tout d'un coup, la porte s'ouvre. Je m'élance, bousculant l'employé, je me précipite dans un wagon comme une bête féroce dans la cage où saigne un

17

quartier de viande. J'ai fermé la porte sur moi, à toute volée, et je me suis laissé tomber sur la banquette.

Brusquement, je me suis senti *libre*. J'ai éprouvé, pendant une minute, une jouissance indéfinissable. Pour la première fois de ma vie — la seule peut-être — j'ai perçu, dans sa plénitude, la sensation de *liberté*.

. . . . . . . . . . . . . . . . . . . . . . . .

. . . . . . . . . . . . . . . . . . . . . . . .

— Froissard, as-tu faim? Veux-tu manger un morceau?

Ce sont mes camarades de route qui finissent leurs provisions, avant d'arriver à Paris, et qui m'invitent à casser la croûte.

Non, je n'ai pas faim; non, je ne veux pas manger. Il me semble que je n'aurai plus jamais besoin de manger.

— Ah! non, toi, là-bas, garde le cervelas pour toi. Il y a de l'ail dedans, et, comme on va sucer la pomme à sa gonzesse...

De gros rires.

Quatre faubouriens, sur les sept que nous sommes. Quatre ouvriers qui vont reprendre leur métier, en arrivant, avec la misère qui les guettera au coin de l'établi et la débauche qui leur fera signe, au premier tournant de la rue. Rien à attendre d'eux, rien. Des récits fantastiques de leurs campagnes, peut-être, des histoires à dormir debout, des exagérations idiotes, des hâbleries... Ah! il n'y a pas de danger qu'ils aillent porter, dans l'atelier, sur les chantiers, le récit sincère de ce qu'ils ont vu, de ce qu'ils ont enduré, — la haine du militarisme ! On les retrouvera arrêtés, badauds imbéciles, sur les boulevards où défilent les griffetons, au son d'une musique de sauvages ; à Longchamps, les jours de revue, et l'on pourra les entendre applaudir, bien fort, au passage d'un général peinturluré comme une image d'Épinal, d'un colonel dont le plumet se dresse, au-dessus du shako, comme un pinceau de treize sous au-dessus d'un pot à colle.

A quoi ça leur sert-il d'avoir souffert ?... Des animaux, alors ? Pas même. Des bêtes sans rancune.

Et les autres : Le premier est un garçon instruit, un éduqué que je connais peu. Il se livre à des comparaisons très intéressantes entre la végétation africaine et celle de la France.

Ces comparaisons me font suer.

Le second, c'est cet imbécile de Lecreux. Il est libéré en même temps que moi. Je ne lui ai pas dit quatre mots, je crois, depuis que nous sommes partis d'Aïn-Halib. C'est égal, je serais curieux de savoir à quoi il peut penser, cet être-là. Je vais le lui demander. Je l'appellerai « mon vieux Lecreux. » Ça le flattera.

— Mon vieux Lecreux, tu ne dis rien. A quoi penses-tu ?

— Je pense à une pièce de vers que j'ai faite...

Il fait des vers ! J'aurais dû m'en douter !...

— Que j'ai commencée, plutôt, à Aïn-Halib. Je veux arriver à démontrer l'inanité de tout système philosophique. Je viens justement de trouver deux vers. Tiens, les voici :

> Pythagore, Solon, Socrate et Cicéron
> Ont discouru longtemps sans rien dire de bon...

— Comment trouves-tu ça ?
— Fous-moi la paix !
— Tu dis ?
— Fous-moi la paix, ou je te casse la gueule !

Ils se sont tous retournés. Ils m'ont cru fou. Tant pis pour eux.

Le train siffle longuement. — Il entre en gare. — Il s'arrête.

Je descends en courant; je me sauve ainsi qu'un voleur, sans faire d'adieux, sans serrer une main, sans rien dire à personne — à personne !

J'ai envie de pleurer de rage...

. . . . . . . . . . . . . . . .

Où suis-je? Sur le boulevard Saint-Germain, près du pont Sully. Je suis venu là tout d'une traite, en grandes enjambées, sans regarder derrière moi, comme si j'avais la police à mes trousses.

Ainsi, je suis à Paris? Tiens ! comme c'est tranquille !

C'est drôle, je me figurais autre chose. Mon rêve a glissé sur le pavé gras dont la pente mène à l'égout, et s'en va à vau-l'eau, maintenant, roulé par les flots sales de ce fleuve qui coule, bête et jaune, dans les brumes grises, et dont le courant se partage, au tranchant des piles du pont, sans un bruissement, sans un bruit, sans une écume.

Les maisons aux hautes façades pâles, aux fenêtres mornes, les longues avenues au sol cendré et froid où tremblotent les squelettes ridicules des arbres violets, le ciel blafard et décoloré comme une vieille bâche, les silhouettes vilaines des édifices mangés par les vapeurs caligineuses que piquent déjà les points jaunes des becs de gaz, les taches noires et frissonnantes des passants qui glissent vite, silencieusement...

Ils ne me regardent même pas, ces passants... Si. Une jeune fille a jeté sur moi un coup d'œil étonné et je l'ai entendue qui disait tout bas à sa compagne :
— Comme il est noir !

Comme il est noir !... C'est tout.
Alors, on ne voit rien sur ma figure ? Il n'y a rien d'écrit, sur mon visage ? Les souffrances n'y ont pas laissé leur marque, les insultes n'y ont pas imprimé leur stigmate. Et l'on ne peut même pas, sur mes membres, comme sur l'échine d'une bête maltraitée, compter les coups que j'ai reçus, dénombrer toutes mes cicatrices !
Ah ! pourquoi ne m'a-t-on pas meurtri le corps, au lieu de me torturer l'âme ? Pourquoi la honte ne m'a-t-elle pas cinglé comme un fouet ? Pourquoi les douleurs n'ont-elles point été des couteaux et les affronts des fers rouges ? Je pourrais montrer les blessures de ma peau, au moins, puisque je ne peux faire voir les plaies saignantes de mon cœur. Je pourrais mettre ma chair lacérée sous les yeux des indifférents et

fourrer dans mes ulcères les doigts blagueurs des incrédules !

Le découragement m'assomme.

Un désir violent me saisit. Une envie atroce me tenaille : je voudrais être Lecreux.

Je ne souffrirais pas comme ça, je ne ressentirais pas le mal lancinant qui me point. Et je m'écrierais gaîment, ce soir, à table, en débouchant une bouteille :

— En voilà une que les chaouchs ne boiront pas !

Ce serait toute ma vengeance, ma foi ! et, après, je ne songerais plus au passé. Je n'aurais même pas la peine d'empêcher les souvenirs d'autrefois de se présenter à mon esprit. Je n'y penserais point, à cet autrefois — naturellement — pas plus qu'on ne pense à un médicament amer qu'on a avalé, à une tache de boue qui a sali vos vêtements et qu'un coup de brosse efface...

Ma vengeance !... Est-ce que je veux me venger ?

Oui, si c'est se venger que d'ouvrir devant tous le livre de son existence, de montrer ce qu'on a souffert, de dire ce qu'on a pensé.

Je veux faire cela à présent. Si c'est vengeance, tant pis ; et si c'est justice, tant mieux.

Je crois que ce sera justice, simplement. La haine me gonfle le cœur, c'est vrai. Mais elle est trop forte, je le sens bien, pour pouvoir jamais s'assouvir — ou se calmer. Elle ne me quittera plus, maintenant ; et c'est elle qui mettra un frein à mes emportements et brisera mes colères. Mais c'est elle aussi qui, calme et froide, me montre déjà le pilori auquel je dois clouer, ainsi qu'une pancarte au-dessus de la tête des malfaiteurs, l'ignominie de mes bourreaux.

Je m'enfonce dans les profondeurs du boulevard désert. La nuit est tombée. Le brouillard s'est épaissi...
C'est dans une nuit plus noire encore que les opprimés doivent élever la voix. C'est dans une obscurité plus grande qu'ils doivent faire éclater la trompette aux oreilles de la Société — la Société, vieille gueuse imbécile qui creuse elle-même, avec des boniments macabres, la fosse dans laquelle elle tombera, moribonde-sandwich qui se balade, inconsciente, portant, sur les écriteaux qui pendent à son cou et font sonner ses tibias, un grand point d'interrogation — tout rouge.

Paris, 1888.

FIN

SAINT-DENIS. — IMPRIMERIE BOUILLANT, 20, RUE DE PARIS.

*A LA MÊME LIBRAIRIE*

Envoi *franco* contre timbres ou mandat.

---

LA

# RUSSIE JUIVE

PAR

## KALIXT DE WOLSKI

TROISIÈME ÉDITION

---

Un volume in-18 jésus . . . . . . . 3 fr. 50

---

Cette production forme pour l'Empire moscovite le pendant de la *France juive*.

(*Journal des Débats.*)

Ce livre a pour moi la valeur d'un témoignage.

(*Rappel.*)

C'est une œuvre de combat, mais c'est aussi et surtout un livre d'étude.

(*National.*)

Ouvrage documenté et curieux, qui a sa place marquée dans la bibliothèque de tous ceux qu'indigne ou simplement inquiète la conquête juive.

(*Pilori.*)

Curieux renseignements sur la vie et la condition sociale ou politique des Juifs d'Orient.

(*Écho de Paris.*)

Ce livre est une œuvre de combat, qui retrouvera la même faveur que la *France juive*.

(*Memorial diplomatique.*)

La *Russie juive* est un livre à méditer..., de tels livres ne sont pas assez nombreux.

(*Bibliographie catholique.*)

Toute la presse allemande et russe parle de ce livre étonnant, qui ressemble à la *France juive*, d'Edouard Drumont... L'auteur y peint au vif la Russie juive, c'est-à-dire l'influence immense et occulte que les juifs y exercent au moyen de l'usure, de la vente de l'alcool et d'autres infâmes spéculations.

(*Osservatore catolico.*)

*

*A LA MÊME LIBRAIRIE*

# L'AGIOTAGE
## SOUS LA TROISIÈME RÉPUBLIQUE
### par Auguste CHIRAC

5° édition. — Deux volumes in-18, **7** francs.

---

L'auteur se propose de faire, à grand renfort d'anecdotes scandaleuses et de noms propres, l'histoire de tous les tripotages financiers qui ont, depuis dix-huit ans, mis à sec l'épargne publique et fait le vide dans les caisses de l'Etat ». Il suffit d'un mot pour définir le caractère de cette compilation : c'est pour la France financière le pendant de la *France juive*, de M. E. Drumont.
(Journal des Débats.)

Un pamphlet sanglant, mais aussi un ouvrage documentaire intéressant et instructif.
(Indépendance Belge.)

Deux volumes dont on peut dire qu'ils sont redoutables.
(Gazette de France.)

Le livre montre, dans une argumentation serrée et inflexible, jusqu'à quel cynisme imprévoyant peuvent aller des classes dirigeantes improvisées et sans éducation préalable. Il révèle la situation intolérable faite aux *petits* par la coterie juive qui draine le capital national, sans le moindre souci des intérêts des travailleurs... Je ne puis d'ailleurs ni ne veux analyser ici ces deux volumes, bondés de faits et saisissants d'actualité douloureuse.
(Observateur Français)

Pamphlet en deux gros volumes, où sont impitoyablement étalés, chiffres en main, les tripotages financiers qui ont scandalisé, depuis dix-huit ans, la morale publique.
(Nouvelle Revue.)

La grande volerie agioteuse s'étant perpétuée et même extensifiée sous la troisième République, Toussenel et Duchêne devaient avoir des continuateurs et les ont eus en la personne d'Auguste Chirac et d'Edouard Drumont. Du moment où les agissements des monopoleurs et des accapareurs financiers constituent un véritable danger public et se traduisent en spoliations mongoliques, nous avons voulu appeler l'attention du public démocratique sur ces livres vengeurs.
(L'Homme Libre.)

Dans aucune œuvre contemporaine n'ont été dévoilés, analysés, catalogués, expliqués, flétris avec cette science certaine et cette maestria justicière, les tripotages financiers et les intrigues politiques de la bande rapace et malfaisante des tripoteurs.
(Intransigeant.)

*A LA MÊME LIBRAIRIE*

# LA RUSSIE
## POLITIQUE ET SOCIALE
### par Léon Tikhomirov

*2ᵉ édition. — 1 volume in-8°, broché,* 7 fr. 50

### LE MÊME OUVRAGE

*1 volume in-18 jésus, broché,* 3 fr. 50

M. Tikhomirov possède sans contredit toutes les qualités nécessaires pour décrire la situation politique et sociale de la Russie.

(*Francfurter Zeitung.*)

Une des meilleures descriptions de la Russie que nous connaissions.

(*Contemporary Review.*)

C'est la première fois que tant de renseignements et de suggestifs rapprochements sont offerts à notre public sous une forme concise et attrayante.

(*Le Figaro.*)

La question n'avait pas jusqu'ici été traitée avec cette compétence.

(*Le Temps.*)

*A LA MÊME LIBRAIRIE*

# SOUVENIRS
illustrés par l'auteur

## ENFANCE — VOYAGES — GUERRES
### Par Vassili VERESCHAGIN

2e édition. — 1 volume in-18, broché 3 fr. 50

L'éditeur Savine continue la série de ses publications russes par les *Souvenirs* du peintre Vassili Vereschagin. L'auteur, qui a plus souvent tenu le pinceau et le fusil que la plume, s'excuse presque de ne donner au public que des croquis et des études. — Cela rentre dans l'esprit de l'art, et il veut laisser le lecteur compléter par les souvenirs de sa récente exposition les impressions qu'il a fixées.

Ce livre sera lu par tous ceux qui aiment l'observation sincère et la simplicité du rendu. L'attention sera surtout attirée par les chapitres sur Tourguéneff, objet de polémiques récentes, sur la guerre russo-turque et sur Skobeleff.

Ces esquisses de mœurs militaires plairont. La manière d'être intime de l'armée russe y est largement étudiée, et le caractère slave du général Skobeleff se rapproche trop de celui de certaines personnalités en vue en ce moment pour que le livre n'excite pas une curiosité méritée.

(Pays.)

Le peintre russe Vassili Vereschagin dont les œuvres étaient récemment exposées à Paris, a recueilli ses *Souvenirs* que publie la librairie Savine. Ils seront lus par tous les amis de l'observation sincère et de la simplicité des moyens. Nombre de pages sur Tourguéneff, sur la guerre russo-turque, sur Skobeleff, attirent et retiennent l'attention. Ce sont, pour la plupart, des esquisses de mœurs militaires, des études sur la manière d'être intime de l'armée russe, sur le caractère slave de l'infortuné Skobeleff, toutes choses des plus actuelles et qui, dans les circonstances présentes, sont assurées du succès.

(Soleil.)

Le peintre Vassili Vereschagin ne se contente pas de susciter l'attention des artistes : il veut se faire en France une réputation de conteur. Il publie des relations de voyage, des *souvenirs*, illustrés par son crayon qui paraissent mériter plus que l'attention. La franchise, la simplicité du narrateur plaisent tout d'abord ; ses observations sur les mœurs militaires de la Russie, les chapitres sur Tourguéneff, sur Skobeleff, sont des plus instructifs.

Les illustrations dues à l'auteur serviront à populariser les faits racontés et aideront au succès du livre.

(Le Rappel.)

*A LA MÊME LIBRAIRIE*

# CHEZ LES BULGARES

## Par Léon HUGONNET

2ᵉ Edition. — *1 volume in-18 jésus, broché*, **3 fr. 50**.

Il est difficile de trouver un ouvrage plus intéressant, d'une lecture à la fois plus facile et plus attachante que le dernier volume de notre confrère M. Léon Hugonnet, *Chez les Bulgares*.

Ce sont des aventures de voyages simplement racontées qui nous font vivre véritablement dans le pays que l'auteur a traversé; ce sont les mœurs du pays, les coutumes des habitants très finement observées.

A la suite de M. Hugonnet, nous visitons Belgrade, Semlin, Sofia, nous pénétrons au milieu des armées bulgares, nous poussons jusqu'à Smyrne, Syra, tout cela au milieu de charmantes descriptions, d'anecdotes habilement contées, de détails de la vie de chaque jour qui sont en vérité pleins d'attraits.

Nous pouvons prédire un succès à ce livre.

(*Paris.*)

Aujourd'hui paraît un nouveau volume de notre collaborateur *Léon Hugonnet*. Il est intitulé : Chez les Bulgares. La gravité de la situation dans les Balkans et l'attitude menaçante des trois empires donnent une grande actualité à cette intéressante publication.

(*France.*)

*Chez les Bulgares*, de notre confrère et ami Léon Hugonnet, un intéressant volume observé de près et qui contient des aperçus nouveaux et intéressants sur cette partie de l'Europe toujours inquiétante et toujours peu connue.

(*L'Echo de Paris.*)

La question Bulgare menace toujours de mettre le feu à l'Europe. C'est ce qui donne une grande actualité à un ouvrage très intéressant, intitulé : *Chez les Bulgares*, que M. Léon Hugonnet vient de publier.

Notre confrère connaît mieux que personne les peuples de l'Orient. Il a fait de nombreux voyages parmi eux et il leur a consacré plusieurs volumes. Ecrivain impartial et sans préjugés, ses descriptions sont d'une exactitude absolue et ses jugements d'une logique irréfutable.

Ce livre contient, en outre, à propos de la dernière guerre serbo-bulgare, des observations utiles, dont sauront profiter tous ceux qui, en France, se préoccupent de la défense nationale.

(*Voltaire, Petit National, XIXᵉ Siècle, Radical.*) **

*A LA MÊME LIBRAIRIE*

# L'ESPAGNE TELLE QU'ELLE EST
## par V. ALMIRALL

2ᵉ *édition*. — *1 volume in-18 jésus, broché*, **3 fr. 50**

L'auteur de ce livre est un Catalan et un séparatiste, ou, pour parler plus exactement, un régionaliste. N'appartenant à aucun des partis qui divisent l'Espagne, il a la prétention de la dépeindre telle qu'elle est en réalité, dans sa décrépitude, et il justifie cette prétention. Les amateurs de poésie, qui ne voient l'Espagne qu'à travers la description des voyageurs se copiant les uns les autres, seront déçus à la lecture du livre de M. Almirall. Ils n'y trouveront ni les moines, ni les Figaros, ni les manolas traditionnels. Mais les hommes qui pensent rencontreront là les résultats sérieux d'une observation sincère et connaîtront l'Espagne réelle, c'est-à-dire un pays grand par son histoire et ses ressources, qui ne demande qu'à se relever de l'appauvrissement où l'a jeté son grand effort historique : la découverte et l'Assimilation de l'Amérique.
(*Le Matin.*)

L'Espagne est le pays le plus attrayant à mes yeux. Il a le pittoresque de la nature, des monuments, avec une race superbe ; seulement il n'a pas encore le gouvernement qui l'unifie, qui aide et achève ses destinées. Mais dans cette agitation perpétuelle qui étonne l'Europe, il va toujours en avant ; il se développe. Philippe II a fait bâtir l'Escurial sur le plan d'un gril de saint Laurent. Il semble que l'Espagne soit ramenée de temps en temps sur ce gril ; elle ne veut pas s'y faire attacher, se débat, et comme elle a l'enthousiasme, l'éloquence, le courage, elle entretient sa foi par des victoires épisodiques qui lui présagent la victoire définitive.

M. Almirall est un Espagnol très indépendant. Dans son livre, l'*Espagne telle qu'elle est*, il ose dire des partis ce qu'un étranger ne peut et n'oserait dire. Il ne faut pas croire que son œuvre soit uniquement politique. Les croquis amusants se mêlent aux citations de la statistique. Ce livre est comme l'Espagne elle-même. Il a une bonne humeur inébranlable tout en constatant des misères. (*Rappel.*)

L'auteur ne nous dissimule aucune des faces de la vie espagnole. L'organisation des partis, les luttes électorales, le rôle qu'y jouent bandits et gouverneurs, lui sont autant de motifs de croquis amusants en même temps que pleins d'enseignements. Le livre sera lu et discuté à Madrid comme à Paris.
(*National.*)

Écrit par un Espagnol, ce livre est un coup d'œil synoptique sur l'Espagne, ses mœurs, ses goûts, son caractère, ses œuvres ; son avenir probable. (*Gazette de France.*)

*A LA MÊME LIBRAIRIE*

# LA REVUE INDÉPENDANTE

PARAIT MENSUELLEMENT A PARIS
EN 1 VOLUME IN-18 DE 180 PAGES

---

RÉDACTION ET ADMINISTRATION :

Chez Albert SAVINE, 12, rue des Pyramides, Paris

Rédaction les jeudis, de 2 à 5 heures.

---

ABONNEMENTS :

| | | | | |
|---|---|---|---|---|
| PARIS .......... | Un an **15** fr. | Six mois **8** fr. | » |
| DÉPARTEMENTS... | — **16** — | — **8** | **50** |
| ÉTRANGER....... | — **17** — | — **9** | » |

Les personnes à qui un numéro est adressé à titre d'essai sont priées de vouloir bien le retourner, si elles ne désirent pas continuer à recevoir la *Revue*.

Les abonnements partent des 15 janvier et 15 juillet de chaque année.

Nous prions les abonnés en retard de vouloir bien nous faire parvenir le montant de leur réabonnement.

---

## AVIS A NOS COLLABORATEURS

Nous rappelons à nos collaborateurs :

1º Que TOUTE copie doit être au plus tard remise le 1er du mois ;

2º Que nous nous réservons de donner le bon à tirer de tout article dont l'épreuve n'est pas retournée *à notre administrateur* quarante-huit heures après sa réception ;

3º Q'aucune épreuve ne doit être envoyée directement à l'imprimerie.

*A LA MÊME LIBRAIRIE*

Édouard DRUMONT

LA

# FIN D'UN MONDE

(70ᵉ MILLE)

*Un très fort volume in-18 jésus :* **3 fr. 50**

Dans la *Fin d'un Monde*, M. Drumont trace un portrait de la Société actuelle. Il la montre exploitée par les écumeurs d'affaires, et les écumeurs d'affaires protégés par les écumeurs de la politique.

Il y en a pour tous, dans son livre, mais principalement pour les Juifs et les Francs-Maçons.

## À LA MÊME LIBRAIRIE

# BIBLIOTHÈQUE ANTI-SÉMITIQUE

### ÉDOUARD DRUMONT
La Fin d'un Monde. Étude psychologique et sociale.
70e mille............................................ 3 fr. 50

### AUGUSTE CHIRAC
La Haute Banque et les Révolutions. 3e édition.. 3 fr. 50
L'Agiotage sous la 3e République 5e édition.
Deux volumes...................................... 7 fr. »

### KALIXT DE WOLSKI
La Russie Juive, *Monita Secreta* des Juifs. 3e édition 3 fr. 50

### GEORGES MEYNIÉ
L'Algérie Juive. 3e éditon.......................... 3 fr. 50
Les Juifs en Algérie. 3e édition .................. 3 fr. 50

### KIMON
La Politique israélite. Étude psychologique....... 3 fr. 50

### AUGUSTE ROHLING
Le Juif selon le Talmud, Préface d'Édouard Drumont.
2e édition.......................................... 3 fr. 50

### H. DESPORTES
Le Mystère du sang chez les Juifs de tous les
temps, avec une préface d'Édouard Drumont. 2e édit. 3 fr. 50

Docteur MARTINEZ, Professeur de théologie.
Le Juif, voilà l'ennemi ! appel aux catholiques.
2e édition.......................................... 3 fr. 50

### ALBERT SAVINE
Mes procès. 3e édition.............................. 3 fr. 50

HONORÉ PONTOIS, Député, ancien Président
du Tribunal de Tunis. Ex-Président honoraire
de la Cour d'appel de Nîmes.
Les Odeurs de Tunis. 4e édition.................... 3 fr. 50

### A. HAMON et G. BACHOT
L'Agonie d'une société. Histoire d'aujourd'hui. 2e éd. 3 fr. 50

### LÉO TAXIL
La Ménagerie politique, avec trente dessins de
Barentin et Blass. 3e mille......................... 3 fr. 50

### LÉO TAXIL et PAUL VERDUN
Les Assassinats maçonniques. 3e édition........... 3 fr. 50

### FRANÇOIS BOURNAND
Le Clergé sous la troisième République. 2e édit. 3 fr. 50

### EUGÈNE BONTOUX
L'Union générale, sa vie, sa mort, son programme.
8e mille............................................. 3 fr. 50

### L. NEMOURS GODRÉ
Les Cyniques.—Le dessus du panier.—Sous le pressoir 3 fr. 50

## A LA MÊME LIBRAIRIE

### OEUVRES DU COMTE LÉON TOLSTOÏ
#### Traduction française

| | |
|---|---|
| *Dernières nouvelles*, 4ᵉ édition, avec portrait par Th. Bérengier. | 3 50 |
| *Ma Confession*, 3ᵉ édition. | 3 50 |
| *Que faire ?* 3ᵉ édition | 3 50 |
| *Ce qu'il faut faire*, 3ᵉ édition | 3 50 |
| *Pour les Enfants*, 3ᵉ édition. | 3 50 |
| *L'Ecole de Yasnaïa Poliana*, 4ᵉ édition | 3 50 |
| *La Liberté dans l'Ecole*, 3ᵉ édition. | 3 50 |
| *Les Décembristes* (conjurés de décembre 1825) 2ᵉ édition. | 3 50 |
| *Le Progrès et l'Instruction publique en Russie*, 3ᵉ édition. | 3 50 |
| *La Puissance des Ténèbres*, 3ᵉ édition. | 3 » |

### ROMANS ÉTRANGERS MODERNES

| | | |
|---|---|---|
| Comte Nicolas Tolstoï. | *La Vie.* | 3 50 |
| Comte Alexis Tolstoï. | *La Mort d'Ivan le Terrible.* | 3 50 |
| Chtchédrine | *Les Messieurs Golovleff* | 3 50 |
| V. Krestovsky. | *Vériaguine* | 3 50 |
| Lermontoff. | *Un héros de notre Temps.* | 3 50 |
| Th. Rechetnikov. | *Ceux de Podlipnaïa.* | 3 50 |

### THÉATRE ÉTRANGER

| | | |
|---|---|---|
| Christophe Marlowe. | *Théâtre complet*, avec préface de Jean Richepin | 7 » |
| Pisemsky | *Théâtre* | 3 50 |
| Henrik Ibsen | *Théâtre*, avec préface d'Edouard Rod. | 3 50 |

| | | |
|---|---|---|
| Narcis Oller. | *Le Papillon*, avec préface d'Emile Zola | 3 50 |
| Perez Galdos | *Dona Perfecta* | 3 50 |
| Edgard Poë. | *Derniers Contes.* | 3 50 |
| Th. de Quincey | *Confession d'un mangeur d'opium* | 3 50 |
| Juan Valera. | *Le Commandeur Mendoza* | 3 50 |
| Giovanni Verga | *Eva* | 3 50 |
| — — | *Les Malavoglia.* | 3 50 |

SAINT-DENIS. — IMPRIMERIE BOUILLANT, 20, RUE DE PARIS.

www.ingramcontent.com/pod-product-compliance
Lightning Source LLC
Chambersburg PA
CBHW071244160426
43196CB00009B/1155